KB177353

딸에게
보내는
심리학
편지

30년 동안
미처 하지 못했던
그러나 꼭 해 주고 싶은
이야기들

한성희 지음

딸에게
보내는
심리학
편지

스페셜 에디션을 펴내며

모든 책이 저자에겐 각기 다른 의미로 특별할 테지만, 이 책은 저에겐 특히 각별합니다. 전공자가 아닌 대중을 상대로 쓴 첫 책이자 딸의 결혼이라는 개인적인 중대사가 집필의 계기가 되었기 때문입니다. 덕분에 책을 쓰는 동안 정신과 전문의로 살아온 삶을 나름대로 정리할 수 있었고, 엄마로서의 삶도 그 1부를 잘 마무리할 수 있었습니다. 이제 딸과 나는 각자의 길을 열심히 걸어가는 도중에 만나는 좋은 친구이자 든든한 응원군이 되었습니다. 엄마로서의 역할 변화를 받아들이고 의사로서 새로운 시작을 꿈꿀 수 있게 도와준 것이 바로 이 책이지요. 그런데 수많은 독자의 사랑까지 받았으니, 이보다 더 감사하고 행복한 일이 어디 있을까요.

책을 내고 나서 7년의 세월이 흘렀습니다. 그간 많은 일이 있었지요. 미국에서 직장을 잡고 결혼한 딸은 어느덧 회사의 관리자 위치에 이르러 이제는 신입사원을 면접하는 입장이 되었습니다. 나는 미국에서 정신분석 수련을 받고 돌아와 다시 환자를 돌보고 있습니다. 시아버지가 돌아가셨고 조카들이 아이를 낳아 어엿한 부모가 되었습니다. 그렇게 삶은 느린 듯 빠르고 도도하게 지속되고 있습니다. 더러 눈에 잘 띄는 나쁜 뉴스들 때문에 비관적인 생각도 들지만, 생활의 한가운데에서 발견되는 소소한 아름다움 덕분에 끝내 성장하며 재밌게 살아 보려는 의지를 다지게 됩니다.

그렇지만 병원에는 여전히 아픈 마음을 안고 찾아오는 분들이 많습니다. 특히 삶의 불확실성을 온몸으로 경험하고 있는 20~30대 청춘들은 우울, 불안, 상처의 기억들을 가지고 진료실에 들어옵니다. 7년의 세월에도 불구하고 변하지 않은 생의 난제들 앞에 선 그들과 만나면서, 다시 책을 펴내야겠다는 생각을 하게 되었습니다. 특히 개인적인 이유로 3년 가까이 책이 절판된 동안 많은 분이 책에 관심을 보내 주시고 궁금해하셨기에 스페셜 에디션을 펴낼 용기를 낼 수 있었습니다.

세상은 마음대로 되지 않고 인간은 그에 적절히 적응해서 살아가야 합니다. 그 과정에서 부딪치는 정신적인 문제들은 예나 지금이나 비슷하게 존재합니다. 그러나 그 문제를 받아들이는 자세는 7년 동안 많이 변한 듯합니다. 예전에는 세상과 잘 어울리지 못하는 '부족한 나'에 초점을 맞춰 힘들어하는 이들이 많았다면, 이제는 세상에 지나치게 휘둘리지 않고 나를 지키며 살아가는 구체적인 방법을 궁금해하는 이들이 늘었습니다. 세상과 나 사이에서 적절한 마음의 균형을 잡는 법을 알고 싶은 것이지요. 그에 대한 나름의 생각과 방법을 담은 원고들을 추가해 1장을 새롭게 구성했습니다. 더불어 자존감, 우울, 분노 등 정신분석의 고유 주제에 대해 더 알고 싶다는 독자들의 요청이 있어, 4장에서 이를 보강했습니다.

어느덧 중년과 노년 사이, 이른바 서드 에이지의 한가운데 있는 나를 봅니다. 날이 갈수록 느껴지는 신체의 변화가 서글프기도 하지만, 그 상실이 깨우쳐 주는 삶의 의미에 감사하면서 새로운 시간을 기쁘게 맞이하고 싶습니다. 삶이란 머물지 않는 여행이어서 인생의 수레바퀴는 계속 앞으로 나아갑니다. 그 사실을 인정하고 받아들이면 과거의 삶이 어떠했든 우리는 한 발짝 더 나아갈 수 있습니다. 그 성장의 과정에 이 책이 함께한다면 더할 나위 없는 기쁨일 것입니다.

2020년 1월
한성희

30년 동안 미처 하지 못했던
그러나 꼭 해 주고 싶은 이야기들

딸아, 오랜만에 너에게 편지를 쓴다. 잘 지내고 있니? 밥은
잘 먹고 다니고? 미국에서의 신혼 생활은 재미있니? 직장 생활은 좀
어때? 전화나 메신저로 자주 소식을 주고받으면서도 엄마는 항상 네
안부가 궁금하다. 떨어져 있으면 내 새끼가 밥은 잘 먹고 다니는지,
어디 아픈 데는 없는지부터가 마음이 쓰이는 걸 어쩔 수가 없구나.

가끔 그런 생각을 해 본다. 내가 세상에 태어나 누군가의 안부
를 이처럼 애달프게 그리워한 적이 있었던가. 나는 너를 낳기 전까
지 일이 주는 성취감에 취해 사는, 앞만 보고 달려가는 사람이었다.
솔직히 못할 게 없다고 생각했다. 하늘 무서운 줄 모르는 이기적
인 사람이었던 게지. 하지만 너를 낳고 마음고생을 하게 되었더랬

다. 나 없이는 아무것도 할 수 없는 아가인 너를 돌보기 위해 병원 눈치를 보면서, 네가 갑자기 넘어져 다치거나 열이 펄펄 끓어오르는 등 매일 예측불허의 삶을 살면서, 처음으로 세상이 내 뜻대로 되지 않는다는 것을 알게 되었다. 혼자서는 도저히 감당할 수 없는 힘든 순간들을 겪으며 너 하나 키우는 것조차 제대로 못하는 내가 도대체 무엇을 할 수 있을까 싶어 실망에 빠지기도 했다. 그러면서 알게 되었다. 인생에서 소중한 것이 무엇인지, 왜 사람들이 행복을 말하는지, 왜 자식을 키워 봐야 부모가 성장한다고 하는지 말이다. 만약 너를 낳지 않았더라면 더 크게 성공했을지 모르지만 마음은 분명 허했을 것이다. 그러고 보면 너라는 존재는 인생이 내게 준 가장 큰 선물일지도 모르겠다. 흔들릴 때마다 너를 생각하며 다시금 삶의 중심을 잡을 수 있었으니까.

그런 네가 어느 날 결혼 얘기를 꺼내며 결혼하면 미국에서 살 것이라고 했다. 미국에서 직장을 다니다 결혼할 때쯤이면 한국에 들어와 살겠지 싶었고, 그때가 되면 자주 볼 수 있을 테니 지금은 보고 싶어도 참자 했었는데, 아예 먼 타국에 눌러앉겠다고 한 거지. 한편으로 뿌듯하고 자랑스러웠다. 자식이 어른이 되어 자기 길을 개척해 나가는 걸 축복해 주지 않을 부모가 어디 있겠니. 하지만 한편으로 서운하고 허전한 것도 사실이더구나. 아니, 처음엔 네가 멀리 떠나 살 거라는 현실을 받아들이기가 참 힘들었다.

딸에게 보내는 심리학 편지

그러다가 어느 순간 그런 생각을 하게 되었지. 나한테 많은 걸 선물해 준 너에게, 멀리 떨어져 살아야 할 너에게, 엄마로서 무엇인가를 주고 싶다는 생각. 이제껏 나는 너에게 엄마였고, 나에게 너는 하나밖에 없는 딸이었다. 우리가 쌓아 온 30년의 세월을 돌이켜 보니 참 많은 일들이 있었다. 그런데 어쩌면 너무 가까이 있었기에, 그리고 앞으로도 늘 가까이 함께 있을 거라 생각해 미처 해 주지 못한 많은 말들이 있다는 걸 깨달았다.

나는 지난 40년 동안 정신과의사로 일하면서 참 많은 사람들을 만났다. 대충 헤아려 보니 지금까지 만난 환자만 20만 명 가까이 되더구나. 그들은 나름대로의 고통과 설움을 안고 나를 찾아왔다. 그중에서도 나는 너와 비슷한 또래의 청춘들을 만날 때 가장 가슴이 아팠다. 혹시나 너도 나한테 말 못 하고 있는 게 있지 않을까 자꾸만 대입해서 바라보게 되었던 게지. 얼마 전에는 서른 살의 여자가 찾아와 아무 말도 하지 않다가 갑자기 눈물을 터뜨리더니 엉엉 소리 내어 울기 시작했다. 그렇게 한참을 울던 그녀는 조금 진정이 되자 천천히 입을 열었다. 언제 잘릴지 모르는 불안한 계약직 일을 하고 있는데 며칠 전엔 예정된 결혼까지 없던 일이 되었다며 그동안 너무 힘들었다고 했다. 그리고 덧붙였다. "이제 좀 시원하네요. 울고 싶었는데 저보다 더 걱정하실 부모님 때문에 마음껏 울지도 못했거든요."

그 얘기를 듣는데 내 마음이 어찌나 아프던지. 무모한 자신감뿐이라도 생기가 넘쳐서 한창 예쁠 나이인데 그녀는 눈물조차 마음껏 흘릴 수 없는 힘겨운 날들을 보내고 있었던 것이다.

사람들은 경제가 어려워서 먹고살기 힘들다고 말한다. 하지만 청춘들이 취직을 못 해 방황하고 그나마 쥐꼬리만 한 월급을 한 푼 두 푼 모으느라 스트레스를 받고 있으면, 안타깝다고 말하면서도 속으로는 노력하지 않았기 때문이라고 손가락질한다. 멀쩡하게 생겨서 대학도 졸업했는데 백수로 있는 데는 다 이유가 있다고 얘기하고, 돈이 귀한 줄 모르니까 돈을 모으지 못하는 것이라고 비아냥댄다. 그러나 청춘들은 정말이지 열심히 노력하면 성공할 수 있다는 말을 믿고 최선을 다했을 뿐이다. 하지만 막상 변변한 자리 하나 내주지 않는 세상 앞에서 좌절하고 힘들어하고 있을 따름이다. 그러나 그것조차 자신이 부족한 탓인 것만 같아 마음 놓고 울지도 못하는 게 아닌가. 세상 탓을 하고 남 탓을 해 봐도 뭐 하나 풀리는 것 없이 시간만 흘러가는 것을 가장 끔찍하게 여기는 것은 다른 누구도 아닌 바로 그들 자신이다.

언제부터인가 네 또래인 그들에게 해 주고 싶은 이야기가 있었다. 모든 것을 잘하려고 애쓰지 말라고, 지금 불안하다면 인생을 잘 살고 있다는 증거이니 걱정하지 말라고. 그것은 지금껏 진료실에서 만난 청춘들에게 못다 한 이야기이자 30년 동안 너에게 미처 하지 못했던, 그러나 결혼해서 한국을 떠나는 너에게 꼭 해 주고 싶은 이야기이기도 하다. 그래서 책을 쓰기 시작했다. 1년간 원고를 쓰며 글을 썼다 지웠다를 반복했다. 40년의 세월 동안 정신과의사로 생활하며 많은 것을 배웠지만 아직도 부족한 게 많다 싶기도 했고, 내 글이 혹시나 아픈 청춘들의 마음을 알아주기는커녕 낭떠러지로 미는 것은 아닌지 걱정되기도 했다. 그러나 지금 말하지 않으면 나중에 후회할 것 같아 책을 펴내기로 마음먹었다. 더 늦기 전에, 엄마밖에는 해 줄 수 없는 말들을 말이다.

딸아 사랑한다. 너는 누가 뭐래도 내게는 가장 소중한 사람이다. 그 말은 곧 네가 어떤 선택을 하건 그 결과가 어떻건 간에 상관없이 나는 너를 지지한다는 뜻이다. 그러니 지금까지 네가 그랬듯 두려워하지 말고 앞으로 나아가렴. 해 보고 안 되면 뭐 어떠니. 까짓것 쉬어 가면 그만이다. 최소한 아무것도 시도하지 않는 바보는 아니니까 그것으로 된 것이다. 그러니 어떤 어려움이 닥치더라도 삶의 재미를 내려놓지 않았으면 좋겠다. 재미있게 사는 방법이 잘 안 떠오르고, 자꾸만 화가 날 때는 이 책을 참고하렴. 실수투성이이고 부족하지만 재미있게 살고자 했던 엄마의 인생을 보며 힘을 내라. 우리 딸, 그리고 세상의 모든 딸들아, 파이팅이다.

늘 너를 아끼고 지지하는 엄마가

Contents

Chapter. 1

세상에서 가장 아껴야 할 사람은 너 자신이다

― 세 상 과 자 아 에 대 하 여

Chapter. 4 　마음대로
　　　　　　　되지 않는 마음은
　　　　　　　그냥 쉽게 둘 것

　　　— 감정에 대하여

Chapter. 5 너무 서두르지 말 것,
그리고
천천히 뜨겁게 살아갈 것

— 인생에 대하여

Chapter. 1

세상에서
가장 아껴야 할 사람은
너 자신이다

─ 세상과 자아에 대하여

못된 딸이
돼라

네가 결혼하던 날 아침, 나는 한참 신부 화장을 하느라 분주한 너를 뒤로하고 거리로 나왔다. 머릿속에 주마등처럼 지난 세월이 스쳐 지나갔다. 고슴도치도 자기 새끼가 예뻐 보인다더니 너를 처음 본 날을 잊을 수 없다. '어머 애 좀 봐. 혀도 있고 입술도 있고 있을 거 다 있네.' 다른 애들도 다 가지고 있는 걸 마치 내 애만 그런 것처럼 호들갑을 떨었다. 그뿐이 아니었다. 한글을 금세 떼는 걸 보며 '어머 우리 딸 천재인가 봐'라는 생각을 했다. "정신과의사라 다를 줄 알았는데 자기 자식 자랑하는 건 다른 부모랑 똑같네요"라는 말을 들어도 나는 패념치 않았다. 아니, 정말로 내 눈에는 세상에 너만큼 완벽하고 특별한 아이가 없는 것처럼 보였다. 그리고 네가 커서 훌륭한 사람이 될 것이라 믿어 의심치 않았다.

딸아, 미안하다
그리고 고맙다

—

너는 씩씩하게 잘 커 주었고 내게 많은 기쁨을 안겨 주었다. 때론 여느 모녀처럼 싸우기도 하고 사춘기 때는 속을 끓이기도 했지만 이젠 모두 행복한 추억이구나. 사실 지금 생각해 보면 너에게 품었던 '훌륭한 사람'이란 무엇을 두고 한 말이었는지 나 자신도 잘 모른다. 모든 엄마가 그러하듯 엄마가 생각하는 너의 미래, 엄마가 생각하는 '너'를 만들어 가느라 너에게 쓸데없는 걱정과 부담을 안겨 주었는지도 모를 일이다.

그러나 너는 엄마의 방향을 번번이 빗나갔고, 중·고등학교를 가고, 대학교에 들어가고, 미국에 유학을 가기까지 좌충우돌하는 가운데서도 너만의 길을 걸어갔다. 그 과정에서 나는 네가 걱정되어 잔소리를 하기도 했고, 네가 하겠다는 것을 진심으로 말리기도 했다. 그럴 때마다 너는 왜 엄마는 응원해 주지는 못할망정 하고 싶은 걸 못하게 하냐고 따졌지. 가끔 네가 화가 나서 나한테 말도 걸지 않을 때면 내 속은 시커멓게 타들어 가곤 했다.

사실 돌이켜 보면 그것은 나의 욕심이었다. 내가 너의 앞날을 미리 생각해 두었는데, 네가 그 길을 가야만 행복할 텐데, 하고 단정한 나의 오만이었던 것이다.

그러던 어느 날, 너는 나에게 말했다. 공부를 위해 떠난 미국에서 평생 함께하고픈 남자를 만났고 그와 결혼하고 싶다고, 그러니 축하해 달라고. 거기까지는 괜찮았다. 하지만 앞으로도 그 사람과 계속 타국에서 살아야 한다는 사실을 알게 되었을 때 가슴이 덜컹 내려앉았다. 나는 네가 유학을 마치면 당연히 돌아와 곁에 있을 테고, 결혼을 한다 해도 수시로 볼 수 있을 거라 생각했는데, 이제 정말 너를 멀리 떠나보내야 하는 상황에 처한 것이다. 솔직히 사는 모습을 옆에서 지켜보는 것조차 허락하지 않는 네가 원망스럽기도 했다. 그러다 문득 그런 생각이 들었다.

'어느새 네가 어른이 되었구나. 이제는 보내 줘야 하는 거구나.'

생각해 보면 너는 이미 독립적인 한 인간으로서 너의 길을 가고 있었는데 내가 그것을 애써 부정해 왔는지도 모르겠다. 너를 내 품 안에서 계속 보살펴 줘야 할 아이로만 바라보면서 말이다. 처음부터 "너 하고 싶은 대로 해라"라고 말했어야 했는데 엄마가 부족했다. 정말 미안하다.

인생에는 중요한 전환점이 있다. 아이에서 어른이 되는 것, 여자에서 엄마가 되는 것, 엄마에서 다시 '나'로 돌아오는 것. 이 모든 게 나이를 먹고 시간이 흐르면서 자연스럽게 이루어지는 과정 같지만 우리는 역할 변화에 따른 전환점을 거쳐야만 한다. 그 과정은 고통스러워서 어떤 사람들은 변화를 인정하지 않으려 든다. 그래서 용기가 필요하다. 어느 순간 자기에게 주어진 역할의 고리를 끊고 나아갈 수 있어야 한다. 아이가 어른이 되려면 자기를 키워 준 부모의 세계를 깨고 나아가야 한다. 그것은 자녀에게는 독립이고 부모에게는 상실이다.

나는 늘 너를 내 품 안에서 떠나보낼 준비를 해 왔다고 생각했다. 하지만 네가 떠나겠다고 했을 때 깊은 슬픔이 밀려오는 것은 어쩔 수가 없었다. 그러나 걱정하지 마라. 너의 결혼식 날 나는 혼자 커피를 마시며 엄마 독립식을 치렀다. 덕분에 나는 결혼식 때 눈물 콧물 흘리는 촌스러운 엄마가 되지 않을 수 있었다. 웃으며 너를 보낼 수 있었다. 딸아, 고맙다. 네가 먼저 용감하게 부모의 세계를 부숴 준 덕분에 나 역시 엄마 역할에서 졸업할 수 있었다.

**30년 만에 너에게
털어놓는 이야기**

—

너는 이제껏 누군가의 딸이었고, 누군가의 친구였고, 누군가의 선후배였으며 어느 회사의 직장인이었다. 그런데 결혼을 하는 순간 너는 누군가의 아내, 누군가의 며느리가 되었고 앞으로 누군가의 엄마가 될지도 모른다. 해야 할 역할이 늘어나는 것이다. 사람들은 보통 역할이 늘어날 때 그것 또한 잘해야겠다는 생각을 한다. 다른 사람들의 기대에 어긋나지 않으려 하고, 주어진 책임과 의무를

딸에게 보내는 심리학 편지

다하려고 애쓰는 것이다. 게다가 세상은 많은 것을 잘 해내는 사람을 능력 있다고 칭찬하고 다른 이에게도 그것을 권장한다.

그러나 나는 모든 것을 잘하려 애쓰는 사람을 보면 안타깝다는 생각이 먼저 든다. 그러느라 자기 자신을 희생하는 사례가 너무 많기 때문이다. 내가 괴롭고 힘들어도 조금만 희생하면 모두 편안하니까 내 목소리를 줄이고, 내가 먹고 싶은 것을 참고, 내가 하고 싶은 것보다 해야 할 일을 먼저 한다. 우리네 어머니들이 그렇게 살아왔다. 자식을 위하느라, 남편을 위하느라 자신을 희생하면서도 그것이 당연하다고 여겼다. 화병이 생기든 말든 자신을 방치한 채로 말이다. 심지어 세상은 그것이 진정한 모성이라고 강요하기까지 했다.

딸아, 만약 누군가 너에게 여자의 미덕을 이야기하고 모성을 운운하며 우리네 어머니처럼 살아야 한다고 말하거든 귀를 닫아 버려라. 그리고 모든 것을 다 잘할 수 없다고 잘라 말해라. 만약 상대방이 "참 못됐다"라고 말하면 칭찬으로 들어라. 그래야 많은 역할을 하면서도 중심을 잃지 않을 수 있으며, 너 자신을 지킬 수 있다.

나도 능력 있는 의사, 좋은 엄마, 좋은 아내, 좋은 친구, 괜찮은 며느리, 좋은 딸, 훌륭한 상사가 되고 싶었던 때가 있었다. 아니 그렇게 되려고 많이 노력했었다. 하지만 내가 아무리 노력해도 나를 싫어하는 사람이 있었고, 어딘가에는 꼭 빈틈이 생겼고 문제가 발생했다. 병원 일이 무사히 넘어가나 싶으면 네가 속을 썩였고, 네가 잘한다 싶으면 갑자기 친정에 문제가 생겼고, 친정이 조용하다 싶으면 시가에 일이 생겼지. 그러다 보니 내가 아무리 잘하려고 애써도 아무 문제 없이 지나간 날은 단 하루도 없었다. 특히나 네가 어렸을 때는 '오늘도 무사히'라는 말을 달고 살아야 했다. 그에 푸념이라도 할라치면 사람들은 그랬다. "그러니까 왜 쓸데없이 일한다고 고생이에요. 집에서 아이나 키우지."

당시 그 말은 나에게 상처였지만 덕분에 나는 진짜 내가 원하는 것이 무엇인지 돌아볼 수 있었고, 다 잘하려고 애쓰는 대신 어떤 역할이든 빈틈이 너무 많이 생기지 않게만 조절하며 삶을 꾸려 올 수 있었다. 누구에게나 좋은 사람이 되기를 포기하고, 뭐든지 잘하려는 욕심을 버린 것이다.

건강한 자기애, 건강한 나르시시즘을 가진 사람은 자신이 완벽할 필요가 없다는 사실을 잘 알고 있다. 실패하고 실수할 수도 있지만 그럼에도 자신은 충분히 사랑받을 만한 가치가 있는 사람이라는 확신을 가지고 있다. 미국의 극작가 조 쿠더트가 말했다. "당신은 남의 사랑을 꼭 받아야 할 필요도 없고, 또 그것을 위해 자신을 희생해도 안 됩니다. 정말로 삶의 중심이 되며 가장 중요한 일은 자신을 사랑하는 것입니다. 당신이 평생 알게 될 모든 사람들 중에서 당신이 결코 떠나지도 잃어버리지도 않을 유일한 사람은 당신뿐입니다."

그러니 가끔 역할에 따른 의무감이 너를 짓누르고 세상이 희생을 강요하는 것처럼 느껴질 땐 차라리 남들한테 '못된 여자'라는 소리를 들을 각오로 당당히 맞서거라. 나는 언제나 그런 너를 응원할 것이다.

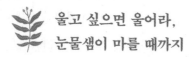

울고 싶으면 울어라,
눈물샘이 마를 때까지

딸아, 살면서 우리는 얼마만큼의 눈물을 흘릴까? 어쩌면 웃음의 양보다 눈물의 양이 더 많을지도 모른다. 무엇보다 울음은 인간이 사용하는 최초의 언어다. 누구든 태어나는 순간 '으앙' 하고 울음을 터뜨리며 출생 신고를 하니까.

너도 태어날 때 많이 울었겠지? 네가 세상에 나오는 순간 터뜨리는 울음을 무척이나 듣고 싶었으나 정작 나는 그럴 수 없었다. 언제나 자연의 방식을 따르고 싶었던 나에게 너는 자연분만의 기회를 허용하지 않았다. 너는 뭐가 그리 두려운지 세상 밖으로 나오려고 하지 않았고, 나는 결국 진통을 거듭한 끝에 제왕절개를 할 수밖에 없었으니까. 그런데 정신분석학자 오토 랑크가 말하더구나. 엄마의 자궁을 떠나 세상 밖으로 나오는 일은 모든 태아에게 근원적 불안을 유발하는 '상실'이라고. 그래서 태어나는 아이들이 모두 우는 것인지도 모르겠다.

뿐만이 아니다. 갓난아이는 배가 고파도 울고, 졸려도 울고, 심심해도 운다. 아이에게 울음은 희로애락을 담은 사전 그 자체인 것이다. 그런데 우리는 옹알이를 지나 '진화된 언어'를 사용하면서는 정작 필요한 울음마저 경계하게 된다. 어른들은 아이들에게 "울면 호랑이가 잡아간다"고 겁을 주고, "울면 바보"라고 놀리며, "남자는 죽을 때까지 딱 세 번 우는 거야"라고 협박한다. 울음이나 분노 같은 부정적인 감정을 자제할 수 있어야 비로소 어른이 된다고 가르치는 것이다. 그래서 우리는 자랄수록 눈물에 인색해진다.

**불안한 청춘은 말한다,
웃고 있는데 슬프다고**

—

몇 해 전 만난 환자 중에 민이 씨가 있었는데, 그녀는 평소 외로워도 슬퍼도 울지 않는 캔디로 살다가 진료실만 오면 울음을 쏟았다. 파견직으로 일하는 그녀는 곧 서른인데도 정규직 자리를 얻지 못했다는 자괴감에, 최근 파혼까지 겪으면서 슬픔에 젖은 낙엽이 되고 말았다.

"선생님, 저는 늘 결혼이 목표였는데 파혼이라뇨" 하며 운을 뗀 그녀는 "제 인생은 '파'예요. 파견직의 '파', 파혼의 '파'니까요. 재밌죠?"라며 자조적인 웃음을 지어 보였다. 그러더니 갑자기 어깨를 들썩거리며 울기 시작했다. 민이 씨는 우울증 증상을 보였는데 그 원인은 완벽주의에 있었다. 죽기 전에 반드시 가 봐야 할 여행지를 수첩에 적고 다니는 것은 물론, 결혼은 서른 전에 꼭 해야 하고 아이는 서른다섯까지 두 명을 낳을 것이라는 등 나이에 따라 수행해야 할 인생 과업을 딱 정해 놓고 있었다. 그녀는 라이프 사이클에 맞는 삶을 살아야 한다는 강박증에 시달리고 있었다. 그리고 그것이 완성되지 않는 삶은 그녀에겐 엄청난 수치였다.

미국의 정신분석가 카렌 호나이는 이런 강박증을 두고 '슈드비 should be 콤플렉스'라고 했다. '~해야 한다'의 다른 말은 '~하지 않으면 안 된다'이다. 슈드비 콤플렉스를 가진 사람들은 장난감 병정처럼 앞으로 나아가야만 비로소 발 뻗고 잘 수 있다. 그런 민이 씨가 지금 불안에 떨고 있다. 회사에서 언제든 잘릴 수 있는 불안한 위치에 있는 데다가 결혼마저 갑자기 없던 일이 되어 버리면서 삶을 지탱할 힘을 잃어버렸기 때문이다.

나도 서른의 강을 건너 봤기에 민이 씨의 우울증에 공감할 수 있었다. 그러나 그때 내게는 손가락을 꼭 쥐고 놓아 주지 않던 어린 네가 있었다. 아직 두 살밖에 안 된 아기지만 손아귀 힘이 어찌나 세던지. 그때 나를 꽉 붙들어 준 너의 손 덕분에 나는 크게 흔들리지 않고 서른 살을 건너올 수 있었다. 그때 만약 네가 없었다면

딸에게 보내는 심리학 편지

어땠을까. 생각만 해도 아찔하다. 그러나 민이 씨는 혼자서 그 강을 건너야 하니 얼마나 막막하겠니.

민이 씨를 보며 문득 든 생각. 너에게 서른은 과연 어땠을까? 우리나라 청춘에게 서른 살이란 지금까지 누렸던 특혜를 박탈당함과 동시에 "지금까지 해 놓은 게 무엇이냐?"라는 식의 숙제 검사를 요구받는 시기가 아닐까 싶다. 시인 신현림은 서른 살을 앞두고 일기에 이렇게 썼다고 한다. "곧 서른. 나의 20대는 좌절과 헤맴으로만 끝날 건가. 뭐 하나 해 놓은 것도 없이 세월만 가니 하루하루 사약을 마시는 심정이다." 얼마나 마음이 끔찍했으면 사약을 마시는 기분이라고 표현했을지 충분히 이해가 가는 대목이다.

그런데 민이 씨는 파혼을 했을 때도 자기가 힘든 것보다 부모님이 상처받고 걱정할까 봐 울지 못했다고 한다. 외로워도 슬퍼도 울 수 없었던 그녀는 내 앞에서 참 많이 울었다. 차가운 땅에 붙어 떨어질 기미가 보이지 않는 낙엽 같던 그녀는 그렇게 한참을 울고 나서야 비로소 일어나 젖은 몸을 말리기 시작했다. 그동안 자신에게 조금만 덜 가혹했더라면, 울고 싶을 때는 좀 울어도 된다고 스스로를 다독였더라면, 그처럼 한꺼번에 긴 시간 동안 엉엉 울 일은 없었을 텐데. 참으로 안타까웠다.

"어린 시절 말고 이렇게 울어 본 적이 없었는데 가끔은 제 자신을 위해 울어야겠어요." 나는 그녀의 말을 들으며 가만히 고개를 끄덕였다. 그녀가 진료실을 나간 뒤 쏟아지는 눈물과 콧물을 닦느

딸에게 보내는 심리학 편지

라 쓴 티슈들을 보면서 가슴이 먹먹해졌다. 시원하게 울 수조차 없었던 사람이 어디 민이 씨뿐이겠는가. 그래서 불안한 청춘은 말한다. 웃고 있는데 슬프다고.

눈물은 내면의 아이가
아프다고 보내는 신호다
—

눈물은 내면의 아이가 아프다고 보내는 신호다. 기쁠 때도 울지만 슬플 때 더 많은 눈물이 나는 것은 상실감에서 오는 아픔 때문이다. 애도는 상실에 대한 심리적 반응으로, 병적인 슬픔과는 다른 정상적인 슬픔이다. 그리고 애도 과정이란 상실된 대상을 찾으려고 하는 노력이다. 상실한 대상을 계속 마음속에 간직함으로써 그 대상과의 관계를 유지하려는 회복의 과정이기도 하다. 여기서 잃어버린 대상은 사랑하는 사람일 수도 있지만 때로는 민이 씨처럼 자기가 소중하게 생각한 가치나 도달하려고 애쓰는 이상적인 자아상이 되기도 한다.

애도 과정에 있을 때는 정신적 에너지가 온통 상실한 대상에 집중되어 움츠러들고 현실과 약간은 떨어져 있는 자신을 발견하게 된다. 갑작스레 사랑하는 이의 죽음을 맞은 사람들이 보이는 망연자실한 모습이 바로 그것이다. 이처럼 애도가 아무 생각도 하지 못하게 만들 만큼 힘들게 느껴지는 것은 애도의 대상에게 부여한 리비도를 거둬들여야 하는 고통이 따르기 때문이다.

리비도란 인간이 태어날 때부터 갖추고 있는 본능적 에너지이자 생명의 에너지다. 이 강력한 생명 에너지가 내부로 향하느냐, 외부 대상으로 향하느냐에 따라 자아 리비도와 대상 리비도로 구분이 된다. 가령 리비도를 쉽게 생각하면 이런 것이다. '나한텐 너밖에 없어', '이 프로젝트가 잘되면 정규직으로 전환될지도 몰라', '올해는 꼭 엄마랑 온천이라도 다녀와야지' 등 그 대상에게 투입한 소망이자 강력한 몰입을 말한다. 이것을 철회하는 일은 맨정신으로 할 수 없으며 시간이 오래 걸릴 수밖에 없다. 이때 흘리는 눈물을 우리는 받아 주어야 한다. 상실에 따른 애도의 눈물은 기꺼이 흘려야 할 눈물인 것이다.

만약 이러한 애도 과정을 생략하면 어떻게 될까? 프로이트는 애도를 충분히 하지 않으면 우울증이 발생한다고 했다. 흔히 우울증을 마음의 감기라고 하는데 자아의 감기라고도 말하고 싶다. 감기에 걸린 자아는 온통 자신을 깎아내리는 일에만 열중한다. 슬픔에 빠진 자신을 위로하기는커녕 자책과 죄책감으로 자신을 갉아먹는다. 자기 인생을 두고 '퐈'라며 자조적인 농담을 하는 민이 씨도 우울증이었다. 다행히 그녀는 뒤늦게나마 애도의 과정을 통과함으로써 우울에서 벗어날 수 있었다.

누군가 자신의 마음을 알아주고 위로해 주었던 기억이 없는 민이 씨는 늘 감정 표현에 서툴렀다. 그녀에게 감정이란 무시하거나 외면해야 할 성질의 것이었다. 과업을 완수하듯 기능 위주의 삶을 살아온 그녀의 울음은 이제는 제발 아픈 자신을 봐 달라는 내면의 신호였다. 돌이켜 생각하면 민이 씨는 30대로 떠나기 전 평범했지만 치열하게 산 20대를 애도하기 위해 넋 놓고 운 것이 아닐까 하는 생각이 든다.

서른 살에게 권한다

—

그녀는 눈물을 흘리면서 비로소 마음속의 상실감과 그에 따른 분노, 무능감과 자책까지, 자신의 숨은 감정을 살피고 들여다보게 되었다. 파혼은 그녀 삶에 큰 상처를 남겼다. 하지만 그 상처는 오랫동안 외면했던 내면의 자신을 마주하는 계기를 마련해 주었다. 덕분에 그녀는 상처를 보듬을 수 있었고, 간절히 바랐지만 차마 이루지 못한 소망들을 잘 떠나보낼 수 있었다.

그러니 서른 살이 되면 지금까지 살아온 인생을 돌아보며 "무엇을 얼마나 이루었는가?"에 대해서만 셈하지 말고, 그 시간을 잘 견뎌 낸 자신을 위로하고 애도하는 시간을 가져 보는 건 어떨까. 그 과정에서 눈물이 나면 기꺼이 울 일이다. 눈물에 인색한 사람은 자신에게도 인색해질 수밖에 없다.

내게도 애도의 눈물을 흘려야 하는 날들이 있다. 그때마다 나는 파울로 코엘료가 쓴 《흐르는 강물처럼》에 나오는 구절을 떠올린다. "언제나 강한 척할 필요는 없고, 시종일관 모든 것이 잘 돌아가고 있음을 증명할 필요도 없다. 다른 이들이 뭐라고 하건 신경 쓰지 않으면 그뿐. 필요하면 울어라, 눈물샘이 다 마를 때까지."

내가 걱정할까 봐 더 씩씩한 척하는 딸아, 울고 싶을 때는 그냥 울어 버렸으면 좋겠다. 그래야 맘껏 울고 난 뒤의 시원한 마음과 가벼운 발걸음으로 다시 무언가를 할 힘을 얻을 수 있을 테니 말이다.

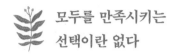

모두를 만족시키는 선택이란 없다

사람들이 많이 쓰는 말 중에 내가 참 싫어하는 말이 있다. '삽질하다.' 이를 사전에서 찾아보면 "헛된 일을 하다"라고 적혀 있다. 가장 빠른 길을 놔두고 한참 멀리 돌아가는 길을 택하거나, 결과와 전혀 상관없는 일에 시간을 허비한 경우에 쓰는 말이다. 한마디로 결과를 내는 데 도움이 안 되는 쓸데없는 일이 바로 삽질이다.

그런데 과연 세상에 헛된 일이라는 게 있을까? 바람 한 점에 날아가 버리는 모래성을 쌓았다고 해서 쓸데없는 짓을 했다고 말할 수 있을까? 모래성을 쌓아 본 사람만이 모래성을 잘 쌓는 데 필요한 모래와 수분의 양을 가늠할 수 있고, 시행착오를 줄이는 법도 알 수 있다. 이것이야말로 경험이 가져다주는 진짜 지식인 것이다.

최상의 선택을 하기엔 경험과 자원이 너무나 부족한 청춘들에게 이런 삽질마저 없다면 어떻게 인생의 퇴적층을 쌓을 수 있을까. 어떤 이는 "우리는 가야 할 길을 걸어가기도 바빠요. 괜히 삽질했다가 손해 보는 일을 만들고 싶지 않아요" 하며 삽질을 손실 개념으로 이해하는데, 이를 '손실 회피loss aversion'라고 한다. 똑같은 결과라도 획득한 가치보다 손실된 가치를 훨씬 더 크게 느끼는 것을 말한다.

그러나 당장 눈앞의 결과와 상관없다고 해서 삽질을 손해로만 생각하는 것은 앞으로의 성장에도 저해가 된다. 어디선가 이런 글귀를 읽은 기억이 난다. "전문가란 자기 주제에 관해서 저지를 수 있는 모든 잘못을 이미 저지른 사람이다." 나도 그에 동감한다. 지금은 삽질이 손실로만 보일 수도 있지만 삽질의 콘텐츠가 차곡차곡 쌓이면 어느 순간 그것이 성공을 이끄는 동력이 될 수도 있고, 미처 몰랐던 나를 발견하는 계기가 되기도 한다. 그리고 무엇보다 아직 한 평의 땅도 갖지 못한 청춘일수록 삽질은 꼭 해야 할 신성한 노동이다. 하고 싶은 게 뭔지 잘 모르겠고, 잘할 수 있는 일이 뭔지도 모르겠다면 일단 뭐든 해 봐야 결론이 나오지 않을까? "이건 내가 남들보다 더 잘하는 것 같은데?", "이건 내가 잘 못하지만 그래도 재미있어" 등등의 결론 말이다. 그처럼 경험치가 쌓이다 보면 어느 순간 선택을 하는 데도 유리해질 것이다.

그럼에도 "내가 삽질만 안 했어도 더 빨리 취업에 성공했을 텐데" 하며 삽질 경험을 저평가하거나 부인하는 데에는 목표에 가장 빨리 도달할 수 있는 고속도로가 어딘가에 있다는 믿음이 깔려 있어서다. 물론 보고서를 작성하거나 프레젠테이션을 준비하고 약속 장소를 찾아가는 데에는 가장 빠르고 효율적인 방법이 있을 수 있다. 그러나 인생 전체를 놓고 보자면 누구에게나 통용되는 효율적인 정답이란 없다. 다만 각자가 원하는 목표를 이루기 위해 자신만의 방식으로 노력하는 과정에서 자연스럽게 삶의 노하우가 생길 뿐이다.

스물다섯에 알게 된 인생의 비밀 한 가지

—

딸아, 나는 어렸을 적에 인형 옷 만드는 걸 참 좋아했단다. 뜨개질을 좋아해서 목도리도 뜨고, 조끼도 뜨다가 나중에는 옷본을 가지고 원피스를 직접 만들기도 했지. 해 본 사람들은 알겠지만 뜨개질이나 바느질은 한번 잡으면 그만두기가 어렵다. 끝까지 완성해내고 싶은 마음이 들거든. 그런데 대학에 들어와 수업을 들으면서 바빠진 뒤로는 더 이상 옷 만드는 놀이를 할 수 없었다. 공부하기에도 시간이 부족한 마당에 바느질 하며 몇 시간을 내리 보내는 건 정말 쓸모없는 일처럼 보였으니까. 그런데 그때 쌓은 바느질 실력이 다 큰 다음 엉뚱한 곳에서 쓰이더구나. 병원에서 인턴으로 일하며 처음 환자의 상처를 봉합하는 시술을 하게 되었는데 뜻하지 않은 칭찬을 듣게 되었던 거다. 진짜 처음 해 보는 게 맞느냐면서.

천을 자르고 이으며 바느질하고 놀았던 경험이 커서 그렇게 쓰일 줄 누가 알았겠니. 나는 그때 인생의 비밀 하나를 알게 되었다. 세상에 쓸모없는 일이란 하나도 없음을, 그러니 내가 지금 하고 있는 삽질이 훗날 또 어떻게 쓰일지 아무도 모른다는 사실을 말이야.

펑키 스타일의 아이콘 비비안 웨스트우드는 서른 살이 되던 무렵 선망의 직업인 교사를 그만두고 디자이너로서의 삶을 선택했다. 미술이나 디자인을 배운 적이 없는 터라 그녀의 선택을 두고 주변 사람들은 모두 쓸데없는 짓이라며 말렸다는구나. 그러나 지금 그녀는 엘리자베스 여왕에게 대영제국훈장까지 받아 패션계의 정점에 서 있다. 비비안 웨스트우드가 결과적으로 전 세계인의 사랑을 받는 디자이너가 되었기 때문에 그녀의 선택이 옳았다는 말이 아니다. 만약 그녀가 디자이너로 성공하지 못했더라도, 그래서 다시 교사로 돌아갔더라도 디자이너로 활동한 경험은 그녀의 인생에서 무엇과도 바꿀 수 없는 소중한 것으로 남았을 거야. 꼭 해 보고 싶던 일을 했고, 그 과정에서 누구보다 즐거웠으니 말이다. 최소한 인생에서 재밌게 누릴 수 있는 일을 하나 찾은 거니까. 그녀가 만약 디자이너가 되고 싶다고 생각하면서도 혹시 괜히 시간만 낭비하게 되면 어쩌나, 교사직을 포기하고 선택한 길인데 후회하면 어쩌나 하면서 시도해 보지 않았다면 결코 얻을 수 없었던 결과다.

세상에 쓸모없는 일이란 하나도 없다

—

마흔이 넘어서 데뷔한 이래 100편이 넘는 작품을 남긴 고故 박완서 선생이 말했다. "인생은 과정의 연속일 뿐 결말이 있는 게 아닙니다." 박완서 선생은 인생을 등산에 비유했다. 힘겨운 오르막길은 길고 산의 정상에서 맛보는 환희의 순간은 지극히 짧은데, 그게 만약 인생이라면 산을 오르는 과정에서 행복을 찾아야 하지 않겠느냐고. 실제로도 선생은 글이 써지지 않을 때에도 군사분계선을 지키는 보초병보다 더 끈질기게 원고를 붙잡고 있었다. 과정을 즐기지 못했다면 절대로 견뎌 낼 수 없는 순간의 연속이었음이 분명하다. 그러므로 흔히 삽질이라고 하면 이곳저곳 파다 그만두는 걸 떠올리지만 사실은 그 과정 자체에 지향점이 있다.

하지만 우리는 쓸데없어 보이는 일에 매우 인색하다. 직업이든 취미든 어떤 일을 시작했으면 노력한 만큼 반드시 결과가 뒤따라야 한다고 생각한다. 그래서 그냥 한번 해 보는 일에 쉽게 도전하지 못한다. 몇십 년 전만 해도 청춘의 객기라는 말이 통했고, 모험이야말로 젊은이들의 특권이라고 여겼지만 지금은 사정이 달라졌다고들 하는구나. 플랜 A가 실패하면 플랜 B를 시도할 수 없는 세상이라고 말이다. 그럴수록 시행착오가 적은 길, 남들이 이미 검증해 놓은 길을 택하는 게 안전하다고 여기게 된다.

해 보고 싶은 일을 한번 해 보는 경험이 당장의 과업에 도움이 되지 않을지도 모른다. 하지만 무언가를 시도해 본 경험, 그 씨앗이 뒤늦게 마흔 살이 넘고 쉰이 지나서야 꽃을 피울 수도 있다. 평생직장이라는 개념이 사라진 요즘, 마흔 중반에 이르러 은퇴를 고민하는 사람들과 자주 마주하게 된다. 그들은 대부분 앞으로 무엇을 어떻게 해야 좋을지 모르겠다고 말한다. 만약 그들이 젊은 시절에 어떤 씨앗을 어디에 심을지에 대해 치열하게 고민해 보고, 엉뚱한 곳에 삽질이라도 해 봤다면 어땠을까? 씨앗 하나 심을 만한 작은 웅덩이라도 파 놓았다면 어땠을까? 설사 퇴직을 앞두고 있어도 인생 2막에 심어야 할 씨앗 정도는 알고 있지 않았을까? 그러면 적어도 "이제는 하고 싶은 거 하면서 살려고요"라는 말을 자신 있게 하지 않았을까?

일본의 정신과의사인 사이토 시케타가 말했다. "많이 넘어져본 사람일수록 쉽게 일어선다. 반대로 넘어지지 않는 방법만을 배우면 결국에 일어서는 방법을 모르게 된다." 삽질의 부재가 주는 가장 큰 폐해가 뭘까? 삽질로 각종 유기물이 자라는 환경을 만들어본 적이 없는 이는 나이가 들어서도 삽 뜨는 법조차 모른다. 삽질의 부재는 경험의 부재이며, 경험의 부재는 그 사람 능력의 크기를 제한해서 설사 포클레인이 바로 옆에 있어도 절대로 웅덩이를 팔 수 없게 만든다. 무엇보다 마흔이 되고, 쉰이 넘으면 지킬 것이 많아져 쉽게 삽을 들 수 없게 된다.

프랑스의 소설가 아나톨 프랑스는 "나는 현명한 외면보다는 열정적인 실책을 더 좋아한다"라고 말했다. 정말 맞는 말이다. 많은 것을 시도하면 실수도 많겠지만 그만큼 인생에 후회도 적다. 더군다나 세상에 모든 조건과 모든 사람을 만족시키는 완벽한 선택은 없다. 그러니 손실이 적은 선택지를 기다리느라 주저하거나 기회비용이라는 말에 움츠러들지 말자. 지금 마음껏 삽질해 보고, 퍼낸 흙으로 삶의 토양을 기름지게 가꾸어 나가렴. 그렇게 해서 쌓인 경험이야말로 너만의 독특함이자 네 인생의 진정한 무기가 되기 때문이다.

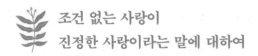

조건 없는 사랑이
진정한 사랑이라는 말에 대하여

남남이던 두 사람이 어느 순간 서로에게 없어서는 안 되
는 특별한 존재가 된다. 이 세상에서 둘도 없는 사람, 당신이 없는
세상은 더 이상 그려지지 않는 마법의 사슬에 결박당하는 것이다.
바닷가 모래알처럼 무수한 사람 중에 왜 하필 당신을 사랑하게 되
었을까? 어떤 이는 "그건 운명이었다"라고 고백하고 또 어떤 이는
"어쩔 수 없는 팔자였다"라고 말한다.

그 끝이 운명이든 팔자든 모든 사랑은 시작되는 순간 별처럼
반짝인다. 별이 나와 상대방의 눈으로 내려온 날, 우리는 서로의 일
거수일투족을 발견하는 시력을 갖게 된다. 그리고 이것을 '콩깍지'
라고 부른다.

—

딸아, 너도 사랑도 하고 결혼도 했으니 콩깍지가 얼마나 신비로운지 잘 알 것이다. 사랑에 빠지면 우리는 상대방의 좋은 점은 극대화하는 대신 나쁜 점은 싹 덮어 버린다. 세상에 이보다 완벽한 사람은 없는 것처럼. 사랑에 빠진 이는 상대방에게 '자아 이상ego ideal'의 한 부분을 투영한다. 자아 이상이란 언제나 되고자 노력하지만 결코 도달하지 못하는 자신의 이상적 모습으로, '부지런해야 한다', '베풀어야 한다', '성공해야 한다'처럼 어릴 때 부모가 우리에게 지속적으로 심어 준 가치 같은 것들이다. 사랑에 빠진 사람은 비록 자신은 가지고 있지 못하지만 상대방은 이런 가치들을 지니고 있을 거라는 환상을 품는다.

그러고 보면 사랑은 참으로 위대하지 않니? 자아 이상이 나에게서 타인에게 옮겨지니까 말이다. 그런데 사회가 개인에게 요구하는 조건이 많아져서 그런지, 청춘들은 자신에게 거는 기대치가 버거울 정도로 높은 것 같구나. 물론 목표가 높은 게 나쁜 것은 아니다. 문제는 자아 이상이 높을수록 그것이 옮겨 갈 상대를 고르는 기준도 까다로워진다는 데에 있다. 그렇게 되면 충분히 좋은 상대가 눈앞에 있는데도 연애를 미루거나, 상대가 자리 잡는 걸 기다려 주지 못하고 이른 이별을 선택하게 되기도 한다. 인정 씨와 종택 씨

커플처럼 말이다.

연애 3년 차인 둘은 소개팅으로 만나 운명처럼 사랑에 빠졌다. 그들은 여느 연인처럼 티격태격 싸움도 해 가며 사랑을 키워 가고 있었다. 그런데 지금 인정 씨는 둘의 관계에 대해 무척 혼란스러워하고 있었다. 발단은 종택 씨의 퇴사였다. 몇 년간 불황에 허덕이던 회사는 엘리트 코스를 밟으며 승승장구하던 청년에게 전문성과 관련이 먼 조직으로 발령을 내렸고, 종택 씨는 원치 않는 부서에서 일하느니 그만두는 게 낫다고 판단했다.

1년 가까이 여러 직장을 알아보던 그는 이전과는 비교도 안 되는 작은 중소업체에 취직해 일을 배우고 있다. 인정 씨는 그가 좌절하지 않도록 신경 써 주고 배려해 주었다. 그런데 왠지 모르게 종택 씨는 사소한 일에도 짜증을 내고 무심코 던진 말에도 상처를 받았다.

'의젓하고 듬직했던 그의 모습은 어디로 간 걸까?'

원치 않던 발령과 퇴사를 겪으며 마음고생을 심하게 한 종택 씨가 예민해진 탓도 있었다. 그래도 종택 씨는 껍데기만 폼날 뿐 알고 보면 소모품에 불과했던 대기업보다는 작지만 탄탄한 지금 직장에서 전문성을 키우고 싶어 한다. 문제는 인정 씨가 그의 선택을 받아들이지 못하는 데에 있다. 이름만 대면 누구나 알 만한 일등 기업에서 일하던 그가 그리운 것이다. 그를 사랑하지만 그녀에게는 자신이 그리는 남편으로서의 조건 또한 중요하다. 주변에서는 서른다섯을 넘기기 전에 선을 보라고 종용한다. 흔들리는 마음을 부정할 수 없다며, 그녀는 혼란스러워하고 있다.

'나는 정말 그를 사랑한 걸까? 그의 직업을 사랑한 걸까?'

'사랑에 빠진다'는 것의 진짜 의미
—

우리는 외모든 경제력이든 이성을 만날 때 조건을 따지는 사람을 부끄러워하는 경향이 있다. 속 깊은 곳에서는 모두 비슷한 마음이라고 해도, 겉으로는 드러내지 않는 게 예의라고 여겨서다. 또 조건 없는 사랑이 순수한 사랑이라는 통념 때문이기도 하다. 순수한 사랑은 조건이 아니라 그 사람이기 때문에 사랑하는 것이다. 외모, 경제력, 건강은 언제든 변할 수 있지만 그가 그 사람인 것은 변하지 않는다. 그가 잘나가건 못 나가건, 잘생겼건 못생겼건, 건강하건 아프건 간에 상관없이 그의 곁을 지키는 것이 진정한 사랑이다. 사랑은 운명이라는데 어찌 운명을 거역하겠는가.

그러나 조건 없는 사랑이라는 게 가능할까? 조건에서 자유로운 순수 결정체인 그 사람을 알아보고 사랑에 빠지는 일이 과연 가능한 일일까? 이에 대해 많은 학자들은 사랑에 빠지는 과정이 매우 조건적이라고 말한다. 그 조건은 비단 경제력만을 의미하지 않는다. 성격, 외모, 말투, 행동 등 사랑하는 사람을 선택하는 기준을 조건이라고 보는데, 이 조건은 대부분 어린 시절 형성된 우리의 무의식에 따라 결정된다.

흔히 하는 말 중에 "사람은 자기 부모와 비슷한 사람을 만난다"라는 속설이 있다. 예를 들어 쌀쌀맞은 엄마에게서 자란 남성은 쌀쌀맞은 여자를 매력적으로 느낀다는 것이다. 어릴 때 뇌에 각인된 사랑의 프로그램이 커서도 작동하는 것처럼 말이다. 그런가 하면 "사람은 자기와 반대되는 사람과 만난다"라는 말도 있는데, 예를 들어 사랑받지 못하고 자란 여자는 사랑을 듬뿍 주는 남자를 택할 거라는 생각이다. 그러나 막상 결혼해서 살아 보니 배려심 많아 보이던 남자가 실은 냉랭한 남자로 판명되는 경우가 많다. 이 경우 여자는 무의식중에 사랑을 주지 않는 남자를 선택함으로써 사랑받지 못하고 성장한 어린 시절의 대상관계를 되풀이하기 때문이다. 이것을 프로이트는 '반복 강박repetition compulsion'이란 개념으로 설명했다.

이렇게 우리는 자신도 모르는 사이 무의식에 의해서 사랑의 대상을 선택한다. 그 과정에서 상대방을 있는 그대로 바라보기보다 우리가 원하고 바라는 대로 재단하고 판단한다. 다시 말해 이미 무의식은 많은 것을 취사선택하고 결정해 버린다. 그래서 프로이트는 "우리가 선택하는 사랑은 결코 우연히 이루어진 것이 아니며 사랑할 대상의 발견은 이미 결정된 이전 관계의 재발견이기도 하다"라고 말했다. 즉 사랑은 자유로운 선택인 것 같지만 결정론적이며, 운명일 수 있지만 그 운명에는 이미 많은 조건이 포함되어 있다는 말이 된다.

그럼에도 지금 사랑하는 사람을 함부로 놓아서는 안 되는 이유

———

인정 씨가 말하는 조건은 자신의 존재감을 입증해 줄 자기애적 조건들이다. 외모, 학벌, 지위, 돈 등 자신을 남과 차별화하는 외적 성취를 통해 우월성을 인정받고 싶어 한다. 즉 실리적인 사랑을 통해 자기실현도 구현할 수 있다고 믿는 것이다. 그렇다고 어느 누가 인정 씨를 비난할 수 있을까? 우리 모두 이런 욕망에서 자유롭지 못한 것을.

그러므로 인정 씨가 과도한 죄책감에 시달릴 필요는 없다. 다만 아직 종택 씨를 사랑하고 있다면 일단 그를 믿고 기다려 보는 게 더 나을 수는 있다. 왜냐하면 사랑에 빠지는 조건은 매우 다양하고 복잡해서, 그 안에는 그의 직업뿐 아니라 성격이나 꿈을 포함해 인정 씨조차도 미처 깨닫지 못한 것들이 있기 때문이다.

그리고 의식하지 못해도 우리가 최종적으로 만나게 될 운명의 상대는 이전 지리멸렬했던 사랑이, 또 그런 사랑을 견디고 보듬어 온 행보가 이어 준 것이다. 음표를 알아야 악보를 볼 수 있고, 어순을 알아야 회화가 가능한 것처럼 사랑도 각 단계별로 배우고 익혀야 할 가치가 있다. 이게 현재의 사랑을 함부로 놓아서는 안 되는 이유다. 지금 사랑을 잘해야 다음 사랑을 더 잘할 수 있기 때문이다.

무의식에 의해 사랑이 선택되는 과정은 어린 시절 풀지 못한 마음의 문제를 이성과의 관계 안에서 다시 해결할 수 있는 기회인지도 모른다. 비록 힘들고 지난할지라도 이 문제를 제대로 파악하고 해결하려고 노력한다면 우리는 인간으로서 눈부시게 성장할 수 있다. 사랑이 우리에게 주는 가장 큰 선물 중 하나가 바로 이런 성장이 아닐까. 그러니 이별을 결심하더라도 내가 왜 이 사람을 사랑하게 되었고, 왜 헤어지기로 결심했는지, 그 과정을 깊이 고민할 시간이 필요하다. 그래야 다음 사랑은 좀 더 편안하게 받아들일 수 있을 테니까.

**절대로 사랑에 대해
냉소적이 되지 마라**

—

어떤 사람들은 무의식이 사랑의 대상을 선택한다는 얘기를 들으면, 사랑에 대해 냉소적인 태도를 보이기도 한다. 세상에 진정한 사랑은 없다는 듯이 말이다. 그러나 과연 그럴까? 우리가 사랑에 회의적이어야만 하는 걸까? 오히려 무수한 사람들 가운데 오직 당신만을 사랑하게 된 것이 비록 어린 시절 경험 때문이라고 해도 서로가 살아온 역사에 의해 엮인 인연이라는 게 더욱 애틋하고 신비

딸에게 보내는 심리학 편지

롭지는 않은지.

그러니 사랑에 대해 냉소적이 되지 말자. 조건 없는 사랑만이 진정한 사랑이라고 말하지도 말자. 우리는 누구나 자기만이 가진 조건에 의해 사랑에 빠진다. 그렇다고 그 사랑이 순수하지 않은 것은 아니다. 우리는 어차피 그 사랑의 배후를 다 알지도, 좌지우지할 수도 없으니까. 그러니 지금 하고 있는 사랑에 충실해라. 비록 그 끝이 이별일지라도 사랑을 통해 자기 자신에 대해 조금은 더 알 수 있는 성장의 기회가 될 테니까. 어차피 끝날 사랑인데 시간을 끌 필요가 있느냐고 묻는다면 나는 이런 말을 해 주고 싶다. 그럼에도 서둘러 사랑을 끝내 버리면 남는 건 후회뿐이고 다음 사랑도 잘할 수 없다고 말이다.

딸에게 보내는 심리학 편지

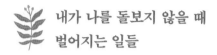

내가 나를 돌보지 않을 때
벌어지는 일들

"엄마, 엄마는 나 키우면서 이래라저래라 크게 간섭 안 했잖아. 그래도 나한테 이것만은 꼭 하라고 말해 주고 싶은 게 하나쯤은 있을 거 아냐? 그게 뭐야?" 뜬금없던 네 질문에 곰곰이 생각하다가 나는 이렇게 대답했었다. "음…. 네 마음도 자주 보살펴 주어야 해." 너는 그냥 고개를 끄덕였지. 이번에는 그때 미처 못했던 이야기를 좀 더 해 볼까 한다.

예측불허의 세상살이에서 무엇이 우리를 단단히 지켜 줄까? 건강, 돈, 직업, 부모, 배우자 등 여러 가지가 있겠지. 건강하고 돈이 있어야 누군가에 의존하지 않고 독립된 생활을 영위할 수 있다. 내한 몸 지키는 것 못지않게 사회적으로 탄탄한 지위와 인맥이 있어야 험한 일이 터져도 나와 가족을 지킬 수 있다. 그래서 사람들은 수단과 방법을 가리지 않고 그것을 쟁취하느라 낯부끄러운 이전투구도 마다하지 않는다.

그런데 그것들을 다 가지고도 불행해하고 때론 자살로 그 모든 것과 이별을 고하는 것을 보면, 반드시 그것들이 소중한 가치를 지켜 주는 것 같지는 않다. 내 몸을 보호하고, 나와 내 가족의 사회적 위치를 보호하는 것만으로 내 인생이 정말 안전할까? 상처투성이 세상에서 건강과 사회적 안전판을 확보하는 것만으로는 부족하다. 마음이 무너지면 돈도 건강도 사회적 지위도 아무런 의미가 없다. 어쩌면 매일 무방비로 노출되고 있는 것은 바로 우리의 마음이다.

마음도 몸처럼
다치지 않도록

—

우리 신체는 온갖 바이러스, 유해 물질뿐만 아니라 유무형의 사고와 재해에 늘 노출되어 있다. 그래서 우리는 몸을 보호하기 위해 좋은 음식을 먹고, 예방접종으로 질병에 대한 면역을 키우고, 따뜻한 옷을 입고, 안전한 가옥에 살면서 사고에 대비한다. 우리의 마음도 마찬가지다. 외부의 위험으로부터 자신을 지키기 위해 여러 가지 방어기제를 작동시키고 있다.

그러나 방어기제라는 것은 개인의 역량에 따라 또 상황에 따라 그 기능이 잘 작동하기도 하고, 쉽게 무너지기도 한다. 사실 이것처럼 믿을 수 없는 것도 없다. 마치 온갖 비타민을 먹고 보약을 먹어도 어느 순간 독감에 걸려 열병을 치르기도 하는 것처럼, 사소한 말 한마디에 우리 마음의 방어기제도 한순간 무너져 내린다. 친구가 무심코 내뱉은 "넌 너무 찌질해", 엄마가 무심결에 툭 던진 "네가 하는 일이 다 그렇지 뭐" 같은 말에 마음은 순간 조각나 버린다.

몸이 아프지 않게 조심하듯 마음도 상처 입지 않도록 예방조치를 해야 한다. 마음을 보호하는 것은 자신의 마음을 최적화하고 평온을 유지하기 위함이다. 불필요한 스트레스에 더 이상 찌들지 않도록, 왜곡된 갈등에 짓눌려 더 이상 마음이 피폐해지지 않도록 미연에 방지하는 것이다. 그런 것들에 무방비로 반복 노출되다 보면 결국 우울과 불안, 무기력이라는 위험 사이렌이 울리게 된다.

**어쩌다 그녀는 자살까지
생각하게 된 걸까?**

—

스물여덟 살 은영 씨는 어디 하나 나무랄 데 없는 모범생이었다. 회사 일도 열심히 했고, 궂은일을 도맡아 했다. 그녀는 주위 사람들이 바쁠 때 먼저 나서서 일을 돕는 고마운 존재였다. 그런데 작년부터 알 수 없는 무력감과 우울감이 몰려오기 시작했다. 남의 일까지 떠맡다 보니 갈수록 일이 늘 수밖에 없었는데, 나중에는 쉬지 않고 일해도 처리할 수 없는 지경에 이르렀기 때문이다. 은영 씨는 그게 모두 자기 탓인 것만 같았다. 급기야 병가를 내고 회사를 쉬었지만 책임을 다하지 못한 죄책감에 자살까지 생각할 정도였다.

은영 씨는 퀭한 눈으로 말했다. "세상은 온통 책임으로만 채워져 있는 것 같아요. 내 인생은 왜 이렇게 해야 할 일들뿐일까요. 제 인생에는 제가 없어요." 그녀는 남들에게는 한없이 관대했지만 스스로에게는 너무 엄격했다. 그래서 자신을 희생해서라도 다른 사람들이 원하는 것에 맞춰야 한다고 생각했다. 그 어떤 순간에도 자신의 감정과 느낌을 먼저 생각해 본 일이 없었다. 아니, 자신을 들여다보기를 두려워했다.

상담을 거듭하면서 그녀의 마음이 왜 그렇게 위축되었는지 알게 되었다. 은영 씨의 아버지는 밤마다 폭음과 폭력을 일삼았고 어머니는 그에 대항할 힘이 없었다. 어렸지만 장녀였던 그녀는 아침마다 동생들을 챙겼고, 밤이면 아버지로부터 어머니를 지켜 내는 여전사로 변신했다. 무력한 어머니는 그런 은영 씨를 집안의 기둥이라며 칭찬했다. 그러나 그녀의 마음속에는 응석 한 번 제대로 부려 보지 못한 억울함, 어른 역할을 강요했던 어머니에 대한 미움, 매일 가족을 불안의 도가니로 몰아넣는 아버지에 대한 분노가 가득했다. 그러면서도 동시에 부모를 미워하는 자신에 대한 죄책감으로 괴로워했다. 분노와 죄책감이 폭발해 가족을 집어삼킬까 봐 두려웠던 그녀의 무의식은 결국 모든 감정을 느끼지 못하도록 막

딸에게 보내는 심리학 편지

아 버렸다. 그리고 책임감 하나로 로봇처럼 움직이며 잔뜩 쌓인 일들을 처리하고 또 처리해 왔다.

그러나 감정은 언제고 터져 나오기 마련이다. 막힌 도관에 계속 물을 넣으면 한 번에 터져 버리듯 말이다. 그래서 제때 표현되지 못한 감정은 오히려 더 큰 화를 불러오기도 한다. 알 수 없는 긴장과 막연한 불안, 이유 없이 치솟는 분노로 표현되기도 하고, 심한 경우 화병처럼 신체의 증상으로 드러나기도 한다. 은영 씨가 회사에서의 과중한 책임감과 스트레스로 자살까지 생각하게 된 데에는 이러한 이유가 있었다.

나를 돌본다는 것은 모든 감정을 허락한다는 뜻이다

사람들은 부정적인 감정은 억누르는 게 좋다고 생각한다. 누가 불안, 두려움, 공포, 분노처럼 듣기만 해도 피하고 싶은 감정을 원하겠니. 그러나 사람의 모든 감정은 하나의 통로를 타고 흐른다. 만약에 부정적인 감정을 피하겠다고 감정의 통로를 막아 버리면 기쁨, 행복, 환희 같은 긍정적인 감정까지 제한되기 마련이다.

심리학자 에이브러햄 매슬로는 "마음속 지옥을 피하려고 하면 마음속 천국도 멀어진다"고 말했다. 은영 씨야말로 부모에 대한 분노와 죄책감을 피하려고 하다가 아무런 기쁨도 행복도 느낄 수 없는, 그저 책임만 가득한 삶을 살게 되었다. 나는 은영 씨에게 데이비드 그리피스가 지은 〈힘과 용기의 차이〉라는 시를 선물했다.

> 자신을 방어하기 위해서는 힘이
> 방어 자세를 버리기 위해서는 용기가
> 다른 사람의 고통을 느끼기 위해서는 힘이
> 자신의 고통과 마주하기 위해서는 용기가 필요하다.
> 자신의 감정을 숨기기 위해서는 힘이
> 그것을 표현하기 위해서는 용기가 필요하다.

은영 씨 마음속엔 아직도 부모의 사랑을 그리워하는 아이가 숨어 있었다. 그동안 은영 씨가 그 아이의 상처를 감추고 억누르기 위해 힘을 사용했다면, 이제는 그 아이와 대면하기 위해 용기를 내야 할 때였다.

꼭꼭 덮어서 꽁꽁 얼려 버린 죄책감과 분노를 들여다보기란 쉬운 일이 아니다. 많은 환자들이 그 과정이 너무 고통스럽고 힘들어서 과거에 살던 방식으로 돌아가려고 한다. 그러나 은영 씨는 물러서지 않았다. 부모가 저지른 잘못에 정당하게 분노하고, 모른 척했던 상처 입은 내면 아이에게 사과했다. 그녀는 이제부터라도 다른 사람의 기대를 저버릴지라도 자신의 인생을 살기로 결심했다. 자기 감정을 표현하기 위해 용기를 내기로 한 것이다.

부드럽게,
더 부드럽게 살아가라

—

자기 마음을 돌본다는 것은 자기 안에 느껴지는 다양한 감정들을 허락한다는 뜻이다. 위에서도 이야기했듯 감정은 모른 척하고 억누르면 언젠가는 튀어나온다. 그런데 예상치 못한 방식과 강도로 튀어나오면 참 난감해진다. 그래서 감정도 적절한 한도 내에서 흐르도록 바라봐 주고 인정해 줘야 한다. 수치심, 죄책감, 불안, 시기심 등이 올라와도 "이런 느낌이 드는구나. 당연하지. 인정받고 싶고 사랑받고 싶은 게 사람이니까. 좀 잘해 보려고 그런 거잖아. 충분히 이해해" 하는 식으로 다독여 줘야 한다. 이것이 정서적 여유이고, 마음의 탄성이다.

당연히 마음에도 임계점이 있다. 그 지점을 넘기면 폭탄이 터진다. 그런데 사람들은 생각보다 그 임계점을 높게 잡는 경향이 있구나. '이 정도는 괜찮아', '나보다 힘든 사람들이 얼마나 많은데' 하면서 자기를 몰아붙인다. 그러나 감기에 대비해 미리 비타민을 섭취하듯, 마음도 힘들어지기 전에 미리 쉬어 줄 필요가 있다. 어려운 것이 아니다. 힘들면 좋아하는 음식을 먹고, 좋아하는 사람을 만나고, 예쁘고 멋있는 것들을 보러 다니라는 말이다. 웬 한가한 소리냐고? 아니다. 중간중간 조금씩 쉬어 주는 것이야말로 마음의 탄성을 유지하는 '가성비' 좋은 방법이다. 마음이야말로 크게 다치면 회복에 정말 오랜 시간이 걸린다는 사실을 잊지 말길 바란다.

　젊었을 땐 나를 지키려면 강해져야 한다고들 생각한다. 지위나 재력에 먼저 관심이 가는 이유도 마찬가지일 테지. 그러나 살아갈수록 알겠더구나. 힘을 키우는 것만큼이나 마음을 지키는 것도 중요하며, 마음을 지키는 가장 좋은 방법은 경직되지 않고 부드러워지는 거라고. 그러니 딸아, 온 마음을 다해 울고 웃으렴. 모든 감정을 흐르도록 둠으로써 생이 선물하는 다채로움을 가능한 많이 경험하렴. 어떤 시련이 오더라도 마음을 돌보는 일에 인색해지지 말기를 엄마는 진심으로 바란다.

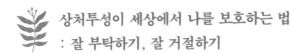

상처투성이 세상에서 나를 보호하는 법
: 잘 부탁하기, 잘 거절하기

몇 년 전 후배 의사 하나가 찾아와 하소연하듯 이야기했다. 요즘 자기가 주변 사람들에게 민폐만 끼치는 존재가 되어버려 속상하다는 말이었다. 그녀는 어려서부터 뭐든 척척 해내는 모범생이었다. 공부를 잘해서 의대에 진학했고, 의대에서도 성적이 좋아 유급 한 번 없이 전문의가 되었다. 잘 닦아 놓은 고속도로 위의 스포츠카처럼 큰 장애물 없이 달려온 삶이었기에, 그동안 누군가에게 아쉬운 소리를 해 본 일도 거의 없었다. 그러던 것이 아이를 낳고는 완전히 달라졌단다. 늦은 나이에 결혼해 아이를 낳고 그 아이가 다섯 살이 되도록 키우면서 그녀는 "부탁합니다", "죄송합니다" 소리를 입에 달고 살게 되었다. 학회에 발표가 있거나 회식이라도 있는 날엔 아이를 돌봐 줄 사람이라면 누구에게라도 "오늘 꼭 일찍 올게요. 아이 좀 잘 부탁드립니다" 하며 머리를 조아려야 했고, 퇴근이 조금이라도 늦을라치면 발을 동동 굴렀다. 그뿐만 아니라 아이가 공공장소에서 시끄럽게 굴거나 뛰어다니면 자기도 모르게 아이를 심하게 제지하고 사람들에게 "죄송합니다" 소리를 연발하게 되더란다. 지금껏 남들의 도움 없이도 잘 살아왔는데 갑자기 누군가의 도움 없이는 하루도 못 버티는 존재가 되어 버리니, 자기 자신이 너무 초라하게 느껴진다고도 했다.

매일이 살얼음판 같은 워킹맘의 그 심정을 어찌 엄마가 모르겠니. 나도 너를 키우며 아슬아슬하게 하루하루를 버텼으니 말이다. 제아무리 직업적 능력이 뛰어나거나, 모성애가 가득한 사람도 아이는 절대로 혼자서 못 키운다. 늘 다른 사람의 도움이 필요하기에 적극적으로 도움을 찾아다녀야 하는 것이 바로 엄마의 삶 그 자체란다. 그렇게 살다 보면 자연히 인간이라는 존재가 서로 도움을 주고받을 수밖에 없는 그물망 안에 있음을 깨닫게 되지. 제아무리 뛰어난 인간도 결코 끊을 수 없는 '민폐의 사슬'이라고 할까.

**그런데도 왜 사람들은
부탁하기를 어려워하는 걸까?**

—

옛날처럼 한 마을에서 평생을 살던 때에는 민폐가 자연스러운 일이었다. 도움이 필요할 때 베풀어야 나중에 나도 도움을 받고 살수 있으니까. 그러나 전통사회가 해체되고 현대사회에 이르러 개인의 익명성이 대두되면서 도움을 주고받기도 어려워졌다. 전통사회와 달리 현대사회에서는 내가 이웃에게 베푼 도움이 돌아온다는 보장이 없기 때문이다. 더 나아가 경쟁이 치열한 세상에서 사람들은 도움을 베풀 여력도 부족하다. 그러니 다들 속으로 바라는 것이다. '각자의 문제는 각자 알아서들 잘 해결합시다' 하고.

더군다나 능력주의 사회에서 부탁은 더욱 어려운 일이 되어 버렸다. 타인에게 무언가를 부탁한다는 것은 혼자서는 그 문제를 해결할 능력이 부족함을 시인하는 꼴이라고 여겨서다. 앞서 이야기한 후배 역시 육아 문제를 혼자서 제대로 해결하지 못한다는 사실, 즉 자기에겐 육아 문제를 완전히 해결할 능력이 부족하다는 점을 인정하기를 가장 어려워했다. 뭐든 잘 해내는 모범생 스타일의 사람들이 부탁을 꺼리는 이유이기도 하다.

그런데 부탁을 꺼리는 사람들의 마음속을 깊숙이 들여다보면 다른 원인도 보인다. 그들은 대부분 타인에게 의존하기를 두려워한다. 누군가에게 의존한다는 것은 자신의 약점을 드러낸다는 것이고, 약점이 드러나면 상대가 그 약점을 붙들고 자기를 좌지우지하며 통제할 거라는 두려움이 있기 때문이다. 그들의 마음은 마치 강대국에 둘러싸인 약소국의 형편과 비슷하다. 주변 나라가 언제 침범해 들어올지 모른다는 두려움에 끝없이 담을 쌓는다. 그 결과

완전히 고립되어 버린다. "제 문제는 제가 알아서 할게요. 들어오지 마세요"를 외치는 동안 물자도, 문화도 들어오지 못해 스스로 멸망을 자초하는 셈이다.

**세상에 모든 문제를
혼자 해결할 수 있는 사람은 없다**

—

자기 영토를 충분히 지킬 수 있는 나라는 다른 나라에 기꺼이 문을 연다. 사람들이 자유롭게 드나들고 경제적 문화적으로 교류를 하며 더욱 부강해진다. 그런데 영토를 지킬 수 없다고 생각하는 나라일수록 문을 꼭꼭 걸어 잠근다. 그러는 동안 나라는 더욱더 가난해진다. 마음도 마찬가지다. 자존감이 강한 사람들, 즉 어떤 상황에서도 내 인생의 주인은 나이고, 내가 이 상황을 꾸려 나가고 있다고 여기는 사람들은 부탁도 잘한다. 타인의 도움이 나를 해칠 수 없고, 타인의 도움을 받아야만 나도 잘살 수 있다는 사실을 알고 있기 때문이다. 반면 자존감이 약한 사람일수록 타인의 지배에 대한 두려움으로 인해 부탁을 잘 못 하고 자신을 솔직하게 드러내지 못한다.

그러므로 만약 부탁이 너무 힘들고 어렵다면, 부탁을 꺼리는 동안 무엇을 잃고 있는지 살펴볼 일이다. 회사에서 큰일이 터지는 가장 흔한 이유가 뭔지 아니? 바로 문제 상황을 감지했음에도 미리 공유하지 않았기 때문이다. 혼자서 해결해 보겠다고 애쓰는 동안 타인의 도움을 받아 쉽게 해결 가능했던 문제가 손 쓸 수 없는 지경에 이르고 만다. 그러니 제힘으로는 버거운 일을 만나면 너무 고민하지 말고 타인에게 도움을 청해야 한다. 안 그러면 나라의 문을 걸어 잠궜다가 멸망해 버린 여느 나라의 지도자와 다를 바가 없다.

세상에 모든 문제를 혼자 해결할 수 있는 사람은 없다. 더군다나 일을 잘하고 능력을 인정받는 사람들 가운데 혼자서 그 일을 전부 해내는 사람은 단 한 명도 없다. 그들은 자기가 모든 일을 잘할 수 없다는 사실을 너무 잘 알고 있다. 그래서 부족한 부분을 서로 메워 줄 사람들을 팀으로 엮어 좋은 결과를 내려고 노력하지. 그렇게 도움을 주고받으면서 팀은 최상의 시너지 효과를 내고 최고의 결과를 창출한다. 그러므로 부탁을 하고 도움을 받는 일에 너무 인색해지지 말자. 언젠가는 너 역시 누군가의 부탁에 기꺼이 응해야 할 날이 오기 마련이다. 그러니 기꺼운 마음으로 타인에게 손을 내밀 수 있었으면 좋겠다.

**타인의 부탁을 잘 들어주는
사람들의 속마음**

—

지금까지는 타인에게 심리적으로 지배당할까 봐 의존을 두려워하는 사람들의 이야기를 했다. 그들은 타인이 침입하지 못하도록 마음의 문을 꽁꽁 걸어 잠근다고 했지. 그런데 반대로 타인의 부당한 침입에 대문을 활짝 열어 주는 사람들도 있다. 그들은 바로 거절하지 못하는 사람들이다.

주변에 '예스맨'이라고 불리는 사람들을 본 적 있니? 어떤 부탁을 받더라도 그들의 대답은 대부분 "예스"다. 상사가 자꾸만 일을 떠넘겨도, 동료가 휴가 날짜를 좀 바꿔 달래도, 친구가 돈을 꿔 달래도, 누가 보험 좀 들어 달래도 알겠다고 대답한다. 처음엔 주변 사람들도 '예스맨'을 구세주인 듯 고마워하지만 그것도 잠시일 뿐. 비슷한 일이 반복되면 주변인들도 '예스맨'의 도움을 당연하게 받아들인다. 심지어 이렇게까지 이야기한다. "아니, 일 좀 도와 달라고 부탁하긴 했지만 못 하는 상황이면 거절하면 되죠. 거절을 안 하니까 계속 맡기게 되는 거 아니겠어요?"

이렇게 부당한 대우를 받으면서까지 왜 그들은 거절을 못하는 걸까? 표면적으로는 거절이 상대의 기분을 상하게 할 것이라는 두려움, 더 나아가면 자신이 비난당하고 거절당할 것을 염려하는 마음이 크기 때문이다. 그런데 이런 두려움의 저변에는 상대에게 자신의 공격성을 드러내는 것에 대한 불안이 숨어 있다. 즉 부당한 대우에 화가 나지만, 그것을 잘못 건드렸다가는 활화산처럼 모든 분노가 분출될까 봐 두려워서 그 감정을 꾹꾹 누르는 것이다.

그런데 여기서 한번 살펴볼 것이 있다. 공격성에는 나쁜 의미만 있는 게 아니라는 사실이다. 공격성을 남을 해치는 것으로만 이해한다면 대단한 오해다. 만일 공격성이 없다면 인간은 이 세상에서 하루도 살아남을 수 없을 것이다. 공격성은 생존에 필수불가결한 본능적 속성이다. 공격성이 있어야 나를 보호할 수 있고 또 앞으로 전진할 수 있다. 이때의 공격성은 파괴적 공격성이 아닌 자기 보호의 공격성, 즉 건강한 자기 주장이다.

아이들은 네 살쯤 되면 밥 먹듯이 부모에게 "싫어", "아니"라고 이야기한다. 그때쯤 형성된 자아는 부모와는 다른 자기 의지가 있다고 매일같이 항변한다. 어른들의 거절도 이와 비슷하다. 거절은 타인의 의지와는 다른 나만의 뜻이 있음을 드러내는 행동이다. 자신이 어디까지는 허용할 수 있고 어디까지는 허용할 수 없는지 상대에게 알리는 일이다. 마치 내 영토를 자기 집처럼 드나들다가 허락도 없이 밥도 해 먹고 농사도 짓던 이웃 나라 사람에게 더 이상 침범해 오지 말라고 정확하게 금을 그어 보여 주는 일이다.

늘 부탁을 들어주던 사람이 한계를 설정하면 처음에 주위 사람들은 당황할지도 모른다. 그러나 주변인들이 상처받고 힘들어하더라도 그것은 그들의 감정일 뿐이다. 그들의 감정은 우리가 책임질 수 있는 게 아니다. 그리고 세상에서 스스로를 가장 많이 아껴 줄 사람은 바로 자기 자신이다. 그러므로 자기를 지키기 위해 거절을 잘했으면 좋겠고, 거절한 뒤에는 눈치 보지 않았으면 좋겠다.

어쩌다 거절당한 상대방이 서운해하거나 뒤에서 네 욕을 할 수도 있을 것이다. 그럴 때면 소설가 김훈의 말이 도움이 될 거다. "사람들이 작당해서 나를 욕할 때도 나는 이렇게 생각했어요. 네 놈들이 나를 욕한다고 해서 내가 훼손되는 게 아니고, 니들이 나를 칭찬한다고 해서 내가 거룩해지는 것도 아닐 거다. 그러니까 니들 마음대로 해 봐라. 니들에 의해서 훼손되거나 거룩해지는 일 없이 나는 나의 삶을 살겠다."

딸아, 김훈처럼 세상이 너를 함부로 대하도록 허락하지 마라. 진정한 이기주의자란 자신의 길을 갈 뿐 남에게 피해를 주지 않는 법이다. 그러니 사람들로부터 부당한 대우를 받으면 그에 당당히 맞서라. 그래야 세상이 너를 만만히 보지 않고 함부로 대하지 않을 것이다. 네가 스스로를 아끼지 않으면 어느 누구도 너를 존중해 주지 않는다는 사실만큼은 잊지 않았으면 좋겠다.

딸에게 보내는 심리학 편지

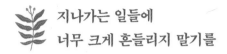

지나가는 일들에
너무 크게 흔들리지 말기를

　일본에서 '사토리'라는 말이 유행한 적이 있었는데, 너도 들어 본 적이 있는지 모르겠다. 사토리さとり는 '득도得道'를 뜻하는 일본어로, 1980년대 후반 이후 태어난 세대를 가리킨다. 이들은 자동차, 해외여행, 명품 등에 관심이 없으며 돈과 성공에도 큰 욕심을 두지 않는다. 기본 생활을 유지할 수 있는 정도 이상은 벌려고 하지 않는다. 몇 년 전 도쿄의 한 대학생이 아사히 신문과의 인터뷰에서 한 말이 매우 인상적이었는데, 그는 "국내에서도 외국 요리를 먹을 수 있고 해외 풍경은 인터넷을 통해 볼 수 있는데 굳이 해외여행을 갈 필요가 없다. 그래서 여권도 만들지 않았다"라고 답했다.

　이처럼 물질적 풍요에 집착하지 않으며 주어진 현실에 만족하며 살겠다고 말하는 사토리 세대는 언뜻 보면 무소유를 실천하는 건강한 젊은이들 같지만 속사정은 그렇지 않다. 이들은 일본의 거품경제 붕괴 후 장기 불황 속에서 성장했다. 그래서 꿈이나 목표를 가진다 해도 이룰 수 있는 보장이 없다는 걸 잘 알고 있다. 미래에 대한 희망이 없다 보니 아예 욕심 자체를 내지 않는 것이다.

모든 것이 급변하는 현대사회에서 과거의 것들은 금방 쓸모없어지고 만다. 게다가 유행이나 기술의 발달 속도가 너무 빨라 그를 쫓아가기가 쉽지 않을뿐더러 조금만 방심해도 뒤처지고 만다. 그뿐만이 아니다. 미래에 대한 불확실성이 점점 커지다 보니 개인의 의지와 노력만으로 앞날을 일구기가 점점 힘들어지고 있다. 아무리 노력해도 아무것도 이룰 수 없는 현실 속에서 사람들은 절망과 무기력에 빠져든다. 지금 자기 앞에 놓인 역경과 어려움은 어떤 노력으로도 극복할 수 없는 장애물이라고 여기면서 말이다. 사토리 세대의 위험성은 바로 여기에 있다. 겉으로는 현실에 만족하며 살겠다고 하지만 그것은 미래를 포기한 대가로 얻은 것일 뿐이다.

냉소를 조심해야 하는 이유

—

우리나라 젊은이들이 처한 현실도 그와 별반 다르지 않은 것 같다. 김영하의 소설 《퀴즈쇼》에서 어느 20대는 이렇게 항변했다.

"우리는 단군 이래 가장 많이 공부하고, 제일 똑똑하고, 외국어에도 능통하고, 첨단 전자제품도 레고 블록 만지듯 다루는 세대야, 안 그래? 거의 모두 대학을 나왔고 토익 점수는 세계 최고 수준이고 자막 없이도 할리우드 액션 영화 정도는 볼 수 있고 타이핑도 분당 300타는 우습고 평균 신장도 크지. 악기 하나쯤은 다룰 줄 알고, 맞아, 너도 피아노 치지 않아? 독서량도 우리 위 세대에 비하면 엄청나게 많아. 우리 부모 세대는 그중에서 단 하나만 잘해도, 아니 비슷하게 하기만 해도 평생을 먹고살 수 있었어. 그런데 왜 지금 우리는 다 놀고 있는 거야? 왜 모두 실업자인 거야? 도대체 우리가 뭘 잘못한 거지?"

단언하건대 지금의 현실은 20대의 잘못이 아니다. 잘못이 있다면 세계 경제가 전반적으로 불황을 겪고 있는 이때, 그 여파에 시달리고 있는 대한민국에 살고 있다는 것이다. 그들이 자라는 동안 한국 경제는 내내 불황이었다. 더군다나 그들은 어려서부터 경쟁 체제에 냉혹하게 내몰렸다. 그 결과 '죽을 만큼' 노력해야 '겨우' 평범하게 살 수 있음을 몸소 경험했다. 아무리 노력한들 부모 세대만큼 살기도 결코 쉽지 않다고 판단을 내린 것이다. 그래서일까. 그들은 과거 20대들과는 다르게 매우 현실적이다. 실현 가능한 꿈만을 꾸며 '가성비'가 만족스러운 일을 우선으로 한다. 지금의 노력이 먼 훗날의 결실로 돌아올 거라는 말을 믿지 않고, 눈앞의 확실한 행복을 더 중시한다. 그런 그들에게 기성세대는 꿈이 없다며 한숨부터 내쉰다. 하지만 어떻게 그들을 비난할 수 있으랴. 그들은 자신들이 처한 환경에서 가장 합리적인 길을 택한 것일 뿐이다.

과연 현재 20대들이 어떤 미래를 열어갈지 엄마는 모르겠구나. 뭐든 양면성이 있듯이 낙관적인 부분도, 비관적인 부분도 있을 테지. 그리고 나는 그들이 어떤 방식으로든 건강하게 미래를 꾸려 나갈 거라 믿어 의심치 않는다. 다만 정신과의사로서 해 주고 싶은 이야기가 있다면 냉소를 조심하라는 거야. 만약 큰 꿈을 꾸지 않는 이유가 '해 봤자 뭐해. 어차피 안 될 게 뻔한데' 하는 심정이라면, 그러니까 사실은 보란 듯이 잘살고 성공하고 싶은데 안 될 거라는 생각에 지레 포기하는 거라면, 다시 한번 생각해 봤으면 좋겠구나.

꼭 이루고 싶은 꿈이 있지만 환경적인 상황 때문에 그 꿈을 이룰 수 없을 때, 사람들은 좌절감을 해소할 방어기제로 냉소를 택한다. 꿈의 가치를 격하해 애쓸 필요가 없는 대상으로 만드는 것이다. "여행 가서 뭐해. 어차피 고생만 할 걸." "변호사 돼서 뭐해. 요즘은 변호사들도 실업자가 많다던데." 이런 말들이 바로 냉소적인 반응이라고 할 수 있다. 욕망의 대상을 깎아내림으로써 자신의 초라함을 감춰 보려는 태도다. 그래서 냉소를 택한 이들은 웬만한 일은 전부 시시해하고 비웃는다.

그런데 냉소가 정말 무서운 게 뭔지 아니? 힘든 상황 속에서도 어떻게든 좌절을 이겨 내려고 노력하는 사람은 언젠가 한 발자국이라도 앞으로 나아가게 되지만 냉소로 자신을 무장한 사람은 그저 제자리만 맴돌 뿐이라는 것이다. 나중에는 해 본 게 없어 정말 아무것도 할 수 없는 인간이 되어 버리고 만다. 그러니 아무리 힘들어도 냉소적으로 살아서는 안 된다. 냉소야말로 절망에 빠진 인간을 벼랑 끝으로 몰고 가 결국 스스로를 망치게 하는 주범이기 때문이다.

빅터 프랭클이
우리에게 가르쳐 주는 것들
—

여기 극단적인 환경에 처한 한 남자가 있다. 그의 이름은 빅터 프랭클. 정신과의사이자 유대인이었던 그는 1942년 아우슈비츠 강제 수용소로 끌려갔다. 그의 소중한 부모와 아내, 자식들도 예외는 아니었다. 그런데 나치 친위대가 그의 가족들을 뿔뿔이 흩어 놓는 바람에 생사마저 알 길이 없게 되었다. 그런 상황에서 그는 매일 살을 파고드는 추위를 견디고 빵 한 조각, 수프 한 그릇으로 하루를 연명하며 강제 노동에 혹사당했다. 수용소 생활은 참혹하기 그지없었다. 공포와 불안, 더러움, 굶주림, 추위까지. 가장 견딜 수 없었던 건 언제 죽을지 모른다는 공포였다. 누구는 배고픔으로 죽어 갔고, 누구는 전염병으로 죽어 갔으며, 누구는 매 맞아 죽었고, 누구는 가스실로 끌려가 영영 돌아오지 않았다.

그런데 빅터 프랭클은 언제 가스실로 끌려가 죽을지 모르는

'예비 시체'로 인간이 경험할 수 있는 가장 혹독한 시련을 겪으면서, 어떤 상황에서도 절대 빼앗길 수 없는 인류 최후의 자유를 깨닫는다. 그것은 바로 주어진 상황에서 자신의 태도를 취할 수 있는 자유였다.

우리는 의지와 상관없이 어떤 상황에든 처할 수 있다. 불의의 사고로 신체 일부분을 잃을 수도 있고, 갑자기 사랑하는 사람을 잃을 수도 있다. 그 상황을 바꿀 힘은 우리에게 있지 않다. 빅터 프랭클이 난데없이 수용소에 끌려가 강제 노동을 해야 하는 자신의 상황을 바꾸지 못했던 것처럼 말이다. 그러나 그 상황을 어떻게 받아들일지는 우리가 선택할 수 있다. 안타깝게도 교통사고로 한쪽 다리를 쓸 수 없게 되었다고 치자. 그 상황에서도 살아 있다는 사실에 감사하며 제2의 인생을 살아갈지, 한쪽 다리가 없어짐과 동시에 자기 삶도 끝났다고 울부짖으며 스스로를 파괴할지는 우리의 선택에 달려 있다.

뿐만 아니라 빅터 프랭클은 인간은 자신이 왜 살아야 하는지 안다면 어떠한 상황도 견딜 수 있다고 말했다. 실제로 수용소에서 삶의 의미를 잃은 사람들은 쉽게 삶의 의욕을 상실해 버렸으며, 수용소에서 끝까지 살아남은 사람들은 대부분 분명한 생의 이유를 가지고 있었다고 증언했다.

지금 절망에 빠져 있는가? 자력으로 할 수 있는 게 하나도 없어 보이는가? 사람은 누구나 절망에 빠질 수 있다. 그러나 그 절망에 머무를 것인지, 절망에서 빠져나와 희망을 되찾을 것인지는 선택에 달려 있다. 빅터 프랭클은 수용소에서 풀려난 뒤 생사 여부를 몰라 애태웠던 가족들의 소식을 듣게 되었는데, 모두 수용소에서 죽었다는 비보였다. 그는 이제 세상에 홀로 남겨졌다는 사실에 절망하며 괴로워했지만 절망에 머물러 있지는 않았다. 그는 가족을 잃은 슬픔을 뒤로하고 3년간 아우슈비츠에서 보고 듣고 느낀 것들을 바탕으로 《죽음의 수용소에서》라는 책을 썼으며 '로고테라피'라는 심리 치료 이론을 만들어 정신분석학의 발전에 큰 공을 세웠다.

내 안에 있는 회복탄력성을 믿어라

—

사실 우리의 삶은 수많은 역경과 어려움의 연속이라 해도 과언이 아니다. 그러나 빅터 프랭클의 인생을 통해서 알 수 있듯 아무리 힘든 고난일지라도 우리에겐 그것을 이겨 낼 힘이 있다. 심리학 용어로 그 힘을 '회복탄력성'이라고 부른다.

회복탄력성이란 인생의 고난을 도약의 발판으로 삼는 힘이다. 실패를 성공의 원동력으로 삼는 것이다. 고무공을 힘차게 내려치면 바닥에 부딪쳐 원래 있던 자리보다 더 높이 튀어 오른다. 회복탄력성은 바로 이런 고무공과 같다. 역경에 부딪쳤을 때 절망의 나락으로 떨어지지 않고 오히려 성장하게 만든다.

혹시 미국의 모지스 할머니 이야기를 들어 본 적이 있는지. 그녀는 76세 때부터 그림을 그리기 시작해 101세 되던 해 세상을 뜨기 전까지 붓을 놓지 않은 화가였다. 1949년 해리 트루먼 대통령으로부터 '여성 프레스클럽 상'을 받은 바 있고, 1960년 넬슨 록펠러 뉴욕 주지사는 그녀의 100번째 생일을 '모지스 할머니의 날'로 선포하기까지 했다.

그런데 그녀가 처음부터 유명인은 아니었다. 그녀는 원래 평범한 시골 마을의 주부였다. 작은 농장을 운영하며 열 명의 자녀를 낳았는데 그중 다섯 명을 잃는 아픔을 겪었다. 끔찍한 고통을 이겨 내기 위한 방법으로 할머니가 택한 것은 자수였다. 나중에 자수를 못할 상황이 되자 대신 붓을 들었다. 할머니의 그림이 세상에 알려지게 된 건 아주 우연한 기회에 한 수집가가 시골 구멍가게에 걸려 있던 그림을 사 가면서부터다. 이듬해 미술 기획가 오토 칼리어가 뉴욕의 한 미술관에 할머니의 그림을 전시했고, 그것을 본 사람들이 뜨거운 관심을 보이면서 할머니가 유명해지게 된 것이다.

모지스 할머니는 우여곡절을 겪으면서도 끊임없이 앞으로 나아갔다. 그리고 인생의 고난을 이겨 내기 위한 그녀의 선택은 훗날 그녀의 삶을 완전히 바꿔 놓았다. 자식을 다섯 명이나 먼저 보낸 경험이 없었더라면 모지스 할머니가 과연 그림을 그렸을까. 어쩌면 할머니는 평생 자녀들을 키우는 재미에 빠져 지내며 그림을 그릴 일이 없었을지도 모른다.

러시아의 대문호 톨스토이가 "인간은 작은 문제들로 균형을 잃는다. 반대로 커다란 문제는 인간을 영혼의 삶으로 인도한다"라고 했다. 늘 좋은 일만 가득한 인생이면 좋겠지만 살다 보면 우리는 종종 나쁜 일을 경험하게 된다. 나쁜 일을 당하면 사람은 부정적이 되기 쉽고 절망에 빠지기도 한다. 하지만 그럴 때일수록 꼭 기억해야 하는 사실이 있다. 너에게는 그것을 이겨 낼 힘이 있다. 그러니 너를 믿고 냉소가 너의 손을 잡으려고 할 때 과감히 뿌리쳤으면 좋겠다. 네 안의 회복탄력성을 믿으면 웬만한 일에도 크게 흔들리지 않고 지나가는 일로 여길 수 있게 된다. 사실 사람에게 죽고사는 일 빼고 진짜 '죽고사는' 문제는 없다. 그런 마음으로 기꺼이 시련을 받아들이고 그것을 살아 낸다면, 세상은 분명 너의 편이 되어 줄 것이다.

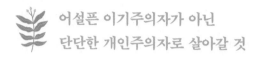

어설픈 이기주의자가 아닌
단단한 개인주의자로 살아갈 것

언젠가 30대 초반의 여성이 찾아와 친구에 대한 고민을 털어놓았다. 15년이 넘은 친구 사이인데, 왠지 그 친구와 함께 있으면 늘 자기만 손해 보는 기분이 든다는 거였다. 약속을 잡을 때도, 영화를 고를 때도, 식당에서 메뉴를 정할 때도 왠지 모르게 친구의 의견에 따르게 되었고, 가끔 자기 의견을 강하게 세울라치면 "너랑 나는 취향이 다르다"면서 아예 약속을 취소해 버리곤 했다는구나. 둘의 관계가 일방적이라는 느낌은 들었지만 딱히 뭐가 문제인지는 잘 모르던 그때, 결정적 한 방이 날아왔다. 결혼을 앞둔 친구가 청첩장을 돌리는데, 자기를 후순위로 미룬 것은 물론 자기는 잘 모르는 고등학교 친구들 모임에 묶어서 결혼턱을 쐈다는 거였다. 이제 친구가 자기를 어떻게 생각해 왔는지 명확해졌다며 화가 난 그녀는 이렇게 말했다. "개인 취향도 취향 나름이고, 자기주장도 정도껏이어야지, 이 정도면 너무 이기적인 거 아닌가요?"

사람은 누구나
이기적이다

—

사회적 동물인 인간이 가장 무서워하는 말 중 하나가 뭘까? 아마 "저 사람 이기적이야. 자기밖에 몰라"라는 말이 아닐까. 그래서 우리는 무리에서 '왕따'를 당하지 않으려고 부단히 애를 쓰며 살아간다. 손해를 보는 것 같으면서도 참고, 이타적인 사람인 양 가진 걸 베풀고, 상대부터 배려하기도 한다. 가끔 받는 것 없이 퍼 주기만 할 땐 '왜 나만 손해 보고 사나' 싶어 주변 사람들이 전부 미워질 때도 있다.

그런데 여기서 해 주고 싶은 말이 있구나. 인간 행동의 상당 부분은 타인으로부터 인정받고자 하는 욕구에서 비롯되므로 이타주의의 근원에는 일부 이기주의가 숨어 있다는 사실이다. 즉 내가 좀 더 참고, 베풀고, 타인을 배려하는 행동 뒤에는 "저 사람 참 괜찮다"라는 평가를 받아서 더 많은 기회와 자원을 획득하고 싶은 욕구가 숨어 있다는 뜻이다. 이것은 생존해야 하는 인간으로선 당연히 가지는 본능적인 욕구이자 '촉'이다.

관계를 맺는 인간의 마음엔 타인으로부터 자신의 필요를 채우고자 하는 이기성이 내재해 있다. 그렇게 서로의 필요를 주고받는 것이야말로 모든 관계의 필연적 속성이다. 오히려 이기성을 무시한 채 친구라면, 연인이라면, 가족이라면 바라는 것 없이 순수하게 내주어야 한다는 생각 자체가 신경증적이다. 그러므로 어떤 관계에서 손해 보고 있다는 생각이 들 땐, 그 관계에서 나는 무엇을 기대했는가를 솔직히 떠올려 볼 일이다. 이기성을 전제로 한 후에야 관계의 본질이 보이고, 내가 이 관계를 유지하는 이유가 명확해진다. 그다음에야 이 관계에 어느 정도의 에너지를 쏟아야 후회와 원망이 없을지를 스스로 결정할 수 있게 되고, 너무 많은 것을 기대하는 상대와도 적절한 거리를 둘 수 있다.

그는 개인주의자인가, 이기주의자인가?

—

그런데 우리가 만나는 사람들 가운데에는 아무리 거리를 두려고 노력해도 무례하게 우리의 영역을 침범해 들어오는 이들이 있다. 그들은 상대가 자기 욕구를 들어 줄 때만 호의를 베풀고, 그들에 대한 상대의 요청은 여러 가지 핑계를 대며 묵살한다. 그들의 요구사항은 늘 존중받아야 마땅한 취향이자 누려야 할 권리이지만, 상대방의 요구사항은 부당하고 비합리적인 요청에 불과하며 자기

와는 전혀 관계없는 문제일 뿐이다. 그런데 그 논리가 어찌나 교묘
한지, 듣는 이조차 그 사람이 이기주의자인지 개인주의자인지 헷
갈릴 지경이다.

그들은 바로 나르시시스트들이다. 그리스 신화에 나오는 나르
키소스는 어느 날 호수에 비친 자기 모습을 발견하고는 사랑에 빠
져 먹는 것도 자는 것도 잊은 채 호숫가를 배회하다 죽음에 이른
청년이다. 훗날 프로이트는 나르키소스 신화에서 착안하여, 모든
리비도가 자신에만 향하는 심리적 상태를 나르시시즘이라고 불렀
고, 그런 사람들을 나르시시스트라고 명명했다.

나르시시스트는 나르키소스처럼 오직 자기만을 바라볼 뿐 타
인은 전혀 보지 못한다. 그들은 타인의 입장을 이해하거나 공감하
지 못할뿐더러, 타인을 기능적으로만 인식한다. 즉 타인이란 자기
의 위대함을 칭찬해 주고, 자기를 좋아해 주고 받아들여 주는 관중
일 뿐이다. 이처럼 모든 관심이 자기 자신과 자기 이익에만 꽂혀 있
기에 그들은 그 누구와도 이원적인 관계를 만들어 가지 못한다. 인
간관계는 상호 호혜적이고 상호 의존적인데 나밖에 없는 그들이
어떻게 이런 관계를 만들어 나갈 수 있을까. 같은 이유로 나르시시
스트들은 아무리 살갑더라도 진정한 친밀함을 만들어 나가기 힘들
다. 이처럼 겉으로만 친밀한 모습을 보이는 것을 두고 가성 친밀감
pseudo-intimacy이라고 부른다.

위에서 이야기했듯 사람은 누구나 어느 정도 이기적이다. 그러나 나르시시스트들처럼 끝까지 자기만을 생각하고, 타인에 미치는 영향은 고려하지 않은 채 자기 이익과 욕망에만 매몰되어 행동하지는 않는다. 자기 자신이 소중한 만큼 남도 소중하다는 것을 알기 때문이다. 그래서 자율적 개체로서의 '나'를 중요하게 여기는 만큼 타인을 존중한다.

스스로를 개인주의자라고 칭하는 문유석 판사의 《개인주의자 선언》 도입부에는 다음의 구절이 실려 있다. "나는 그저 이런 생각으로 산다. 가능한 한 남에게 폐나 끼치지 말자. 그런 한도 내에서 한 번 사는 인생 하고 싶은 것 하며 최대한 자유롭고 행복하게 살자. 인생을 즐기되, 이왕이면 내가 할 수 있는 범위 내에서 남에게도 잘해 주자. (…) 남에게 피해를 주지 않는 한도 내에서 살아 있는 동안 최대한 다양하고 소소한 즐거움을 느껴 보다가 아무것도 남기지 않은 채 조용히 가고 싶은 것이 최대의 야심이다." 어쩌면 모두가 바라는 바이기도 하다. 그런데 역설적이게도 자유롭게 살기 위해서 우리는 그럼에도 불구하고 타인을 존중해야 하고, 그럼에도 불구하고 가끔 양보해야 하며, 그럼에도 불구하고 내 자유를 자제해야 하고, 그럼에도 불구하고 타인과 연대해야 한다. 그것이야

말로 타인과 더불어 살아가야만 하는 세상에서 내 자유를 보장받는 가장 확실한 방법이기 때문이다.

그렇게 보면 단단한 개인주의란, 세상에는 나도 있고 타인도 있음을 존중하면서 '나' 개인에 집중하는 삶의 태도를 가리키는 게 아닐까 싶다. 다른 사람과 더불어 사는 삶이지만, 절대 타인의 삶에 휘둘리지 않으면서 나의 소중함을 지키는 삶이다. 그것은 나의 욕망도 중요하지만 그것을 위해 타인의 욕망을 악용하거나 희생을 강요하지 않는 삶의 태도이기도 하다. 만일 우리가 단단한 개인주의의 삶을 살게 된다면 타인과 나 사이에 건강한 경계를 설정함으로써 불필요한 자책과 걱정에서 자유로울 수 있을 것이며, 누군가를 너무 행복하게 만들려 안달하지도 않을 것이다. 그리고 지나친 의무감에 끌려다니기보다 나를 보살피는 일에 더 마음을 쓸 수 있게 된다.

타인에 대한 존중의 바탕에는 결국 자기 자신에 대한 사랑이 있다. 자기 자신이 소중하다는 걸 알아야 남도 소중하다는 걸 알게 된다. 누구나 사랑을 받으려면 내가 먼저 나를 사랑해야 하고, 자기 자신이 행복해야 비로소 누군가에게 행복을 전파할 수 있는 것처럼 말이다. 베스트셀러 작가이자 심리학자인 웨인 다이어가 그의 책 《행복한 이기주의자》에서 "나를 먼저 사랑한다", "모든 선택의 기준은 나다", "다른 사람과 비교하지 않는다" 등을 주문한 이유도 마찬가지일 테다. 주변에 흔들리지 않고 자신을 지키는 건강한 개인주의가 바탕이 되어야 타인에 대한 존중과 배려도 가능해지기 때문이다.

생각해 보면 우리는 오랫동안 이타주의와 이기주의만 존재하는 세상에서 살았던 것 같구나. 비난의 화살을 피하려고 나를 희생하는 이타주의와 일방적으로 손해만 보고 살지 않겠다는 낯선 이기주의 사이에서 새로운 길을 모색하지 못했던 거야. 그러나 둘 사이에 단단한 개인주의의 길이 있다. 인생의 중심에 나 자신을 두고, 타인의 부당한 요구를 당당하게 거절하되, 타인과 더불어 살아가기 위해 양보와 배려를 기꺼이 베푸는 건강한 삶이 가능하다는 뜻이다.

그럼에도 불구하고 주변에 자기만 생각하는 나르시시스트 이기주의자들과 만나면 지금까지 굳게 지켜 온 삶의 태도도 흔들리기 마련이다. 그들에게 대항하기 위해 그들만큼 이기적으로 행동해야 옳은가 하는 질문이 자연히 고개를 들게 되지. 그럴 때면 이사실을 깊이 새겨 두렴. 나밖에 모르는 어설픈 이기주의자들은 겉보기엔 영리하게 인생을 사는 것 같지만 실은 타인을 수단으로 여기기 때문에 진실한 행복감을 느낄 수 없는 불행한 사람이라는 걸.

Chapter. 2

모든 일을
잘하려고
애쓰지 말 것

— 일과 인간관계에 대하여

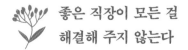 좋은 직장이 모든 걸
해결해 주지 않는다

요즘 20대에게 고민이 뭐냐고 물으면 대부분 한숨부터 내
쉰다. 열에 일곱은 취업 문제를 꼽는데, 이대로 괜찮은 직장을 구하
지 못하면 어떡하나 무섭기 때문이다. 그도 그럴 것이 요즘처럼 직
업 간 위계가 심했던 적도 없는 듯싶다. 한번 비정규직 자리를 얻으
면 임금이 적은 것은 물론이요, 신분도 불안정할 뿐더러 정규직 자
리로 올라갈 기회가 거의 없다고 하더구나. 그래서 어떻게든 처음
부터 안정적인 일자리를 얻으려고 고생하는 거라고. 공무원을 꿈
꾸는 이들이 늘어나는 것도 같은 고민의 연장선에서란다.

너도 알다시피 엄마 때는 그렇지 않았다. 어떻게든 대학만 나오
면 탄탄대로였으니까. 그래서 이력서를 넣고, 면접을 보고, 떨어지

고, 다시 이력서 넣기를 반복하는 20대를 보고 있노라면 안타깝기만 하다. 혜영 씨를 만났을 때도 그랬지.

"어떡해서든 남들이 알아주는
직장에 들어가고 싶어요"

—

혜영 씨는 유학파에 뛰어난 어학 실력, 다양한 인턴 경력을 갖춘 빼어난 인재였다. 이른바 '엄친딸'이라고 불릴 만했지. 그런데 정작 그녀는 스스로를 쓸모없는 존재라고 비하했다. 자꾸만 대기업 입사에 실패했기 때문이었다. 대기업에 대한 집착이 어느 정도였느냐 하면 떨어질 때마다 "이렇게 사느니 죽는 게 낫다"고 말할 정도였다. 그녀에게 대기업이라는 타이틀은 감춰 뒀던 열등감을 한 방에 날려 줄 카드였다. 조금만 눈을 낮춰도 작지만 탄탄한 일자리가 꽤 있는데도 그녀는 끝내 모두가 알아주는 직장에 들어가야 한다고 고집했다.

비슷한 시기에 나를 찾아왔던 미연 씨도 마찬가지였다. 그녀는 오랜 취업 준비 끝에 원하던 대기업은 아니었지만 비슷한 직종의 작은 회사에 입사했는데, 회사 생활은 나름대로 재미있다고 말했다. 작은 회사라 사람이 많지 않다 보니 신입이지만 다양한 업무를 맡게 되었고 덕분에 배우는 것도 많다고 했다. 그리고 하나하나 챙겨 주고 가르쳐 주는 선배들도 좋았다.

그런데 대학교 동기나 선후배를 만나면 자꾸만 작아지는 느낌이 들었다. 누구나 알 만한 기업에 취업한 동기는 보란 듯이 명함을 내미는데 그녀는 왠지 모를 부끄러움으로 선뜻 명함을 내밀지 못했다. 사람들이 너도나도 그 동기에게 취업 비법을 묻고 소개팅도 주선해 주겠다고 할 때는 슬쩍 자리를 피하기도 했다. 자격지심일 수도 있지만 그녀에게는 아무도 관심을 가지지 않았기 때문이었다.

나름대로 열심히 살고 있다고 믿었지만, 순간 직장에 대한 회의가 밀려오는 것은 어쩔 수 없었다. 한때는 매일같이 붙어 다니던 친구들에게 느껴지는 위화감도 싫었다. 자존심이 상한 그녀는 차츰 동문 모임에 발길을 끊었고, 더 늦기 전에 대기업으로의 이직을 시도해야 하나 고민하고 있다.

젊은 시절에 가장 중요한 인생의 과업을 꼽으라면 일을 빼놓을 수 없다. 하지만 생애주기대로 차곡차곡 살아가기가 녹록지 않은 세상이구나. 죽어라 노력해도 열리지 않는 취업의 문 앞에서 좌절한 청춘의 뒷모습을 보고 마음이 아프지 않은 어른들이 있을까. 게다가 출신 학교, 직업, 직장으로 사람을 판단하길 좋아하는 이른바 명함 사회인 우리나라에서는 남들이 알아주는 직장에 대한 욕구가 클 수밖에 없다. 그러니 대기업에 들어가길 바라며 몇 년씩 취업을 미루거나 이직을 고민하는 그녀들의 입장이 이해가 되지 않는 것은 아니었다.

그런데 일을 조금만 더 넓게 바라보는 건 어떨까. 일을 직업이나 직장이 아니라 평생 해야 하는 활동으로 바라보는 것이다. 인간에게는 무엇이든 이루고 성취해 내고 싶은 본능이 있다. 고통이 따른다고 해도 그것을 해내고자 하는 욕구가 있다는 뜻이다. 그래서 태어나서 죽을 때까지 돌멩이 하나라도 세상에 올려놓고 싶은 게 바로 인간이다.

내가 참 좋아하는 영화인 〈러브 스토리〉의 작가 에릭 시걸은 오랜 시간 파킨슨병으로 고통받다가 2010년 세상을 떠났다. 그런데 그의 딸 프란체스카가 장례식에서 낭독한 조사를 보면 에릭 시걸은 30여 년이라는 오랜 투병 생활 속에서도 누군가를 가르치고 글을 쓰는 일만큼은 포기하지 않았다는구나. 그에게 있어 그 일은 나아지기는커녕 갈수록 심해져만 가는 몸의 불편과 고통을 참아 내면서까지 하고 싶게 만드는 특별한 것이었던 셈이다. 이처럼 그것이 없으면 존재감마저 흔들리는, 자신의 삶에서 필수 불가결한 대상이 있다. 이러한 대상을 정신분석학에서는 '자기대상self-object'이라고 부른다.

미국의 정신분석가 하인즈 코헛에 따르면 인간은 존중과 사랑을 받을 수 있는 대상이 있어야 하고, 안정감과 위로를 주는 대상을 원한다. 사람은 죽을 때까지 먹어야 사는 것처럼 평생 그러한 기능을 제공하는 대상을 필요로 한다는 것이다. 그 대상은 자신의 일부로 편입되어 기능하는데, 자기와 구분이 되지 않기 때문에 '자기대상'이라고 부르게 되었다.

건강하고 안정적인 자아로 커 나가려면 누구나 자기대상을 가져야 하는데, 어린 시절에는 부모가 그 기능을 해 주지만 성인이 되면서는 자기대상이 꼭 인격체여야 할 필요는 없다. 그것이 무엇이든 자신에게 충일감을 제공하고, 자신을 지지해 주고 지켜 주는 안전판이 되어 견고하고 통합된 자기cohesive self로 기능하도록 해 준다면 가치관, 취미, 활동, 직업 모두 자기대상이 될 수 있다.

"인생은 원과 같아서 오르막이 있으면 내리막도 있다. 매일 조금씩 발전하는 데서 재미를 느꼈다." 발레리나 강수진의 말이다. 발가락 전체가 엄지발가락처럼 부어 버린 그녀의 발에는 인고의 노력이 담겨 있다. 굳이 말로 표현하지 않아도 그녀가 평생 얼마나 발레에 몰입해 왔는지를 금세 알아차릴 수 있을 정도다. 그만큼 그녀의 발은 기이하다 못해 흉측하기까지 하다. 그럼에도 그녀는 상처가 채 아물기도 전에 또다시 아픈 발끝을 세우며 아름답고 완벽한 춤을 추기 위한 노력을 멈추지 않았다. 견디기 어려운 신체적 고통을 참으면서도 그녀가 춤을 추는 이유는 무엇일까? 발레를 할 때 가장 '나답다'라는 느낌을 받기 때문이다.

1979년 노벨평화상을 받은 테레사 수녀는 인도 콜카타의 빈민

가에서 평생을 가난하고 병든 사람들을 구원하기 위해 몸 바쳐 일했다. 언젠가 나무껍질처럼 거칠고 주름진 그분의 손을 찍은 사진을 봤는데, 그분이 평생 실천해 온 신념과 고뇌가 그대로 느껴졌다. 무엇이 테레사 수녀로 하여금 자기희생의 삶을 살도록 만들었던 걸까? 다른 사람을 돌보는 활동 자체가 자기대상으로 기능했기 때문은 아닐까.

직장 생활, 길어 봐야 20년이다

—

이처럼 일을 자기대상이라는 관점에서 바라보면 남들이 알아주는 직업이나 무조건 안정된 직장을 가져야 된다는 시각에서 조금은 자유로워질 수 있다. 생각해 보면 대학을 졸업하고 좋은 직장에 들어가 그곳에서 정년 퇴임을 하는 게 지금처럼 어렵지 않던 시절이 있었다. 하지만 요즘은 그렇지 않다. 서른이 되기 전에 직장에 들어가면 다행이고, 그나마 공무원이 되지 않는 한 쉰이 가까워 오면 회사에서 명예 퇴직하라고 하면 어쩌나 하고 눈치를 봐야 한다. 그래서 직장을 오래 다니고 싶어도 20년을 채우기가 힘든 게 현실이다. 그렇다면 나머지 인생의 절반을 무엇으로 채워야 할까?

병원에는 직장에서 원치 않는 퇴직을 한 뒤 우울증을 겪는 중년의 남성들이 자주 찾아온다. 누구나 이름만 대면 알 만한 회사에서 높은 직급까지 올랐던 분들이다. 한창 일을 할 때는 무슨무슨 직장에 다닌다는 것만으로도 기죽지 않고 지낼 수 있었지만 퇴직 후에는 '나'를 표현할 말이 없어 힘들어했다. 그들을 보며 직장 생활이란 것이 긴 라이프사이클에서 얼마나 한시적인가를 다시 한번 느꼈다. 만약 어쩔 수 없이 직장을 그만두어야 했더라도 자기대상으로서의 일이 있었다면 아직 절반이나 남은 인생이 두렵지만은 않았을 텐데 말이다. 아니, 적어도 은퇴한 사람의 90퍼센트가 카페 아니면 치킨집을 하겠다고 나서는 지금의 사태는 벌어지지 않았을 것이다.

그럼에도 지금 당장에는 좋은 직장에 들어가는 게 꿈일 수 있다. 남들이 알아주는 직장에 들어가면 연봉도 높고, 여러 가지 복지 혜택도 많은 게 사실이니까. 그러나 세상에 공짜란 없는 법이다. 회사가 월급을 많이 준다면 그 이유는 딱 한 가지다. 그만큼 더 많이 일하고 높은 성과를 내라는 뜻이다.

그래도 '나는 좋은 직장에 다니고 있다'는 프라이드를 가지고 휴가는커녕 주말도 반납한 채 열심히 일한다고 치자. 그러면 괜찮은 걸까? 어느 날 갑자기 회사가 문을 닫으면 어떻게 해야 할까? 불황이 장기화되다 보니 잘나가는 기업들이 하루아침에 무너지는 요즘에 말이다. 그러니 사람들이 알아주는 직장에 들어가지 않으면 마치 인생이 끝나는 것처럼 생각하지는 말자. 좋은 직장이 모든 걸 해결해 주는 시대는 이미 지나갔다. 이제는 어디에 다니느냐가 아니라 무엇을 하느냐가 더 중요하다.

독일에서 고고학을 연구했던 고故 허수경 시인은 인터뷰에서 뙤약볕에서 발굴하거나 컴퓨터 앞에서 글을 쓰거나 둘 다 고행인 것은 마찬가지라면서, 단지 발굴을 2개월 하면 살이 7킬로그램 빠지고, 글을 2개월 쓰면 7킬로그램 늘어난다는 차이밖에 없다고 했다. 그녀의 말에서 "나는 어떤 일을 하고 있다"고 자신 있게 말할 수 있는 사람은 남들이 알아주는 번듯한 직장에 다니는 사람이 아니라, 그 일을 자기 것으로 만들기 위해 최선을 다하며 그 과정을 꿋꿋하게 버텨 내는 사람이 아닐까 하는 생각이 들었다.

딸아, 경제 사정은 한동안 나아질 기미가 없다고들 한다. 사는 게 불안해질수록 안정된 직장, 수입이 괜찮은 직업이 좋은 일이라는 시선이 견고하게 굳어질 가능성이 높다. 하지만 그럴수록 한 발자국 떨어져 생각해 보렴. 직장 생활은 생각보다 짧고 인생은 훨씬 길다. 일을 단순한 돈벌이나 남들에게 보여 주기 위한 계급장처럼 여기는 사람에겐 일이란 해야 할 의무에 지나지 않지만, 일을 무엇과도 바꿀 수 없는, 나를 나답게 만들어 주는 자기대상으로 삼는다면 오래도록 너에게 든든한 존재감과 성취를 가져다 줄 것이다. 그것만큼 인생에서 든든한 것도 없을 것이다.

딸에게 보내는 심리학 편지

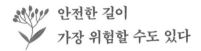

안전한 길이
가장 위험할 수도 있다

　우리나라 사람들이 직업에 대해 가장 많이 고민할 때가 언제일까? 바로 중3, 고3, 대학교 4학년, 직장 3년 차, 직장 15년 차일 때라고 하는구나. 중3, 고3, 대학교 4학년은 진학과 취업을 앞두고 적성에 대해 고민할 때고, 직장 15년 차는 회사 생활을 언제까지 할지, 그 후에는 뭘 해야 좋을지 등 제2의 인생을 설계하는 문제로 고민이 많아진다. 그리고 대략 서른 살 즈음인 직장 3년 차에는 직업을 바꿀 마지막 기회라고 여겨 진로에 대해 여러 가지 생각을 하게 된다. 그래서인지 서른 살 즈음에 진료실을 찾아오는 사람들이 가장 많이 토로하는 것도 직업과 진로 문제란다. 그들은 하나같이 "제가 정말 좋아하는 게 뭔지 모르겠어요"라고 하소연했다.

우리는 살아가면서 선택의 순간을 수없이 맞닥뜨린다. 그런데 매 선택의 순간에 자기가 무엇을 원하는지 명확히 아는 사람은 드물다. 그런데 요즘 청춘들은 내가 젊을 때와는 비교도 안 될 만큼 많아진 선택지 때문에 더 고민하고 더 방황하는구나. 2017년 한국 직업사전에 등록된 직업의 개수만도 1만 2140개라고 한다. 2003년에는 7980개였던 것이 17년 사이에 약 1.5배나 늘어난 것이다. 게다가 배우자를 고르는 문제는 또 어떠니. 30여 년 전만 해도 여자는 20대 중반이 되면 대부분 결혼했다. 그보다 조금 늦게 결혼하더라도 아예 하지 않는 경우는 극히 드물었다. 그러나 요즘은 결혼 적령기 자체가 없어지는 추세이고, 평생 결혼을 하지 않아도 전혀 이상하지가 않다. 즉 예전에는 당연히 그렇게 했던 것들, 이를테면 결혼을 하고 아이를 낳는 일마저도 개인의 선택 사항이 된 것이다.

너무 많은 선택의 자유는 저주일 수밖에 없다

사실 선택의 자유는 우리에게 축복이다. 신분에 따라 모든 것이 결정되던 과거에는 직업도, 결혼도, 사는 방식도 이미 정해져 있었다. 개인의 꿈이나 의지보다 어떤 부모 밑에서 태어났느냐가 훨씬 중요했다. 전통사회와 비교해 보면 직업을 선택할 자유, 배우자를 선택할 자유, 미래를 선택할 자유가 있다는 게 얼마나 행복한 일인지 모른다.

그러나 너무 많은 선택의 자유는 저주가 되기도 한다. 왜냐하면 하나를 선택할 때 버려야 하는 대안들이 너무 많기 때문이다. 우리는 하나의 직업을 선택함과 동시에 수만 개의 다른 직업을 버리게 된다. 버리는 게 많을수록 선택한 것에 대한 기대치는 높아지기 마련이다. 그러나 기대치가 높으면 실망할 확률도 높아지는 법. '그때 다른 걸 택했더라면' 하는 후회가 밀려들기 때문이다. 결국 무엇을 선택하든 그 선택에 만족하기란 점점 힘들어진다.

그와 관련해 콜롬비아 대학교의 쉬나 아이엔가 교수가 재미있는 연구를 한 적이 있다. 11개 대학 500여 명이 직장을 찾는 과정을 추적했는데, 완벽주의 성향이 강한 학생들은 엄청나게 많은 회사에 입사 지원서를 보낸 반면, 작은 것에 만족하는 경향이 강한 학생들은 입사 지원서를 몇 군데만 보냈다. 그리고 몇 달 후 취업 결과를 비교해 보니, 완벽주의 경향의 학생들은 만족하는 경향의 학생들보다 초봉이 평균 20퍼센트나 높았다. 그러나 구직 결과에 대한 만족도는 현저히 낮았다. 입사 지원서를 냈던 다른 많은 회사들을 떠올리며 '거기에 갔더라면 어땠을까?' 하는 후회를 더 많이 했기 때문이다.

선택의 자유 그 자체는 이제 더 이상 우리를 행복하게 해 주지 못한다. 성공은 무엇을 선택하느냐에 달려 있을지 몰라도, 행복은 그 선택을 어떤 마음으로 받아들이느냐에 달려 있기 때문이다.

서른 살 청춘들은 직업이나 배우자 문제처럼 인생을 좌우할 만한 중대한 선택들 앞에 서 있다. 당연히 수많은 선택지들을 하나하나 살펴보고 고심해서 후회하지 않을 만한 선택을 하고 싶어 한다. 그러나 안타깝게도 인생 전체를 놓고 보았을 때 스무 살, 서른 살 때 하는 선택이 최선인지 아닌지를 판단하기란 거의 불가능하다. 그러므로 모든 선택지를 따지고 계산하겠다고 뛰어드는 것만큼 무모한 일도 없다.

산을 오를 때, 고지를 향해 한 발 한 발 올라가는 동안에는 내가 지금 어디에 위치해 있는지 알 수가 없다. 그저 내 앞에 놓인 나무와 풀, 바위만 보일 뿐이다. 그러다가 어느 정도 높은 지점에 도달하면 널따란 조망이 펼쳐지면서 산의 어디쯤 왔는지, 지금까지 어느 길로 왔는지, 지상에서는 얼마나 높이 올라왔는지를 확인하게 된다. 이렇게 또 다른 지평이 열리면 보이지 않던 것들이 보이게 되고, 손에 닿지 않던 것들이 와 닿는 순간이 온다. 선택도 마찬가지다. 우리는 나중에야 그 선택이 우리를 어느 방향으로 이끌었는지 확인할 수 있을 뿐이다.

여러 해 전 세상을 떠난 스티브 잡스는 대학을 6개월 만에 자퇴하고 학교 근처를 배회하던 시절 리드 칼리지 내 게시판과 벤치 등에 쓰여 있는 글씨체를 눈여겨보게 되었다. 그리고는 이 대학의 평생교육 강좌를 들으며 서체를 공부하기 시작했다. 잘 알려져 있다시피 10년 후 그는 매킨토시에 그때 배운 서체를 적용해 세계적인 성공을 거두었다. 하지만 그때까지 그는 서체가 이렇게 쓰일 줄은 전혀 몰랐다고 했다. 훗날 그가 말했듯, 당시에는 알지 못하고 결정한 일들이 나중에는 결과를 일군 '점'이 될 수도 있다.

젊은 시절의 선택도 이와 비슷하다. 지금 눈에 보이는 것은 산 전체가 아닌 나무와 바위에 불과하다. 그러니 지금의 이 선택이 어떠한 결과를 가져올지 아무도 모른다. 그리고 사실 누구도 모든 대안을 검토한 뒤 선택하지는 못한다. 모두 자기가 가진 한계 내에서 최대한 지혜롭게 선택하려고 노력할 뿐이다. 그러니 모든 선택지를 따져 보고 결정하겠다는 어리석은 생각부터 내려놓아라.

때론 직관이
더 현명하다

—

'장고 끝에 악수를 둔다'는 말이 있다. 너무 많이 생각하면 오히려 나쁜 선택을 할 수 있으니 경계하라는 말인데, 나도 그 말에 동의한다. 생각이 너무 많으면 어느 순간 '내가 무슨 고민을 하고 있었지?' 하며 방향감각을 상실하게 된다. 무언가를 해 보기도 전에 생각만으로 지쳐 버리는 것이다. 그러므로 만약 네가 고민이 깊어서 결정을 못 내린 채 헤매고 있다면 그냥 직관에 따라 보라고 조언해 주고 싶다.

혹시 너는 친구가 데려온 새 남자 친구를 보고 첫눈에 '그 사람은 아니야' 하는 생각이 들어 본 적은 없었는지. 어떤 이성적인 근거도 없이 단숨에 결론까지 도약하는 뇌의 영역이 있는데, 이를 '적응 무의식adaptive unconscious'이라고 한다. 적응 무의식은 우리가 살아가는 데 필요한 많은 데이터를 신속하고 조용하게 처리하는 일종의 거대한 컴퓨터다. 적응 무의식은 고도의 정교한 사고를 무의식 영역으로 끌어내려 효율성을 높이는 게 목적이다.

우리는 가능한 많은 정보를 모아 심사숙고해서 올바른 결정을 내리려고 노력한다. 그러나 매번 모든 일을 심사숙고하다간 지쳐 쓰러지고 말 것이다. 그래서 긴급한 상황에서 신속하게 결정을 내려야 할 때, 누군가를 처음 대면할 때, 새로운 아이디어에 반응할 때 등 빠른 판단이 필요하거나 판단의 근거가 부족할 때는 적응 무의식 영역을 사용한다. 돌다리도 두드려 보고 건너야 하지만, 아무리 고민해도 답이 나오지 않을 때는 직관을 믿는 것도 좋은 이유다.

내 나이 쉰 살에
안정된 직장을 그만두기까지

—

딸아, 너도 알다시피 나는 정년을 10년 앞두고 국립병원을 그만

딸에게 보내는 심리학 편지

두었다. 모두 의아해했지. 다들 부러워하는 안정된 직장이었으니까. 하지만 나는 안정보다는 변화를, 정체보다는 성장을 선택했단다.

　그동안 나는 병원에서 일하며 참 많은 것을 배웠다. 많은 환자를 만나고, 그들을 치료하고, 후배들을 가르치고, 논문을 쓰고, 예산을 따내 그것을 집행하고, 일의 생리가 너무나 다른 타조직과 협력하는 법도 배웠다. 누구는 돈을 주고 배우는데 나는 월급을 받으며 그 많은 것을 배웠으니, 이보다 더 값진 경험이 어디 있으랴. 하지만 언젠가부터 조금씩 활기를 잃어 갔다. 그러면서 이제부터 내가 정말 하고 싶은 것, 남은 시간을 투자하고 싶은 일이 무엇인지 고민하기 시작했다. 그러고 생각해 보니, 나는 100세 시대에 이제 겨우 반을 달려온 것일 따름이었다. 그럼 나머지 절반을 어떻게 살 것인가. 아무리 안정된 직장이라도 변화를 갈구하는 마음을 막을 수는 없었다. 그리고 개인 병원을 차린 지 14년이 지난 지금, 그 결정을 후회하지 않는다. 내 가슴이 가는 일을 하고 있으니 그것으로 만족한다.

　안전한 길은 편안함과 안정감을 준다. 그러나 어느 순간 그 길에 길들여지면 새롭게 도전해야겠다는 생각을 더 이상 하지 않게 된다. 다만 안전한 길에서 벗어나지 않는 데에만 신경을 쓰게 될 뿐이다. 그래서 안전한 길은 무섭다. 삶은 새로운 도전을 하고 그 과정에서 미처 몰랐던 나를 발견하며 성장해 나가는 것인데, 그럴 필요를 못 느끼게 만들기 때문이다.

누구에게나 변화는 두렵다. 그래서 안전한 방패 안에 숨어서 인생이 그대로 유지되길 바란다. 그러나 돌이켜 보면 내가 지금 여기까지 올 수 있었던 것도 변화하려 노력했기 때문이었다. 뉴욕 메트로폴리탄 오페라단 단장 피터 겔브는 한 일간지와의 인터뷰에서 자신의 인생 모토는 "항상 계산된 위험을 지는 것"이라고 하면서 위험을 감수하지 않는 사람은 타조와 같다고 비판하더구나. 타조는 모래에 자신의 머리를 박고, 숨을 수 없는데도 숨으려고 하는 비겁한 동물이 아니니. 결국 변화는 외면할 수 있는 게 아니라 끌어안아야 하는 것이다.

미래에 대한 불확실성이 커지면서 안정된 직장, 안정된 생활에 대한 욕구가 거세지고 있는 요즘이다. 네가 앞으로 살아갈 세상에서 안전함에 대한 욕구는 더 커져 갈 것이다. 그러나 안전한 길이 가장 위험할 수 있다는 것을 기억해라. 그럼 무엇을 선택의 기준으로 삼아야 하느냐고 묻는다면 그것은 결국 너 자신이다. 너 자신을 믿어라. 그러면 어떤 선택을 하든 어려움이 있겠지만 그 앞에서 주저앉지 않고 당당하게 부딪칠 수 있을 것이다.

딸에게 보내는 심리학 편지

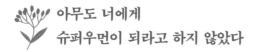

아무도 너에게
슈퍼우먼이 되라고 하지 않았다

지하철에서 우연히 두 젊은 남자의 대화를 듣게 되었다. 한 남자가 이렇게 얘기하더구나. "난 내 와이프가 살림은 못해도 돈은 많이 벌었으면 좋겠어. 남자 잘 만나 팔자 펴 보겠다는 여자가 세상에서 제일 싫어." 그 말을 들으며 나는 속으로 생각했더랬다. '부디 나중에 아이를 와이프한테 맡겨 놓고 나 몰라라 하는 남자는 되지 마시길. 그런 남자를 좋아할 여자는 세상에 없으니까.'

2018년 맞벌이 가구 현황에 따르면, 배우자가 있는 가구 가운데 맞벌이 가구가 전체의 46.3퍼센트를 차지한다고 한다. 그러나 안타깝게도 남편의 가사 분담률은 아직도 턱없이 낮다. 그렇다고 아이를 낳고 나서 남편들이 육아에 더 적극적으로 참여하느냐 하면 그것도 아니다. 남성의 육아휴직이 급증하고 있지만 여전히 여자 혼자 날마다 직장과 집안일, 아이 양육까지 세 개의 공을 굴리느라 허덕이고 있구나.

결혼해서 임신, 출산, 육아에 이르는 약 5년 동안의 기간은 여자에게 가장 힘겨운 시기다. 직장에서 경력 쌓기에 몰두해도 부족할 시기에 출산과 육아의 부담까지 떠안아야 하기 때문이다. 그것은 곧 엄마, 직장인, 아내, 며느리 등 수많은 역할이 폭발하듯 동시에 쏟아짐을 뜻한다. 야근도 마다않고 일에 열정을 쏟아부어야 성공을 거두고 인정도 받으련만 집안일과 육아의 부담이 직장 여성의 발목을 잡는구나. 한때 잘나가던 똑똑한 여자가 어느 순간 둔재로 변하거나 입사 당시 별 볼일 없던 남자 동료가 승승장구하는 모습을 보며 많은 20~30대 여성들이 좌절을 느끼기도 한다.

2018년 전국보육실태조사 보고서에 따르면 직장 여성 10명 중 4명이 결혼, 임신, 출산 등으로 직장을 그만뒀다고 한다. 남자들은 맞벌이를 원하면서도 직업이 있는 배우자와 함께하려면 그만큼 가사와 양육에 동참해야 한다는 것은 외면한다. 그래서 일과 가정 사이에서 고통받는 건 여전히 여자들의 몫이다.

딸아, 나는 출산과 육아 때문에 직장을 포기하는 여자들의 마음을 깊이 이해한다. 나 역시 레지던트 과정을 밟으며 너를 낳고 키우느라 내 20~30대 시절이 어떻게 지나갔는지 모를 정도니까. 너를 낳을 무렵 공교롭게도 석사 논문 마감이 코앞으로 다가왔다. 미룰 수 없는 중요한 두 가지 일이 한 번에 일어난 거지. 그래서 너를 낳은 지 한 달 만에 부랴부랴 병원에 나가 논문을 마감해야 했다. 지금 돌이켜 봐도 그 시간을 어떻게 버텼는지 모르겠다.

그뿐이 아니다. 너를 키우며 학부모 모임에 가려면 얼마나 눈치를 봐야 했는지 모른다. 기억나는지 모르겠구나. 초등학교 2학년 운동회 날이었는데 병원에서 딱 세 시간을 허락받고 부리나케 너에게 달려갔다. 엄마와 돗자리를 깔고 점심을 먹는 친구들 사이에 홀로 있던 너는 나를 발견하고는 껑충껑충 뛰며 좋아했지. 그런 딸을 두고 두 시간 뒤 다시 병원에 돌아가야 했던 엄마의 마음은 겪어 보지 않고는 모른다. 결국 너는 꼭 가야 하냐며 주저앉아 대성통곡을 했었지.

그런 일이 한 번이면 족하련만, 나는 또다시 너를 울게 만들었고 그때마다 "미안하다"는 말을 해야만 했다. 그럼에도 나는 끝내 일을 그만두지 않고 여기까지 왔구나. 그런 내가 엄마로서 말하고 싶은 것은 워킹맘이 되라, 되지 마라가 아니다. 네가 계속 직장 생활을 하든 주부로 살든, 나는 너의 선택을 존중할 것이다. 나는 네가 이제껏 그랬듯이 또 너만의 길을 갈 것임을 잘 알고 있으니까. 다만 워킹맘으로 평생을 살아온 엄마로서 네가 어떤 선택을 하든 그에 도움이 되었으면 하는 것들을 말해 주고 싶구나.

1. 직장을 그만둘 때
남편이나 시가, 아이를 원망하는 마음이 든다면 다시 생각할 것

—

잡지사를 다니던 서른한 살 정민 씨는 입사 2년 차에 소개팅으로 만난 남자와 결혼해 지금은 주부의 삶을 살고 있다. 경험이 쌓이고 사회생활이라는 게 무언지 알게 될 무렵 반복되는 일상에 지치기도 하고 직장인으로서의 삶에 회의가 들었다. 그녀는 퇴직을 결심했던 때를 떠올리며 이렇게 말했다. "사실 직장 생활이라는 게 그렇잖아요. 정말 이 일이 내가 꼭 하고 싶었던 건지 회의감도 들고, 그런 생각을 할 즈음에 결혼을 하게 된 것 같아요. 어찌 보면 결혼은 피난처였는지도 몰라요."

당장은 정민 씨의 선택에 별 문제가 없어 보인다. 그러나 집중적으로 아이를 돌보는 시기가 끝나는 10년 후, 또 세월이 더 흘러 40~50대가 되면 어떨까? 47세 주부 승임 씨는 요즘 심기가 불편하다. 남편의 사업이 제대로 안 되는 데다 시어머니와 밀착된 남편과 20년을 살며 누적된 불화로 우울증에 시달리고 있다. 게다가 얼마 전 고등학교 동창이 박사 학위를 받았다는 소식을 접한 뒤부터 무력감이 깊어졌다.

결혼 당시만 해도 승임 씨는 대학원을 졸업했고, 부잣집 맏아들과 결혼해 동창들의 부러움을 한 몸에 받았다. 반면 동창은 전문대학을 나와 미술학원 보조강사로 일하고 있었다. 승임 씨는 첫 아이

딸에게 보내는 심리학 편지

를 낳고도 직장 생활을 계속하고 싶었지만 시어머니의 반대로 일을 그만두었다. 그리고 한동안 여유를 만끽했지만 IMF 경제 위기 때 남편의 사업이 주저앉으면서 불행이 시작됐다.

반면 결혼마저 돈 없는 남자와 했던 동창은 뒤늦게 4년제 대학에 편입해 학사 학위를 따고, 대학원에 가더니 박사가 되었을 뿐만 아니라 여러 미술학원을 운영하는 원장으로 성장했다. 승임 씨는 그런 그녀를 보며 상대적으로 초라해진 자신에게 크게 좌절했다. 그녀는 "몇 푼 안 되는 돈 벌겠다고 그러지 말고 집에서 살림이나 해라"라는 시어머니 말씀을 따른 자기가 바보 같다며 후회하고 있다. 그리고 자신의 딸에게는 무슨 일이 있어도 꼭 직업을 가져야 한다고 외치고 있다.

승임 씨가 아이를 낳고도 일을 포기하지 않았다면 과연 더 행복했을까? 사실 그녀가 지금 우울한 진짜 이유는 일을 포기해서가 아니라 주부로 산 지난 세월이 시어머니의 결정에 어쩔 수 없이 따른 결과라고 생각하기 때문이다. '나는 원래 저 자리에 있어야 하는데 당신 때문에 이렇게 살 수밖에 없었어'라고 생각해서 억울한 것이다. 하지만 돌이켜 보면 그것 역시 그녀의 선택이었다. 그런가 하면 직장에 다니면서도 '어쩔 수 없이, 형편 때문에'라고 생각하는 사람들도 많다. 그들은 비록 승임 씨가 그토록 바라는 직장 생활을 하고 있지만 그녀와 똑같이 불행하다고 느낀다. 중요한 것은 직업이 있느냐 없느냐, 주부냐 워킹맘이냐가 아니다. 내가 그 삶을 주도적으로 선택했느냐 하는 점이다.

고등학교 때 독일로 이민을 가 뮌헨에 살고 있는 임혜지 씨는 《고등어를 금하노라》라는 책에서 독일인 남편, 아들, 딸과 자유롭게 살아가는 이야기를 풀어 냈다. 그녀는 건축학 박사이고, 남편은 물리학 박사로 둘 다 고학력의 뛰어난 인재다. 그러나 그들은 아이를 기르는 데 가장 중요한 것은 부모의 돈이 아닌 시간이라는 데 동의하고, 높은 보수와 안정된 직장을 포기했다. 남편은 월급은 적지만 집에서 멀지 않고 시간을 자유롭게 쓸 수 있는 직장을 택했고, 아내는 프리랜서로 문화재를 발굴하며 아이를 기르는 데 전념했다. 그녀는 비록 윤택한 생활과 경력은 부분적으로 포기해야 했지만 가족 간 소통과 일상의 공유를 위해 자발적으로 반主주부의 삶을 택했기에 후회가 없다.

승임 씨와 혜지 씨의 차이는 딱 하나다. 타의에 의해 혹은 상황에 의해 어쩔 수 없이 선택했느냐, 아니면 자발적으로 그 선택을 했느냐. 어떤 것을 택해도 어려움은 있겠지만 그것조차 나의 선택이라고 여기는 태도와 누구 때문에 처한 상황이라며 억울해하는 것 사이에는 엄청난 차이가 있다. 전업주부든 워킹맘이든 살면서 어려운 상황에 부닥치긴 마찬가지인데, 자신이 원하는 방향을 적극적으로 선택한 사람만이 그 어려움을 뚫고 나아갈 수 있으며 그 과정에서 누구도 무시할 수 없는 자기만의 내공이 만들어지기 때문이다.

딸에게 보내는 심리학 편지

그러니 직장을 그만둘 때 시가나 남편, 아이를 원망하는 마음이 든다면 다시 생각해 보렴. 만일 일과 육아 둘 다 포기하고 싶지 않다면 지레 겁먹지 말고 어떻게든 버티며 대책을 세워 보자. 아이를 돌봐 줄 사람이 없어 그만둘 수밖에 없는 입장이 되더라도 어느 정도 시기만 지나면 다시 일하겠다는 마음가짐으로 그만두자. 그래야 사회와의 끈을 계속 가져가며 다음을 모색해 볼 수 있다.

2. 아무도 너에게
슈퍼우먼이 되라고 하지 않았다

—

워킹맘들의 마음을 가장 무겁게 내리누르는 것은 가사 부담이 아니라 아이 양육이다. 집안일로 몸이 힘든 것은 그나마 견딜 수 있다. 그러나 아이 문제에 있어서만큼은 아무리 능력 있고 출중한 여자라도 발목이 잡혀 꼼짝할 수가 없구나. 워킹맘들은 늘 죄인이 된 듯한 기분으로 '내가 충분히 신경을 써 주지 못해 아이가 정서적으로 엇나가면 어쩌나' 하는 걱정을 많이 한다. 아이를 제대로 돌봐 주지 못하고 있다는 죄책감에 시달리는 것이다. 아이가 아프기라도 하는 날에는 죄책감이 극에 달한다.

그런데 워킹맘들에게 반가운 소식들도 있다. 엄마가 직장을 다니는 것과 자녀의 정서적 건강 사이에는 특별한 상관이 없다는 연구 결과들이 발표되고 있다. 영국 런던 대학 애니 맥먼 박사는 영국

어린이 1만 2000명을 대상으로 엄마의 직업 유무가 아이들의 정신 건강에 어떤 영향을 미치는지에 대한 연구를 했다.

그 결과 엄마가 직업이 있는지 여부는 자녀의 정신 건강에 아무런 변수가 되지 않는 것으로 밝혀졌다. 미국 소아과학회도 비슷한 의견을 내놓았다. "자녀의 정서는 전체적으로 가족의 정신이 건강한지, 부모가 아이를 충분히 사랑하고 있는지 등에 영향을 받는다"며 "엄마가 직장인인지 아닌지는 별다른 영향을 주지 않는다"고 밝혔다. 그리고 아이들조차 어려서는 엄마가 집에 있길 바라지만 이느 징도 사라면 엄마가 명함을 가지고 무언가를 하는 직업인인 것을 자랑스러워한다. 그러므로 네가 워킹맘이 된다면, 육아에 있어서 꼭 유념해야 될 몇 가지만 잘 지키면 그렇게까지 걱정할 필요가 없다.

가장 먼저 완벽한 부모가 되겠다는 부담감을 버려라. 일을 하지 않고 아이만 돌본다고 하더라도 이 세상에 완벽한 부모는 아무도 없다. 그러니 완벽해지기 위해 애쓰는 슈퍼우먼이 되려고 하지 마라. 해야 할 역할이 늘어난 만큼 어떤 것을 잘하게 되면 다른 어떤 것은 못하게 되어 있다. 그게 세상일의 이치다. 만능키처럼 직장과 집안일, 육아까지 모두 잘할 수는 없다는 말이다. 그러므로 모두 잘하려 애쓰지 말고 상황에 따라 우선순위를 정해 가능한 주변의 도움을 구하는 영리한 전략이 필요하다.

슈퍼우먼이 되려고 애쓸수록 힘든 것은 자신뿐이다. 그리고 힘

든 만큼 당연히 누군가가 그것을 알아주기를 바라게 되는데, 아무도 인정해 주지 않을 경우 심한 박탈감을 느끼게 된다. 심지어 어떤 사람들은 '누가 그렇게 하래? 당신이 좋아서 한 거잖아'라고 생각한다. 더 냉정하게 말하자면, 아무도 "슈퍼우먼이 되라"라고 말하지 않았다는 점을 명심해라.

두 번째로 워킹맘이 염두에 두어야 할 것은 양육에 있어서는 양보다 질이 중요하다는 점이다. 아이가 어릴수록 엄마와 함께하는 시간의 총량이 중요하지만, 그 경우에도 질적인 면이 고려되어야 한다. 애착에서 중요한 것은 엄마가 아이에게 관심을 갖고 함께하는 시간을 최대한 많이 가지려 노력하되, 아이와 있을 때는 민감하게 반응해 주어야 한다는 점이다. 퇴근 후 몇 시간이라도 아이와 상호작용을 제대로 한다면 아이는 엄마와 안정적인 애착을 유지해 건강하게 자랄 수 있다.

세 번째는 아이가 만 3세까지는 삶에서 육아를 우선으로 하는 스케줄을 짜야 한다는 점이다. 이때는 엄마가 주 양육자가 되어야 하며 양육의 일부를 타인에게 맡기더라도 엄마가 아이에 관한 모든 것을 장악하고 있어야 한다. 왜냐하면 만 3세까지는 아이의 뇌 발달이 총체적으로 일어나고, 특히 대인관계와 감정 발달에 영향을 미치는 뇌의 회로도 이 시기에 큰 틀이 완성되기 때문이다.

네 번째로 남편과 가족을 비롯한 주변 사람들을 내 편으로 만들어야 한다. 신달자 시인은 한 신문사와의 인터뷰에서 여성들의 외로움은 직장의 유무와 상관없다며 이렇게 말했다. "직장 여성들은 육아와 가사 문제로, 전업주부는 자신의 정체성 혼란을 이유로 고학력 여성 대부분이 어영부영 살고 있다. 이력서에 한 줄 더 쓰는 학력이 길다고 현명한 여성이 아니다. 직장이든 가정이든 문제가 있는 것은 당연하고 이를 해결하기 위해 주변 사람들을 내 편으로 만들어야 한다." 나도 그 의견에 전적으로 동의한다. 못하는 것은 빨리 못한다고 말하고 주위에 도움을 구해야 한다. 슈퍼우먼이 아닌 이상 도움을 구하는 것은 너무 당연한 일이다. 그러니 당당하게 도움을 청하렴. 그것이 아이와 나 모두를 지키고 나아가 가정을 지키는 가장 현명한 길이다.

3. 그래도 힘들 때는
쉰 살이 되었을 때를 떠올려 봐라

—

미국 노스캘리포니아 대학교 연구팀이 1991년부터 10년 동안 1364명의 여성을 대상으로 조사를 했다. 집에서 가사를 하며 아이를 돌보는 전업주부와 일과 가사를 동시에 하는 워킹맘 중 누가 더 행복할까? 의외의 결과가 나왔다. 전업주부는 사회적으로 고립되어 있어 우울증에 걸릴 확률이 높고, 아이와 보내는 시간이 많아 워킹맘보다 스트레스를 더 많이 받는다는 것이다. 반면 워킹맘은 집에만 머무는 전업주부에 비해 정신적으로 훨씬 건강하며 심리적 우울함도 덜 느끼는 것으로 조사됐다. 세 마리의 토끼를 잡느라 애쓰는 스트레스가 있는 한편 직업이 주는 성취와 존재감이 긍정적인 역할을 하기 때문이 아닐까.

이것이 워킹맘으로 사는 게 힘들어도 버텨야 할 이유가 될 수 있겠다. 나를 위해서 일을 그만두지 않아야 하는 것이다. 그래도 힘들 때는 쉰 살이 되었을 때를 떠올려 보렴. 육아에 전력투구해야 할 시기와 커리어 쌓기에 집중해야 할 시기가 겹치는 '빅뱅의 시기'를 헤쳐 나가기 위해서는 장기적 안목을 가져야 한다. 일터에서는 직업인으로, 집에서는 엄마와 아내로 일인 다역에 쩔쩔매는 모습에만 함몰될 게 아니라 쉰이 되었을 때 훨씬 성장해 있는 모습을 그려 보라는 말이다. 인생은 생각보다 장거리 경주다. 그러므로 나쁜 엄마가 되지 않을까 고심하면서도, 직장에서 아이 때문에 일을 소홀히 한다는 소리를 듣기 싫어 어쩔 수 없이 야근을 하고 있다면 스스로를 돌아보길 바란다. 내일 당장 이 모든 일이 끝나지 않을 것이므로 체력도 비축해야 하고, 정신적으로도 여유를 찾아야 한다. 그래야 지치지 않고 앞으로 나아갈 수 있다. 모두 잘하겠다는 생각을 버리면 가능한 일이다. 나도 그랬으니까.

이제껏 내가 워킹맘으로 살아오면서 느꼈던 이야기들을 했는데 과연 네가 어떤 선택을 할지 궁금하다. 그리고 혹여 네가 딸을 낳는다면 아이에게 무슨 말을 해 줄지도 궁금하구나. 너는 나보다 현명하니까 워킹맘의 딜레마를 더 창조적으로 풀어 가리라 믿는다. 안 되면 까짓것, 조금 쉬었다 가면 될 일. 그러니 너무 오래 고민하지는 말아라. 미국의 교육학자 레오 버스카글리아가 말했다. 인생에서 가장 큰 위험은 아무것도 감수하지 않는 일이라고. 그런 면에서 너를 낳아 기르고 일하며 살아온 지난 세월, 힘든 때도 많았지만 나는 절대 후회하지 않는다.

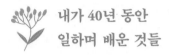

내가 40년 동안
일하며 배운 것들

네가 미국에서 직장 생활을 한 지 3년쯤 지났을 때가 떠오른다. 고백하건대 나는 네가 무한 경쟁을 해야 하는 직장 생활을 잘버틸 수 있을지 의문이었다. 성공하겠다고 이를 악물어도 쉽지 않은 세상에서 너는 늘 욕심 같은 건 없다고, 그저 매 순간 최선을 다하고 즐기며 살고 싶다고 말했으니까. 하지만 정말 사람 일은 모르나 보다. 기대했던 승진에서 밀려서 무척 실망했다고 했을 때 고비가 오나 싶었는데, 오히려 너는 그걸 계기로 확실히 자기 계발을 해야겠다고 마음먹었다지.

그런데 원래 3년 차가 고민이 많을 때란다. 3년 차가 되면 일이 손에 익어 반복되는 업무가 많아지고, 후배와 선배 사이에 끼어 이

리저리 치이면서 '이 길이 내 길이 맞나?' 하는 정체성 고민을 본격적으로 시작하는데, 그것을 '직장인 사춘기 증후군'이라고 부른다. 그래서 고민 끝에 회사를 그만두고 유학을 준비하거나, 이직을 위해 자격증 공부를 시작하는 사람이 많아질 뿐만 아니라 아예 퇴사를 하고 여행을 꿈꾸는 사람들도 생긴다.

너에게 들려줄 이야기들을 하나하나 꼽으면서 지난 세월을 돌이켜 보니, 나도 어느덧 일을 한 지 40년이 되었더구나. 그동안 환자들을 치료하는 일이 재미있어서 시간 가는 줄 모를 때도 있었고, 하고 싶지 않지만 위에서 시키니까 어쩔 수 없이 일하면서 스트레스를 받을 때도 있었고, 가끔은 너무 힘들어 쉬고 싶은 때도 있었다. 하지만 일을 그만두고 싶다는 생각을 해 본 적은 없다. 너는 그런 나를 대단하다고 하지만 여전히 현업에서 열심히 일하는 선배 의사들도 여럿 계신 걸 보면 그리 대단한 일도 아니다. 그러나 너에게 해 주고픈 이야기는 몇 가지 있구나.

1. 일단 견뎌라

—

예전에 명문대에 다니는 한 남학생이 나를 찾아온 적이 있었다. 그는 병역특례로 어느 산업체에서 근무했는데 윗사람들이 말끝마다 욕을 한다고 그러더구나. 살면서 욕먹을 만한 일을 한 적이 별로 없었고, 오히려 잘한다는 칭찬만 듣던 그는 그곳에서의 생활이 지옥 같았다. 욕설을 참아 가며 일을 하려니 죽을 맛이었지. 그는 병역특례로 간 회사만 아니었으면 바로 그만두었을 거라고 했다. 그런데 3년간 근무를 마치고 학교를 졸업해서 막상 다른 회사에 취직하고 보니 별의별 상사가 다 있었다. 그런데 남들은 다 힘들다고 하는 반면 그는 별로 힘든 줄 몰랐다. 말끝마다 욕설을 한 예전 상사들 덕분에 이런 상사는 이렇게 대하고, 저런 상사는 저렇게 대하는 요령을 나름대로 터득했기 때문이었다. 그러면서 어쩔 수 없이 견뎠던 3년의 세월이 그렇게 약이 되어 돌아올 줄은 꿈에도 몰랐다고 했다.

사회생활을 하면 할수록 느끼는 거지만, 나와 안 맞는 상사나 동료는 어디에나 있기 마련이다. 지금 있는 직장을 떠나 다른 곳으로 간다고 해도 마찬가지다. 그러므로 안 맞는 상사나 동료 때문에 고민이라면 나는 일단 견디라고 말하고 싶다. 죽어라 견디다 보면 알게 된다. 정말 그 사람과만 안 맞는 건지, 아니면 나의 태도를 고쳐야 하는 건지 말이다. 그러면 자연스럽게 직장을 옮겨야 할지, 말아야 할지가 드러난다. 물론 견디라는 말 자체가 고통스러울 수도 있을 것이다. 그러나 나는 정말로 그 시간이 필요하다고 본다. 슬럼프에 빠져 있거나 일과 자신을 맞추어 가는 과정에서 갈등이 있을 때도 마찬가지다.

처음부터 천직이라는 것이 정말로 있을까? 만약 누군가가 천직을 찾았다고 생각한다면 그가 남보다 눈이 밝거나 운이 좋아서가 아니라 여태껏 지루한 시간을 잘 견뎌 냈기 때문일 가능성이 더 크다. 누구나 재미있는 일을 하고 싶어 한다. 또 내가 하는 일은 지겨움의 반복이지만 남이 하는 일은 다 재미있어 보이기도 한다. 그러나 어떤 일이든 그 안에서 재미를 느끼려면 어느 수준 이상의 궤도에 올라서야 한다. 마치 악기를 배울 때 기초 단계가 힘들지만 그 단계를 넘어서면 자유자재로 악기를 다룰 수 있어서 연주를 즐기게 되듯이 말이다. 이처럼 기본기를 닦는 과정을 '레디니스readiness'라고 한다.

레디니스란 학습이 효과적으로 진행되기 위해 필요한 신체적, 정신적 준비 상태를 말한다. 그런데 우리는 종종 이 과정을 생략하는 실수를 저지르곤 한다. 재료 손질이 되어야 요리를 할 수 있고, 연수를 받아야 운전대를 잡을 수 있는 것처럼 일을 계획할 때도 이 과정을 중요한 위치에 넣어야 한다. 그래야 지루한 시간을 잘 견뎌 내고 일에서 재미를 찾을 수 있다.

물론 우리가 하는 일들이 모두 성취감과 희열을 줄 만한 것은 아니다. 비효율적인 회의에 참석해야 하고, 쓸데없는 서류를 만들어야 할 때도 있고, 끝없이 반복되는 관리 업무도 많다. 그런 입장에 놓이면 아까운 시간과 에너지를 탕진하고 있다는 생각이 절로 든다. 하지만 그렇다고 해서 스스로를 그저 실 가는 대로 움직이는 꼭두각시처럼 여겨서는 안 된다. 그럴수록 자진해서 원하는 일을 늘려야 한다. 살다 보면 하기 싫은 일도 해야 할 때가 있는 법이다. 그럴 때는 툴툴거리며 마지못해 하는 것보다 즐거운 마음으로 해치우는 편이 훨씬 빨리 끝나고 기분도 좋다.

2. 제힘으로 바꿀 수 없는 일 때문에 스트레스 받지 마라

—

언젠가 통화할 때 네가 그랬지. 한국에서의 직장 생활은 너무 힘들 것 같다고. 내가 왜냐고 물어보니까 네가 일하는 곳은 업무 시간의 구분이 분명하고 미리 정하지 않은 저녁 술자리는 상상도 할 수 없는데, 한국에서 일하는 네 친구는 그렇지 않다며 힘들다고 했다지. 일이 많아 야근은 기본이고, 윗사람들의 권위주의도 심하고, 예기치 않게 술자리에 끌려갈 때도 많다면서. 네 말처럼 안 그래도 일이 많은데 위아래로 치이는 한국의 대리들을 보고 있노라면 안타깝기 그지없다.

한 환자가 그런 경우였는데 그녀는 스트레스가 심한 나머지 서른두 살에 원형탈모증을 앓고 있었다. 머리 중간에 하얗게 비어 있는 부분을 보여 주는데 내가 더 속상할 지경이었다. 내가 그녀한테 준 조언은 딱 한 가지였다.

"스트레스를 줄이고 싶다면 항수恒數와 변수變數부터 구분하는 게 좋겠습니다."

딸에게 보내는 심리학 편지

바꿀 수 없는 외부 요인은 우리 힘으로는 어떻게 할 수 없는 항수의 부분이다. 그런 것들은 그냥 빨리 받아들이는 편이 낫다. 그리고 난 뒤 내 힘으로 바꿀 수 있는 변수에 집중해야 한다. 이때 변수를 쪼개고 쪼개서 할 수 있는 만큼씩 해결해 나가야 한다. 그러면 적어도 스트레스에 짓눌려 압도당하는 사태는 방지할 수 있다.

그런데 어떤 날은 스트레스가 설상가상이라는 말처럼 한꺼번에 몰려오기도 한다. 오전에 일이 터졌는데 오후에 더 큰일이 터지는 식이다. 이런 날은 아무리 평정심을 되찾으려 해도 쉽지가 않다. 스트레스를 쪼갤 생각은커녕 스트레스에 압도당하고 마는 것이다. 그럴 때 나는 중환자실을 떠올린다. 그곳에 있는 환자들이 365일 고통 속에 있을 것 같지만 그렇지 않다. 아픈 와중에도 강약이 있고, 위험한 순간을 맞이하다가도 그게 지나가고 나면 한동안은 괜찮다. 고통도 마찬가지다. 지금 죽을 만큼 아파도 언젠가 고통은 끝난다. 그때 죽지 않고 살아만 있으면 그것으로 된 것이다.

예전에는 이 말이 참 싫었지만 요즘은 힘들 때면 스스로에게 말한다. "이 또한 지나가리라." 나쁜 일이 연속으로 터질 때는 시간이 흘러가기를 기다리는 게 최선이다. 내 힘으로 도저히 바꿀 수 없는 것은 그처럼 시간의 힘을 믿고 기다려야 한다. 괜히 바꾸려 하면 스트레스만 더욱 심해질 뿐이다. 그러니 어찌할 수 없는 항수는 바꾸려 하지 말고 그냥 받아들이렴.

3. 몰입의 즐거움을 익히면
그것이 너를 춤추게 할 것이다

—

일이 너무 힘들고 스트레스가 심해서 일을 계속할지 말지 고민하는 후배에게 선배들이 간혹 그런다. "세상에 재밌어서 일하는 사람이 얼마나 되냐? 해야 하니까 하는 거지." 그러나 나는 그렇게 생각하지 않는다. 누구든 직장인이라면 평균적으로 하루 3분의 1 이상을 일을 하며 보낸다. 그런데 그 일이 마지못해 하는 짓, 단지 돈을 벌기 위해 하는 것이라면 얼마나 괴로울까?

과중한 업무에 시달리는 이들은 일만큼 괴로운 게 없다고 하지만, 사람들이 정말 견디지 못하는 것은 무료함과 무의미함이다. 그래서 러시아의 대문호 도스토옙스키는 "한 인간을 완전히 뭉개 버리고 파괴하고 싶다면 무시무시한 살인자라도 벌벌 떨 만한 가장 끔찍한 형벌을 내려라. 전혀 무익하고 의미 없는 일을 하게 만드는 것이다"라고 이야기했다.

그러므로 적어도 삶의 목표가 아홉 시에 출근해서 별일 없이 여섯 시에 무조건 퇴근하는 것이어서는 안 된다. 무슨 일이든 그것을 좀 더 생동감 있게 하려는 것, 그것이 목표가 되어야 한다. 왜냐하면 생동감은 그 자체로 엄청난 삶의 의미이자 활력소가 되기 때문이다.

어떤 일에 푹 빠졌던 경험을 떠올려 보렴. 그때는 주변의 소음

　　　　　　　　　　　　　　　　딸에게 보내는 심리학 편지

도 들리지 않고, 한 시간이 꼭 10분처럼 흘러간다. 번지점프대 위에 서서 뛰어내리기 직전 오로지 뛰는 행위 자체에만 몰두하듯, 모든 감정과 목표와 사고가 하나로 어우러지는 것. 이를 몰입의 상태라고 한다. 비록 몰입 상태에서는 행복조차 느낄 겨를이 없지만 지나고 나면 무엇과도 비교할 수 없는 성취감과 보람이 찾아온다. 단조로운 일상에 강렬한 체험을 선물하며 몸은 피곤할지언정 살아 있다는 느낌이 든다.

그런데 몰입은 과제와 실력 사이에 조화가 이루어질 때 찾아온다. 실력에 비해 과제가 아주 쉽거나 너무 어려우면 몰입하기 어렵다는 뜻이다. 텔레비전을 볼 때 별 생각 없이 앉아 있는 것은 과제가 너무 쉬워서다. 반대로 초등학생에게 대학 교재에 나온 수학 문제를 풀라고 하면 당연히 포기하고 만다. 가장 심도 있는 몰입은 도전을 자극하는 과제에 강력한 동기가 결합됐을 때 이루어진다. 한동안 크게 유행했던 오디션 프로그램을 보면 몰입의 가치가 극명하게 드러난다. 촌스럽고 발성도 안 좋고 춤도 못 추던 참가자가 몇 개월 사이에 상상도 못 할 만큼 성장한다. 좀 더 높은 음을 내기 위해 발성 연습을 하고, 자신 있는 춤을 선보이기 위해 발이 붓도록 연습하는 등 매주 더 어려운 과제에 도전한 덕분이다. 더 놀라운 점은 그러한 몰입의 경험을 통해 참가자들의 삶이 바뀐다는 것이다.

그런 의미에서 보자면 몰입은 우리를 배움으로 이끌고 성장하게 만드는 가장 확실한 동력이라고 볼 수 있다. 기억에 남는 제자

중 하나인 형도 씨도 그랬다. 동료 전공의보다 한 시간 먼저 출근해서 환자를 살피고, 누가 시키지도 않았는데 공부 모임을 만들어 전공서 초독회를 이끌었다. 그렇게 즐겁게 일에 몰두했던 그는 지금 대성공을 거둔 의사가 되었다. 자기 병원을 차린 후에도 '환자 입장에서 필요한 게 뭘까?'를 탐색하고 연구하며, 그로부터 새로운 치료 방식을 만들어 실천에 옮기고 있다. 누가 시켜서 하는 수동적 일이 아니라 스스로 도전하고 싶은 목표를 세우고 실천했기에, 그는 즐겁게 일에 몰입하고 성공할 수 있었다.

나는 밋밋해 보이지만 반복되는 과정에서 오는 놀이적 즐거움이 쌓여 천직을 이룬다고 생각한다. 인간에게는 놀이에 대한 본능이 있다. 놀이는 우리를 행복하게 하고, 창의적으로 만들어 준다. 아이들의 놀이 세계에는 재미와 즐거움이 빠지지 않는다. 또한 그 안에는 호기심과 자발성이 있으며 창의적이다. 그래서 아이들은 지칠 줄 모르고 놀이를 반복한다. 어른들의 일에도 놀이적 요소가 반영된다면 더 이상 일이 억지로 해야 할 무엇이 아닐 수 있다. 비록 의무로 시작했다고 해도 성취감과 희열을 경험하면, 그것이 긍정적 피드백이 되어 일에 자발적으로 몰입하게 된다. 그리고 몰입은 일에 생동감을 불어넣는다.

나 또한 그동안 일을 하면서 힘든 적이 많았다. 그래도 끝내 그만두지 않고 여기까지 온 것은 몰입이 주는 생동감이 즐거운 보상임을 알게 되었기 때문이구나. 그러므로 딸아, 나는 네가 일을 하면서 무엇보다 몰입의 즐거움을 익혔으면 좋겠다. 그래서 신나게 춤 추며 일했으면 좋겠다. 영국의 극작가 겸 소설가인 버나드 쇼도 이렇게 말했다는구나. "세상에서 가장 어리석은 사람은 자신의 직업을 의무로 생각하고 억지로 하는 자다." 나는 네가 그 어리석은 사람이 되지 않을 거라고 믿는다.

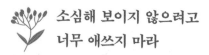

소심해 보이지 않으려고
너무 애쓰지 마라

"엄마, 내성적인 성격이 나쁜 거야?"

"응? 무슨 일인데?"

"아니, 친구가 그것 때문에 너무 고민이 많아. 성격이 소심해서 사람들 앞에 나서는 게 너무 두렵고, 친구를 사귀는 것도 쉽지 않다고 하더라고. 나는 그 친구가 조용하고 신중해서 되게 부러운데…."

그래, 내성적인 성격을 부러워하는 사람도 분명 있지. 하지만 대부분의 사람들은, 그리고 정작 내성적인 사람들은 자기 성격을 고치고 싶어 한단다. 해마다 새 학기가 시작되어 병원을 찾는 대학생들 중에도 그 문제 때문에 힘들어하는 경우가 종종 있다. 그들은 혼자 과제를 할 때는 편안하고 집중도 잘되는데 다른 사람들 앞에만 서면 긴장이 되고 스트레스를 받아 힘들다고 했다. 또 외향적이고 적극적인 친구들이 눈에 잘 띄기 마련인 대학 생활에서 불안과 소외감을 느낀다고도 했다. 그들은 되도록이면 성격을 고치고 싶다고 하더구나. 앞으로 면접도 보고 직장 생활도 해 나가야 할 텐데 내성적인 성격이 걸림돌이 될 것 같다면서 말이야.

우리는 사교적이고 외향적인 것을 부추기는 분위기 속에 살아가고 있다. 요즘 유행하는 신조어 '인싸'와 '아싸'가 그 방증이다. 무엇이든 빨리빨리 바뀌는 세상에서는 변화를 재빠르게 받아들이고 적응하는 능력이 높게 평가받는다. 그래서 유행 아이템을 장착하고 유행하는 문화를 제 것처럼 즐길 줄 아는 능력이 중요해진다. 또 스치듯 지나가는 만남이 많다 보니 짧은 시간 안에 자기를 잘 드러내는 기술도 필수적인 능력으로 인정받는다. 그래서 내성적인 사람들은 발표를 잘하고 주장이 뚜렷한 이들과 비교당하며 문제가 있다는 평가를 받기도 하는구나. 외향적인 사람을 선호하는 분위기가 내향적인 사람을 사회 부적응자로 몰고 가는 것이다.

버락 오바마와 빌 게이츠처럼 내향적인 사람도 충분히 리더가 될 수 있다

—

흔히 사람들은 내향적인 성격의 소유자들이 부끄러움을 많이 탄다고 생각한다. 이때 부끄러움은 '자신을 어떻게 보는가' 하는 사회적 판단에 대한 두려움이다. 내가 남들에게 어떻게 보일지 신경 쓰면서 걱정하고 고통스러워하는 감정이다. 부끄러움에는 자기애적 요소가 있다. 마치 자신은 무대에 선 주인공이고, 다른 사람들은 자기를 바라보는 관중이라고 여기는 것이다. 그만큼 자기 자신이 남들에게 중요한 사람으로 비칠 거라고 생각한다.

그러나 보통 사람들은 자기 일이 우선이라서 다른 사람들의 일에는 별 관심이 없다. 어떤 이가 바로 앞에서 쓰러신다고 해 보자. 사람들이 무슨 일인가 쳐다보지만 그것도 잠깐뿐이다. 금세 그 사실을 잊어버리고 자기 일에 몰두하는 데 1분이 채 걸리지 않는다. 그리고 사람들 앞에 서면 누구나 가슴이 두근거리고 식은땀이 나는 불안 증상을 겪는다. 이것은 자연스러운 수줍음이다. 겉으로는 발표를 능숙하게 잘하고 자신감 있어 보이는 사람들도 부단한 연습을 통해 마음속 수줍음을 극복해 온 것뿐이다.

이처럼 부끄러움이나 수줍음은 누구나 느끼는 것이다. 반면에 내향적인 성격은 타고난 기질이다. 분석심리학자 융에 따르면 인간의 행동은 다양하고 종잡을 수 없어 보여도, 사실은 아주 질서 정연하고 일관된 경향이 있다고 한다. 그는 이 일관된 경향을 기질로 설명하면서 내향성과 외향성으로 구분했는데, 내향적인 사람은 자신에 몰두하기를 좋아하고, 조용하고 절제된 곳에서 능력이 극대화되며, 신중하고 느리다. 반대로 외향적인 사람은 강력한 자극을 즐기고, 사람들과 함께 있기를 좋아하며, 결정을 빨리 내리고 위험을 감수하는 데 익숙하다. 당연히 세상에 100퍼센트 내향적이거나 100퍼센트 외향적인 성격은 없다. 누구나 내향과 외향 사이에 위치하며 어디에 더 가깝느냐에 따라 외향적이거나 내향적인 성격이 된다. 그리고 세상에는 내향적인 사람들이 전체의 3분의 1 정도 된다고 한다.

어린 시절 늘 책에 파묻혀 지냈고 수업이 끝나면 누군가가 말을 걸어 올까 봐 두려워 곧장 집으로 향하던 사람이 있었다. 청년이 되어 채식주의자 모임 리더가 됐을 때도 수줍음이 너무 많아서 말을 잘 못했다. 오늘날 위대한 영혼이라 불리는 마하트마 간디의 이야기다. 미국에서 베스트셀러로 화제를 모았던 《콰이어트Quiet》라는 책을 쓴 수전 케인도 내향적인 성격이었다. 그녀는 아홉 살 때 생애 첫 여름 캠프를 가게 되었는데 어머니가 여행 가방에 책을 한 가득 넣어 주었다고 한다. 저녁이면 온 가족이 모여 책을 읽곤 했기 때문에 그녀에게는 매우 당연한 일이었다. 그런데 캠프를 가서 책을 펴 들자 교사는 "친구들과 어울려 놀아야지"라고 말하며 걱정스러운 눈으로 그녀를 쳐다보았단다. 그때 소녀는 '아, 사람들은 내향적인 성격을 좋아하지 않는구나'라고 직감했다. 그때 이후로 외향적인 사람이 되어야겠다고 마음먹은 그녀는 하버드 법대를 졸업한 뒤 월스트리트의 기업 변호사가 되었고, 협상 전문가로서 명성을 쌓기도 했다. 하지만 그녀는 중년이 되어 깨달았다는구나. 내향성

의 위대한 힘이 자신의 삶을 이끈 원천이었음을 말이다. 결국 그녀
는 월스트리트를 떠났고 7년간의 연구 끝에 내향성의 힘을 증명하
는 책을 쓰기에 이르렀다.

수전 케인은 《콰이어트》에서 내향적 기질을 가지고도 성공한
사람들을 여럿 소개했다. 그에 따르면 강력한 자극을 추구하는 외
향적인 사람들에게 고독은 고통이지만, 내향적인 사람들에게 고독
은 없어서는 안 될 공기 같은 요소다. 그리고 세상에서 가장 창의적
인 사람은 고독 속에서 자신의 내면세계에 접속해 그곳에서 보물
을 찾아낸다고 역설했다. 중력의 법칙을 발견한 뉴턴, 상대성의 법
칙을 발견한 아인슈타인, 애플의 공동창립자 스티브 워즈니악, 세
기의 영화감독 스티븐 스필버그, 《1984》의 작가 조지 오웰 등을 예
로 들면서 말이야. 그들은 말하기보다는 듣기를, 파티보다는 독서
를 좋아했으며, 집단 작업보다는 어딘가 혼자 틀어박혀 일하기를
즐겼다.

흔히 내성적인 사람들은 홀로 하는 활동은 잘할지 몰라도 리더
는 될 수 없다고 말하는데 그것도 편견일 뿐이다. 버락 오바마 전
미국 대통령을 비롯해 빌 게이츠, 워런 버핏은 모두 내향적인 성격
의 리더다. 그들이 리더가 될 수 있었던 것은 차분히 자신을 돌아
보고, 더 깊이 생각하고, 신중하게 판단을 내릴 줄 알았기 때문이
다. 그러므로 내성적인 성격은 기질이지 결코 무언가 잘못된 상태
가 아니다.

문제는 사회적 환경이다. 학교에서도 점점 그룹 과제가 많아지고, 회사에서도 벽 없는 공간에서 타인의 시선을 받으며 일해야 한다. 이렇게 자극이 많은 환경은 내향적인 사람들에게 스트레스일 수밖에 없다. 게다가 다양한 사람과 인맥을 쌓는 것이 성공하기 위한 중요한 조건이라 말하는 사회적 분위기는 내향적인 사람들을 더욱 힘들게 만든다.

그러나 뛰어난 친화력, 마당발이라 불리는 폭넓은 대인 관계, 좌중을 압도하는 말솜씨와 유머 감각만이 성공적인 사회생활의 열쇠는 아니다. 그에 못지않게 잘 들어 주는 사람, 조용히 제 역할을 다하는 사람, 묵묵히 자기 일에 집중하는 사람도 사회에서 소중한 대접을 받는다. 그런 사람들은 큰소리 내지 않고도 사람들의 마음을 사로잡고, 조용한 유능함으로 조직의 신임을 받는다. 또 조직 관리자들은 직원들의 장단점을 전체적으로 파악해서 적재적소에 인재를 배치하고 싶어 한다. 그래서 윗사람일수록 조직의 한 축을 견고하게 받치는 내향적인 사람들의 매력과 장점을 충분히 알고 있다. 그러니 꼭 외향적인 사람처럼 보이려고 너무 애쓸 필요는 없다.

다만 사회생활에서 인간관계는 중요하기 때문에, 스트레스를 덜 받기 위해서라도 내향적인 성격의 장점을 살리는 소통법을 알아 두면 좋겠다. 수천 명을 상담한 인간관계 전문 컨설턴트 데보라 잭은 그 방법으로 일시 정지, 탐색과 정보 처리, 속도 유지 등 세 가지 규칙을 제시한다. 집중력과 신중함이 장점인 내성적인 사람들은 먼저 말하기보다 잠시 멈춰 전략과 계획을 세우고, 뛰어들기보다 정보를 수집하면서 상대를 파악하며, 분위기에 휩쓸려 어울리기보다는 자신의 속도에 맞춰 관계를 조절하라는 것이다. 내성적인 사람들은 남의 말을 잘 들어 주고, 사려 깊게 대하고, 적절한 질문을 던지는 등 관계를 맺는 탁월한 능력을 지녔다. 그러니 괜히 외향적인 분위기에 압도당하지 말고 자기 페이스를 유지하며 인간관계를 만들어 나가면 걱정거리가 틀림없이 줄어들 것이다.

40년간 정신과의사로 무수히 많은 사람들을 만나며 깨달은 것은 사회적 성공과 인정, 그리고 삶에 대한 만족은 외향적이냐, 내향적이냐에 그다지 큰 영향을 받지 않는다는 사실이다. 물론 인생의 초보이고, 사회의 풋내기 시절에는 무엇을 타고났느냐가 인생을 가르는 결정적인 조건처럼 보일 수도 있다. 게다가 젊은 나이에는 자기 힘으로 이룬 게 적어 더 불안하고 소심해지기 쉽다. 그러나 훗날 돌아보면 각자 가진 기질을 바탕으로 어떻게 노력했느냐에 따라 인생의 모습이 결정될 뿐이다.

내향적인 성격이든 외향적인 성격이든 자신이 서 있는 위치에서 최선을 다하지 않으면 어느 누구도 성공할 수 없다. 그러니 더

이상 내성적인 성격 때문에 스트레스 받고 위축되지 말았으면 좋
겠다. 그저 지금 그 자리에서 묵묵히 할 일을 해 나가다 보면 언젠
가 나서지 않아도 드러나는 존재가 되어 있을 테니까.

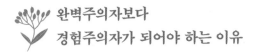

완벽주의자보다
경험주의자가 되어야 하는 이유

김 대리는 오늘도 모니터에 깜빡이는 커서만 우두커니 바라보고 있다. 팀장이 신제품 마케팅 플랜을 제출하라고 지시한 지 벌써 나흘이 지났건만 진전은 없고, 내일이 회의인데 번뜩이는 아이디어는 떠오를 기미도 안 보인다. '어쩌지? 뭐라도 시작해야 하는데….' 마우스를 쥔 손은 땀으로 축축하지만 정작 화면 속 화살표는 '급상승 검색어'를 클릭하고 있다.

김 대리와 똑같은 업무를 지시받은 정 대리는 열심히 PPT 자료를 만들고 있다. 하지만 김 대리는 속으로 코웃음을 쳤다. 덜렁대는 성격 탓에 꼼꼼하지 못한 정 대리는 매번 열심히 보고서를 만들어 제출했지만 팀장에게 핀잔을 듣기 일쑤였다. '저렇게 하느니 안

하고 말지.' 그는 남들이 인정해 줄 만한 보고서가 아니라면 차라리 안 만드는 게 낫다고 생각한다. 김 대리는 결국 다음 날 아침 회의가 시작되기 10분 전에야 겨우 보고서를 제출했다. 사실 이번 과제는 마케팅 플랜을 세우기 위한 1차 자료 조사의 의미가 컸다. 그런데도 그는 언제나 그랬듯이 완벽한 보고서를 고집하다가 결국엔 시간을 들여 해야 하는 초보적인 시장조사조차 못 했다. 그래서 김 대리는 회의 자리에서 "그동안 뭐했기에 이런 형편 없는 보고서를 냈느냐"는 질타를 들어야 했다.

절대 완벽주의자가
되려고 하지 마라

—

'병적 꾸물거림morbid procrastination'이라는 정신의학 용어가 있다. 너도 한 번쯤은 당장 내일이 시험인데 공부 대신에 책상 정리를 하거나, 마감이 코앞인데도 인터넷 서핑으로 시간을 보낸 경험이 있을 테지. 이런 망설임은 선택이나 과제를 앞두고 두려움과 부담감이 클 때 나타나는 정상적인 행동에 속한다. 그런데 어떤 사람들은 간혹 그 정도가 심해 일상생활에 지장이 있을 정도다. 이들은 남들 눈엔 게으른 사람으로 비치기 십상이지만 그들의 내면은 해야 할 것에 대한 불안과 스트레스로 가득하다.

그들은 완벽주의자다. 그들은 실패를 두려워하고, 자신의 흠을 용인하지 못한다. 그래서 머릿속은 온갖 생각으로 넘쳐 나지만 정작 그 생각을 행동에 옮기는 데는 너무나 많은 시간이 걸린다. 제대로 해내지 못할 것에 대한 두려움과 부담감은 주어진 과제를 실체보다 더 부풀려 과장되게 만든다. 사람들은 부담스러운 것은 외면하고 회피하려는 본능이 있다. 그래서 완벽주의자들은 과제가 주어지면 자꾸만 딴짓을 하거나 꾸물거리거나 잠으로 도피하는 경향을 보인다.

물론 잘하려는 욕심이 나쁜 건 아니다. 다만 완벽주의가 지나치면 끊임없이 자신을 쪼아대고 인생을 고통스럽게 만든다는 게 문제다. 하버드 대학교에서 심리학을 가르치는 탈 벤 샤하르는 완벽주의자는 삶의 여행을 직선 도로로 생각하고 오직 결과에만 초점을 둔다고 말했다. 그래서 그들은 목표를 향해 가는 과정의 즐거움을 누릴 줄 모른다. 그리고 똑같은 상황을 보고도 부정적으로 받아들이고, 모든 것을 '모' 아니면 '도'라고 생각하기 때문에 사소한 실수도 실패로 간주한다. 그런데 실패에 대한 극도의 두려움은 새로운 도전과 모험을 하지 못하게 만든다. 그래서 무언가를 시도하기보다 무작정 일을 미루는데, 그 핑계로 자신의 게으름을 든다. 시도해 보지 않아서 그렇지, 한번 하면 남들보다 훨씬 잘할 거라고 자신을 합리화하는 것이다. 또 완벽한 결과를 위해 준비만을 반복하다 결국 시작도 못 해 본 채 제 풀에 지쳐 버리고 만다. 설령 원하는 목표에 도달했다 하더라도 성공의 기쁨을 즐길 줄 모른다. 한마디로 말해 완벽주의자들은 불행하다. 그래서 캐나다의 한 대학에서 완벽주의자로 분류된 사람들을 조사한 바에 따르면, 완벽주의자는 사망 위험률이 보통 사람에 비해 51퍼센트나 높은 것으로 나타났다.

완벽한 작품을 내려다가 졸작을 내는 역설. 이것을 어떻게 이해해야 할까? 실수나 결점을 수용하지 못하는 사람들은 어린 시절 부모로부터 과도한 요구를 받아 온 경우가 많다. 이들은 대개 성취 지향적인 부모 밑에서 성장하면서 자신이 완벽하게 무언가를 수행했을 때만 사랑과 인정을 받은 기억을 가지고 있다. 그래서 사랑받지 못했다면 그 이유는 자신이 잘못했거나 부족하기 때문이라고 생각한다. 그렇게 그들은 변함없는 사랑을 받으려면 완벽해야 한다는 무의식적 믿음을 키우게 된다. 게다가 현대사회는 늘 최고가 되어야 한다고 부추기고 실수를 하면 안 된다고 압박한다. 결국 완벽주의자는 이룰 수 없는 목표를 향해 돌진하고, 항상 '루저loser'로 남겨지는구나.

**수없이 실패한 그들이
성공할 수 있었던 이유**

—

그러나 세상에 실패 없는 성공이 있을까? 아이가 두 발로 걷기까지 수없이 넘어지고, 말을 제대로 할 때까지 쉴 새 없이 옹알대듯이 무수한 실패와 헛수고가 쌓여 성공의 경험을 가져온다. 역사상 가장 위대한 야구 선수로 꼽히는 베이브 루스는 30년 동안 선수 생활을 하면서 홈런을 714개나 쳤지만, 동시에 삼진 아웃 최다 기록 보유자라는 불명예도 얻었다. 최고의 농구 선수로 꼽히는 마이클 조던도 통산 9000번 이상 실투했고, 300회에 가까운 경기에서 패배했다. 발명왕 토마스 에디슨도 성공하기까지 수많은 실패를 거쳐야 했는데, 누군가 그에게 한 발명품을 만들어 내기까지 만 번 실패한 사실을 지적하자 이렇게 대답했단다. "나는 실패한 것이 아닙니다. 단지 효과가 없는 만 가지 방법을 발견했던 겁니다."

사람들은 보통 어떤 이가 성공했을 때 그가 유난히 똑똑하거나 남다른 재능을 타고났을 거라고 생각한다. 하지만 최고의 자리에 오른 사람들에게 성공은 수많은 경험을 통해 찾은 하나의 방법일 뿐이다. 그들은 기꺼이 실험하고 새로운 도전을 멈추지 않는다. 종종 실패를 겪지만 이 과정에서 좌절을 극복할 수 있다는 믿음과 자신감도 얻게 된다. 두려워만 하던 실패를 막상 해 보니 그것이 생각보다 별게 아님을 알게 되었던 것이다.

지구에서 가장 높은 16개 봉우리의 정상에 오른 엄홍길 대장도 목숨을 건 38번의 등정 가운데 20번을 성공했을 뿐이다. 그 과정에서 동료들의 죽음을 지켜봐야 했고, 죽을 고비를 몇 번 넘기기도 했다. 그렇지만 그는 다시 산으로 향했다. 두려움을 이겨 내서가 아니라 두려움 그 자체를 인정했기 때문이다. 그는 이렇게 말했다.

"사람들은 내가 성공한 20번의 등정만을 봅니다. 하지만 나는 그것을 이루기 위해 경험한 수많은 실패를 생각합니다. 사람들은 기록을 세운 엄홍길만을 봅니다. 하지만 나는 나와 함께 산을 오르다가 숨져 간 동료들을 봅니다. 사람들은 히말라야 고봉과 싸우는 나를 보지만 나는 나 자신의 싸움을 봅니다. 나 자신과 싸워 이기는 것이 진짜 성공이기 때문입니다."

**일단 무엇이든 해 봐라,
잘되고 못되고는 그 다음 문제다**

—

실패는 아무것도 아니다. 오히려 실패를 많이 해 본 사람일수록 성공할 확률도 높다. 그만큼 경험을 통해 얻는 것이 많기 때문이다. 그러니 나는 네가 완벽을 추구하기보다는 다양한 경험을 쌓으려고 노력했으면 좋겠다. 계속 고민만 하지 말고 일단 무엇이든 시도해 봤으면 좋겠다. 잘되고 못되고는 그 다음 문제다. 어느 미대 수업에서는 학생들에게 100개의 시안을 한 번에 제출하라는 과제를 내 준다고 한다. 뛰어난 작품 하나를 만들기 위해 고심하는 것보다 어떤 것이든 100개를 그리면 그중에 뛰어난 작품이 나올 가능성이 더 크기 때문이라고 하는구나. 미완성을 견디는 것도 습관이다. 그리고 일단 하는 것 자체가 습관이 되면 정교하게 다듬는 일은 비교적 쉽게 할 수 있다.

딸에게 보내는 심리학 편지

물론 우리는 때때로 무거운 과제와 마주하게 된다. 그럴 때에는 누구나 부담이 크기 마련인데 완벽주의가 심한 사람들은 과제를 커다란 한 덩어리로 파악해 엄청난 부담감을 느껴 그에 압도당하고 만다. 똑같은 피자인데도 여덟 조각으로 생각하지 않고 피자 한 판으로 바라보고 '저 큰 걸 다 먹을 수 있을까?'라고 생각하는 것이다.

그런데 만약 그 과제를 작은 조각으로 나누어 생각하면 임하는 마음이 가벼워지지 않을까? 문제집 한 권을 풀어야 할 때 일단 홀수 쪽만 풀어 보라고 하면 학생들도 쉽게 문제에 접근한다. 마찬가지로 아무리 복잡하고 어려운 일이라도 감당할 수 있을 정도의 작은 조각으로 분할해서 첫 조각부터 시작하면 된다. 그런 식으로 작은 목표를 이룬 경험들이 쌓이면 어느 순간 최종 목적지에 도달해 있을 테니까.

늦은 나이에 그림을 시작한 중견 화가가 있다. 그는 아무리 지친 날이라도 캔버스에 점 하나라도 찍고서 하루를 마감한다. 대작도 차근차근 찍은 점들이 모여 탄생하는 거라며, 그는 자기가 쉼 없이 작품을 만들어 낼 수 있었던 비결을 설명했다. 그 말을 들으니 우리의 인생도 비슷하다는 생각이 들었다. 하루하루가 쌓여 인생이라는 작품을 이룬다. 그 인생의 그림에는 기쁨, 성공, 희망의 색깔뿐만 아니라 고통, 실패, 좌절의 색채도 가득하다. 그러나 멀리서 바라보면 모든 색깔이 조화를 이루어 한 폭의 작품이 된다.

딸아, 아무것도 안 하면 실패는 없겠지만 대신 성공도 없다. 그리고 사람들이 죽을 때 가장 후회하는 것은 실패한 일보다는 해 보지 못한 일이라고 한다. 그러니 두려워하지 말고 일단 뭐든 시도해 보는 네가 되었으면 좋겠구나. 나중에 후회를 덜하기 위해서라도 인생이라는 그림에 다양한 색깔을 칠해 보아야 하지 않겠니.

딸에게 보내는 심리학 편지

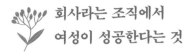

회사라는 조직에서
여성이 성공한다는 것

요즘도 뉴스에서는 간혹 여풍女風이 거세다는 소식이 들려온다. 그것이 얼마나 실질적인 변화인지는 모르겠으나, 어쨌든 날이 갈수록 여성들이 다양한 분야에서 두각을 나타내는 것만은 분명한 사실이다. 20대 경제활동 인구에서 여성 비율이 남성을 추월했고, 군대와 경찰 등 '금녀의 영역'이라던 조직에서도 여성의 비율이 늘고 있으니까 말이다. 아주 느리긴 해도 기업 임원과 국회의원 등 사회의 리더 중에서도 여성들의 숫자가 늘어나고 있다.

물론 여전히 사회생활은 여성들에게 녹록지 않다. 그렇긴 해도 여러 분야에서 제 능력을 발휘하는 여성들의 소식이 들려오면 나도 모르게 가슴에 묵혀 있던 체증이 내려가는 듯 후련해지는 것도 사실이구나. 그동안 많은 여성들이 어려운 여건 속에서도 각자의 위치에 서서 열심히 노력해 준 덕분에 지금의 여자 후배들이 다양한 영역에서 눈부신 성과를 내고 있는 게 아닌가 싶어 뿌듯한 것이다.

그 많던 똑똑한 여자들은
다 어디로 갔을까?

—

40년 전 내가 사회에 첫발을 내디딜 때만 해도 일하는 여자는 보편적이지 않았다. 여자 의사도 드문 시절이었지. 특히나 아이를 낳은 후에도 일하는 여자는 많지 않았다. 여자는 남자에 비해 능력이 떨어지기 때문에 사회생활에 적합하지 않다는 말을 공공연히 하던 그때, 남녀 차별은 당연한 것이었다. 그래서 나도 병원이라는 조직에 몸담으면서 많은 어려움을 겪어야만 했다. 임신한 것부터 눈치가 보여 10개월간 마음고생이 심했을 뿐더러 육아휴직은 고사하고 출산휴가도 한 달밖에 쓰지 못했다. 몸조리도 제대로 못 한 상태에서 우는 너를 뒤로 하고 출근하는 심정이란 정말 끔찍 그 자체였다.

그렇게 이를 악물고 버텨 내다 보니 어느새 후배들을 뽑는 면접관이 되어 있었다. 내가 당한 차별의 경험 때문에라도 여자 후배들에게 더 많은 기회를 줘야겠다 결심했지만 굳이 그럴 필요가 없었다. 막상 면접을 들어가 보니 여자 후배들이 말도 잘하고, 똑 부러지는 모습을 보여 주었기 때문이다. 그에 비해 남자들은 답답하기 이를 데 없었다. 함께 면접관으로 들어갔던 남자 동료들이 남자 지원자를 뽑고 싶어도 여자들보다 뭔가 부족해 보이는 친구들뿐이라고 개탄할 정도였다.

그런데 입사 성적으로는 남성을 압도했던 유능했던 젊은 여성들이 지금은 모두 어디에 가 있는 걸까? 병원뿐만 아니다. 왜 기업의 여성 임원은 손에 꼽힐 만큼 적고, 성공한 여성 리더는 드문 걸까? 그에 대해 여자들은, 지금은 많이 나아졌다고는 하지만 여전히 존재하는 남녀 차별을 그 원인으로 꼽는다. 열심히 스펙을 쌓아 유명 대기업에 입사해도 승진 과정에서 남자 동료에 밀리기 일쑤란다. 영국 이코노미스트 지의 발표에 따르면 2019년 기준 한국의 여성 임원 비율은 2.3퍼센트에 불과하다. OECD 평균인 22.9퍼센트에 비하면 턱없이 낮은 수준이고, OECD 국가 중 유리천장지수가 7년 연속 최하위라고 한다. 일에서도 야무지다는 소리를 듣고 늘 똑똑하다는 칭찬을 받아 왔는데, 보이지 않는 유리천장에 부딪치면 어쩔 수 없다는 좌절감이 여성들을 짓누른다. 자기보다 실적도 낮고 어눌한 남자 동료가 더 빨리 승진 가도를 달리는 모습을 보고 있노라면 기가 막힌다. 게다가 여자에게는 집안일과 육아라는 또 다른 과제가 한 번에 쏟아진다. 일하는 엄마들이 당면해야 하는 심리적, 사회적 갈등은 분명 여성의 핸디캡이다. 이는 우리 사회가 함께 풀어 가야 할 중요한 과제다. 하지만 단지 이것만이 이유는 아닌 것 같았다.

언젠가 한 대기업의 남자 임원으로부터 조직에 여성의 비율이 30퍼센트를 넘으면 계 모임이 된다는 혹평을 들었다. 여자들은 공과 사를 잘 구분하지 못하고, 감정적으로 대응하며, 조직보다 개인을 우선한다는 게 그 이유였다. 순간 화가 나 반박하고 싶은 것도 많았지만 그의 지적에는 어쩌면 여자들이 놓치고 있는 부분이 있을지도 모른다는 생각이 들었다.

먼저, 남자들이 만들어 놓은
조직의 룰을 이해해라

—

태어날 때부터 여자와 남자는 다르다. 여자가 관계 중심적이라면 남자는 공격적이고 지배 중심적이다. 미국의 신경정신과의사인 루안 브리젠딘에 따르면 남자아이는 엄마 뱃속에서 8주 동안 자란 후에 남성호르몬인 테스토스테론의 영향을 받으며 남자의 모습을 갖추게 된다. 테스토스테론은 커뮤니케이션 중추에 있는 세포들을 죽이고 섹스와 공격 중추에 있는 세포들을 점점 더 성장시킨다. 반대로 테스토스테론의 영향을 받지 않는 여자아이의 뇌는 커뮤니케이션과 정서적인 면을 담당하는 부분이 상대적으로 크기 때문에 정서적인 반응에 예민하고 감수성이 뛰어나다고 한다.

남자와 여자는 자라면서 그 차이를 더욱 굳건하게 만들어 나간다. 남자아이들은 구슬치기, 야구, 축구 같은 경쟁적인 놀이를 하면서 상대편과 싸우고 어울려 논다. 그러면서 게임에서 이기기 위해 조직과 위계질서를 만들고, 다툼이 벌어지면 규칙을 세워 문제를 해결하는 법을 자연스럽게 익히게 된다. 반대로 여자아이들은 인형 놀이나 소꿉놀이처럼 경쟁보다 서로의 관계를 중심으로 한 정서 놀이를 주로 한다. 경쟁이 없는 놀이에는 그다지 규칙이 필요 없으며, 싸움이 생겨도 지시나 강요보다는 중재를 통해 해결한다.

남자들은 일터에서도 어릴 때 즐겨 하던 게임에서와 비슷한 태도로 임한다. 그들은 스포츠 경기처럼 회사라는 조직 생활에도 규칙, 승패, 경기장이 있다고 생각한다. 규칙은 어떤 상황이 벌어져도 함부로 바꿔서는 안 된다. 규칙을 대하는 태도에 있어 남자와 여자는 다른 모습을 보이는데, 나는 예전에 직접 그 차이를 경험한 적이 있었다. 대형 정신병원에는 남자 병동과 여자 병동이 분리되어 있어 각 병동에 수십 명의 환자들이 집단생활을 한다. 환자들은 재활 치료의 일환으로 자치 회의를 만들고 직접 대표를 선출한다. 남자 병동의 환자들은 무질서해 보여도 일단 리더가 선출되면 대표로 인정하고, 그의 말을 따르려고 한다. 반대로 여자 병동에서는 대표가 정해져도 상황에 따라 결과에 승복하지 않는 경우가 더 많았다. 여자들은 제아무리 규칙이라 하더라도 무언가 분쟁이 생기면 그것을 따르기보다 바꾸는 게 옳다고 주장했다. 반면 남자들은 규칙은 반드시 지켜야 하며, 문제가 생기면 규칙은 일단 지키되 다른 방법을 찾아 보완하는 쪽을 택했다.

　남자들은 게임에 승자와 패자가 있듯 비즈니스에서도 승패가 갈린다고 믿는다. 권모술수도 규칙을 지키는 한에서 이루어진다면 승리를 위한 노력이라 여긴다. 그리고 열심히 싸웠더라도 일단 경기장을 벗어나면 적대적인 관계도 끝이 난다. 경기를 끝낸 축구 선수들이 서로 다정하게 경기장을 나가듯 험난한 협상 테이블에서 고성을 지르며 싸웠더라도 그 테이블을 벗어나면 다시 친구가 된다. 협상 과정에서 나타난 서로에 대한 적대적 행동은 그저 경기의 일부일 뿐이기 때문이다.

　게임처럼 굴러가는 회사의 룰을 이해하면 여자들이 이상해하는 남자들의 회사 생활도 납득할 수 있다. 여자들은 남자들이 주어진 책임은 등한시하면서 회식, 아부 등 가욋일에 몰두한다며 불평하곤 하는데, 남자들 입장에서 보면 조직 내에서 승리를 쟁취하기 위해 조직의 네트워크를 이용하려는 효과적인 활동이다. 마치 야구 선수들이 선발에 들기 위해 감독에게 잘 보이려고 하듯이 잘한 일을 돋보이게 만드는 것 또한 중요한 능력인 셈이다.

　반대로 남자들은 여자들이 혼자 하는 일은 잘하지만 인간관계의 정치적 역학에 대한 이해가 부족하고, 조직이라는 큰 덩어리가 잘 굴러가게 하기 위해 자신이 언제 어디서 무엇을 해야 하는지에 대한 감각이 부족하다고 말한다. 일도 잘하고, 말도 잘하지만 전체를 위해 자기가 손해 보고 희생해야 할 때가 오면 뒤로 물러나 있는다는 거다.

남자들이 조직 내에서 질서와 위계에 보다 유능한 촉각을 가지고 있다면 여자들은 조직의 위계보다는 관계의 소통에 더 탁월하다. 바로 이런 차이가 조직 내에서 서로를 오해하게 만들기도 하는 것이다.

회사에서는 똑똑함으로
승부하려 하지 말 것

—

앞으로는 남성적 리더십과 여성적 리더십을 모두 아우르는 인재가 각광받을 거라고 한다. 효율성과 조직적인 사고가 강한 남성적 특성과 소통과 조율에 능한 여성적 특성은 둘 다 필요하고 서로 조화를 이룰 때 더 큰 힘을 발휘하기 때문이다. 그래서 여자들도 남성적 문화의 장점을 배울 필요가 있다.

또 결혼을 하건 하지 않건, 아이를 낳건 낳지 않건, 어쨌든 앞으로는 누구나 평생 일하게 될 것이다. 그러므로 일에 있어 프로가 되는 것만큼이나 회사라는 조직을 이해하고 그 안에 있는 사람들과 정정당당하게 경쟁하며 앞으로 나아가는 것 또한 매우 중요하다. 그런 면에서 한마디 하자면 회사에서 성공하려거든 혼자만의 '똑똑함'으로 승부하려 하지 마라. 회사가 발전하는 것은 똑똑한 개인 때문이 아니라 회사라는 조직이 하나가 되어 생산적으로 잘 작동했기 때문이다. 그러니 아무리 자신이 똑똑해도 그것을 내세우기보다 조직 전체가 협업의 시너지를 발휘하도록 기여해야 한다.

지금까지 사회생활을 해 오면서 느끼는 거지만, 정말 현명한 사람은 2퍼센트 부족한 듯 허름해 보이나 속으로 단단한 사람이다. 상대방을 긴장시키거나 방어기제를 자극하지 않는 허허실실의 사람 말이다. 그들은 상대로 하여금 쉽게 마음의 빗장을 풀도록 만든다. 그래서 많은 사람들을 자신의 편으로 만든다.

딸아, 나는 네가 진정한 성공을 바란다면 그 길을 다른 사람들과 더불어 갔으면 좋겠다. 그래서 똑똑함을 드러내기 위해 애쓰기보다 다른 사람들과 함께 가는 법을 고민하는 사람이 되었으면 한다. 함께 가는 것은 힘들지만 그럴 때 네가 더 멀리 갈 것을 믿어 의심치 않기 때문이다.

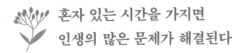
혼자 있는 시간을 가지면
인생의 많은 문제가 해결된다

"전화했었는데 안 받더라. 많이 바빴니?"

"어, 휴대폰이 꺼져 있는 걸 몰랐어. 엄마, 미안."

가끔 네가 나한테 그렇게 말할 때가 있었다. 정말로 휴대전화가 꺼져 있던 때도 있었지만 나는 알고 있었다. 네가 혼자 있고 싶어서 일부러 전화를 받지 않았다는 사실을, 내가 괜히 걱정할까 봐 휴대전화 핑계를 댔다는 사실을 말이다.

그래서 나는 네가 그런 말을 할 때는 아무것도 묻지 않고 그냥 너를 내버려 두었다. 누구나 그럴 때가 있다는 걸 아니까. 그러다 보면 네가 먼저 나한테 전화해서 말했지.

"엄마, 저녁 때 시간 돼? 나 맛있는 거 먹고 싶어."

누구나 홀로 있고 싶을 때가 있다. 일에 치이고 사람에 치일 때
면 '혼자 있고 싶다'는 마음속 목소리가 들려온다. 외부로만 치닫지
말고 마음 깊은 곳에 있는 '나'를 봐 달라는 음성이다. 심리학자 앤
서니 스토는 우리의 인생은 두 가지 상반되는 충동이 늘 함께한다
고 말했다. 하나는 다른 사람과 친밀한 관계를 맺고자 하는 충동이
고, 다른 하나는 고독을 통해 자기 본연으로 돌아가려는 충동이다.
삶의 균형을 이루기 위해서는 두 가지 충동 모두에 귀를 기울여야
한다. 인생이란 이 두 가지 욕망이 씨줄과 날줄처럼 얽혀 있는 것
같다.

사회생활은 돈을 벌고 사람을 만나고 사회적 성취를 이루면서
삶을 풍요롭게 만든다. 하지만 자기 자신과 대면하는 시간 없이 바
쁘게 사회생활에만 몰두하면 우리 마음은 금방 고갈되어 버린다.
우리 안에는 그 누구도 건드릴 수 없는 내면세계가 있다. 여성운동
가 엘리자베스 스탠턴은 "우리가 자기 자신이라고 부르는 내적 존
재는 어떤 남자의 눈이나 손길도, 어떤 천사의 눈이나 손길도 꿰뚫
지 못한다"라고 말했다. 즉 내가 그것을 돌보지 않으면 그것은 버
려진 논밭처럼 황폐해질 수밖에 없는 것이다.

다행히 우리는 쉼 없이 바쁘게 살다가도 어느 날 문득 휴식을

바라게 된다. '바쁜 일만 끝나면 아무도 없는 곳으로 여행을 떠나야지. 그동안 못 본 드라마도 몰아서 볼 거야. 쌓아 둔 책도 읽어야지. 아니 그냥 아무것도 안 하고 하루 종일 빈둥거릴 거야.' 누구나 때때로 이런 다짐을 한다. 홀로 있음으로써 분주한 생활로 지친 몸과 마음을 회복시키고자 하는 것이다.

그런데 어쩌다 혼자 있는 시간이 생기면 즐거운 마음도 잠시, 익숙한 불안이 슬금슬금 다가온다. 그동안 미뤄 온 영어 공부도 해야 할 것 같고, 운동도 시작해야 할 것 같고, 학원도 다녀야 할 것 같다. 그래서 다시 다이어리를 꺼내 시간을 쪼개고, 계획을 세우고, 체크리스트를 만든다. 하다못해 스마트폰을 꺼내 뉴스를 검색하고 쇼핑을 한다.

이처럼 우리는 혼자 있는 시간을 갈구하지만 혼자 있는 법은 제대로 알지 못한다. 막상 혼자 있게 되면 그 시간을 아무것도 하지 않는 비생산적인 시간으로 받아들인다. 그래서 혼자 있는 동안에도 나 자신을 만나려 하기보다 또다시 무언가를 하려 든다.

혼자 있는 시간을 방해하는 것은 그뿐만이 아니다. 우리는 혼자 있는 시간을 고독이나 외로움과 연결시키며 부정적으로 바라보는 경향이 있다. 그러나 하버드 대학교의 종교철학자 폴 틸리히에 따르면 외로움에는 두 가지가 있다고 한다. 혼자 있는 고통이 론리니스loneliness라면 혼자 있는 즐거움은 솔리튜드solitude다. 둘 다 고독이라고 번역되지만 그 의미는 완전히 다르다. 솔리튜드란 혼자 있는 시간에 나만이 들어갈 수 있는 내적 공간을 적극적으로 가꾸어, 보다 창조적인 상태로 도약하는 것이다. 그러므로 혼자 있는 시간을 잘 활용하면 많은 것을 얻을 수 있다.

그리고 혼자 있을 수 있는 것은 자아Ego 능력이다. 영국의 정신분석가 도널드 위니캇은 아이의 정서적 요구에 적절한 반응을 제공하는 어머니(양육자)와 함께할 때 아이는 점진적으로 혼자임을 견뎌 내는 능력을 발전시킬 수 있다고 했다. 그러므로 혼자 있을 수 있는 것은 관계를 맺는 능력만큼이나 성숙도를 측정하는 중요한 기준이 된다.

또 혼자임을 수용하는 태도는 타인과의 관계를 배제하는 것이 아니라 오히려 친밀한 관계를 강화한다. 혼자임을 기꺼이 즐길 줄 아는 사람은 진정 자기 자신과 연결될 수 있는 사람이고, 또 그런 사람만이 타인을 파괴하지 않고 질식시키지 않은 채 건강한 관계를 맺을 수 있기 때문이다.

고독한 사람을 내버려 둬라,
그는 지금 신을 만나고 있다

—

딸아, 나는 정신과의사로 일하면서 다양한 문제로 고통을 겪는 사람들을 많이 만났다. 뒷바라지를 열심히 했지만 말 안 듣고 반항하는 자식 때문에 마음을 다친 엄마, 남자 친구에게 헌신했지만 버림 받고 상처 입은 여대생, 사회적 인정을 받기 위해 쉬지 않고 일했지만 퇴직 후 갈 길을 잃어버린 중년 남성까지, 이들이 가지고 온 문제는 모두 달랐지만 그 원인은 같았다. 자기 내면을 소홀히 했다는 것이다. 내면이 밑 빠진 독처럼 뚫려 있으면 아무리 열심히 채워 넣어도 결국 공허함을 느낄 수밖에 없다. 그리고 공허함은 자신뿐만 아니라 다른 사람까지 피폐하게 만든다.

《혼자 사는 즐거움》의 저자 사라 밴 브레스낙은 미국 주요 일간지를 거치며 25년간 활발하게 활동한 기자였다. 그러던 어느 날 홀로 산책을 하다가 불현듯 정말 하고 싶은 일을 하겠다고 결심한 뒤 모든 사회적 성취를 뒤로 하고 전업 작가가 되었다. 그녀는 인생은 결국 혼자 떠나는 여행이라며, 자신을 돌보는 일에 소홀한 사람들을 향해 이렇게 말한다.

"당신은 현재 누군가의 자녀이거나 누군가의 부모일 것이다. 누군가의 배우자이거나 누군가의 형제자매일 것이다. 이 모든 혈연관계에서 자유로운 독신이라 할지라도 당신은 여전히 사회관계 속에서 누군가의 상사이거나 부하이고 누군가의 선배이자 후배다. 그밖에도 당신의 인생에 관여하는 관계는 수없이 많다. 이 수많은 관계 속에 살아가면서도 당신은 문득문득 외롭고 쓸쓸하다. 왜일까? 오직 당신만을 위해 살아도 짧은 인생이거늘, 당신은 어제도 오늘도 내일도 당신 삶 앞에 주렁주렁 달려 있는 그 '누군가'를 위해 당신의 인생을 미뤄 놓고 있기 때문이다. 다른 사람을 위해 살아가는 인생을 지속하는 한 당신은 지독한 고독에 시달릴 수밖에 없다."

영국의 작가 버지니아 울프는 1929년 발표한 에세이 《자기만의 방》에서 여성에게는 '자기만의 것'이라 부를 수 있는 시간이 채 30분도 되지 않는다고 말했다. 요즘 여성들은 버지니아 울프가 살던 시절의 여성들보다 진취적이고 자유로운 영혼을 가진 듯 보이지만, 속을 들여다보면 큰 차이는 없어 보인다. 아직도 여성들은 남의 눈에 어떻게 비춰지는지, 어떻게 해야 사랑받을 수 있는지에 민감하게 반응하도록 길러진다. 오랫동안 결혼하지 않고 혼자 사는 여자는 결핍된 존재이자 다른 사람들이 채워 줘야 할 대상으로 여겨졌다. 시대는 달라졌지만 여전히 여자들의 마음속에는 홀로 있는 것에 대한 두려움이 자리하고 있다. 그러다 보니 정작 자신으로부터 점점 멀어져 간다.

1950년대에 출간된 《내 이름은 삐삐 롱스타킹》의 주인공 삐삐는 혼자 사는 아이다. 삐삐는 상상력이 이끄는 대로 자유롭게 살아간다. 웬만한 어른보다 힘이 세서 경찰관도 당해 낼 수 없었고, 자고 싶을 때 자고 뒤로 걷고 싶으면 뒤로 걸었다. 천방지축 삐삐를 보고 어른들은 말을 안 듣는다고 혀를 끌끌 찼지만, 삐삐는 관습에 얽매이지 않았던 만큼 세상을 흥미로운 곳으로 보고 타인에 대해서도 너그러웠다. 누군가를 위해 희생하는 데서 오는 박탈감이 없었기에 자기가 누린 만큼 베풀 줄 알았다.

나는 가끔은 삐삐처럼 살아 봐야 한다고 생각한다. 눈치 보지 말고 오로지 나를 위해서만 살아 보는 시간들이 반드시 필요하다. 혼자 있는 시간에 마음속을 들여다보고, 그 마음이 시키는 대로 한 번 살아 봐야 한다. 그래야 인생에 후회가 적다. 그래야 세상 탓, 남 탓 안 할 수 있다.

세상 사는 일이 뜻대로 풀리지 않을 때가 참 많다. 그래서 내 맘 같지 않은 세상, 내 맘 같지 않은 사람들 때문에 화가 나고 짜증이 난다. 그럴 때 지친 마음을 보듬어 안고 편안히 쉴 내면의 공간 정도는 있어야 하지 않을까. 이 각박한 세상에 나만을 위한 공간이 있다면 세상살이가 조금은 여유롭고 편안해질 것이다.

그러니 딸아, 혼자 있는 시간을 되도록 많이 가지고 그 시간을 잘 보내는 법을 익혀 두렴. 독일의 시인 릴케는 《말테의 수기》에서 "고독한 사람을 내버려 둬라. 그는 지금 신을 만나고 있다"라고 했다. 고독이란 자신과 대화하는 시간이며 자신의 의미를 음미하는 시간이다. 그러므로 혼자 있는 시간을 가지면 인생의 많은 문제가 해결되기 마련이다.

Chapter. 3

어떤 삶을 살든
사랑만큼은
미루지 말 것

— 사랑에 대하여

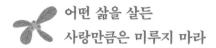

어떤 삶을 살든
사랑만큼은 미루지 마라

"사랑을 하려거든 목숨을 바쳐라"라는 노랫말이 있다. 그런데 언젠가 그 말의 의미는커녕 아예 사랑을 시작조차 못해 본 여자가 나를 찾아온 적이 있다. "한 번도 연애를 해 본 적이 없어요"라며 다짜고짜 대화를 시작한 그녀. "제가 여자로서 매력이 없나봐요"라고 이어 가더니 "남자랑 자 보고 싶어요"라며 절정을 찍고 "그냥 연애는 하지 않는 게 나을지도 몰라요"로 한달음에 결론을 지어 버렸다. 30대 중반인 수연 씨의 고민은 사랑 경험이 없다는 것이었다. 핫초코처럼 달달해야 할 20대가 김빠진 사이다처럼 밍숭맹숭했다며 연애의 추억이 없는 20대 시절에 아쉬움을 표했다.

"20대 초반에는 누군가를 사랑하는 일이 꼭 내가 무너지는 것 같아 막연히 두려웠어요. 저를 지키고 싶었던 것 같아요. 그러다 20대 중반 즈음부터는 다음에 더 좋은 사랑이 올 것만 같아 사랑을 밀어냈어요. 그렇게 다음 사랑도, 또 다음 사랑도 밀어내다 보니 어느새 저는 사랑을 밀어내는 선수가 되어 있더라고요. 20대 후반이 되면서부터는 외로움도 잘 못 느꼈어요. 늘 혼자였으니까."

수연 씨와 대화를 나누면서 그녀가 누구보다 사랑을 갈망해 왔음을 느꼈다. 다만 그녀는 사랑을 원하는 자신과 마주할 용기를 내지 못했다. 연애를 한다는 건 떨어져야 할 대학에 합격한 것처럼 있을 수 없는 일로 여기는 듯해 보였다.

그녀 주변에는 정말
괜찮은 남자가 없는 걸까?
—

우리의 마음이 피라미드 모양으로 생겼다면 밑바닥에는 두 가지의 서로 다른 기억이 살고 있다. 하나는 무척 소중한 일이고 다른 하나는 너무 아픈 일이다. 이 둘은 아이러니하게도 같은 층에 자리하고 있다. 수연 씨는 어린 시절 우울증 증세가 있는 어머니 밑에서 자랐다. 마음이 아픈 어머니는 그녀에게 사랑한다는 표현도, 따뜻한 미소와 다정다감한 말도 별로 해 주지 못했다. 그래서 그녀는 엄마의 기분을 잘 알 수 없었고, 엄마의 사랑을 확신할 수 없었다. 그 기억은 마음의 밑바닥에 남아 수연 씨를 흔들었다. 그녀가 사랑을 갈구하면서도 두려워하도록 만들고 있었던 것이다. 이런 사람은 공적인 관계에는 능숙하지만 사적인 관계에서는 미숙아와 같다. 누군가가 데이트 신청이라도 해 오면 무의식중에 한 걸음 물러서서 그 사람을 멀리하거나 공적인 영역에만 머물도록 미리 선을 긋는다.

물론 그 이유가 다는 아니었다. 그녀가 사람을 못 만나는 데에는 내면의 갈등 외에도 외부의 조건이라는 문제가 있었다. 그녀는 박사학위를 받고 외국계 컨설팅 회사에서 일하는 이른바 골드미스다. 이제 사랑하는 사람을 만나 가정을 꾸리고 싶지만 주변에 사랑할 만한 남자가 없다고 푸념을 늘어놓았다. 첫 연애인데 외모, 학력, 인성 등 모든 면에서 준수해야 자신도 그만한 용기를 낼 수 있지 않겠냐는 것이다. 그런데 정말 그녀 주변에는 괜찮은 남자가 없는 걸까?

병원에서 일하는 직원이나 여자 후배들을 만날 때마다 많이 듣는 이야기가 있다. 주변에 괜찮은 여자는 많은데 소개해 줄 만한 남자가 없다는 것이다. 특히나 활발하게 직장 생활을 하는 30대 중반 여성들에게 소개해 줄 싱글 남자는 찾아보기 힘들다고 한다. 어울릴 만한 남자는 이미 결혼했거나 짝이 있거나 아니면 뭔가 문제가 있단다. 이런 상황을 증명이라도 해 보이겠다는 듯 'ABCD론'이라는 속설도 등장했다. 결혼 적령기 남성과 여성을 학력을 기준으로 A부터 D까지 네 단계로 나누면, A급 여성과 D급 남성의 미혼율이 가장 높다고 한다. 남성은 자신보다 더 능력 있는 여성을 꺼리기 때문에 A급 남성은 B급 여성과, B급 남성은 C급 여성과, C급 남성은 D급 여성과 결혼하는 경우가 많다. 그 결과 고학력 여성일수록 그에 걸맞는 남자를 만나기가 어려워진다는 것이다.

이에 대해 전문가들은 지난 반세기 동안 여성의 학력이나 지위는 가파르게 상승했지만 결혼관은 아직 그 속도를 따라잡지 못해 일어난 현상이라고 말한다. 이것이 사실이든 아니든 사랑을 상호 유리한 거래의 관점으로 취급한다는 점, 남자와 여자에 대한 차별적인 기준을 고스란히 적용한다는 점에서 야만적인 면이 있다. 그런데 사람의 마음을 연구하는 내게는 한 가지가 더 눈에 띄었다. 사랑을 단지 특정 조건의 대상으로 보는 관점이다. 마치 내 기준에 맞는 대상만 나타나면 사랑은 완결된다는.

짚신도 짝이 있다는 옛말처럼 운명의 상대를 만나면 자연스럽게 사랑에 빠진다는 생각은 매우 널리 퍼져 있다. 우리가 어려서부터 보아 온 동화에서는 왕자와 공주가 만나기만 하면 무조건 영원히 행복하게 잘살았다. 영화나 드라마도 마찬가지다. 그래서 제 짝을 만나기만 하면 사랑에 빠져서 행복하게 살 거라는 생각에 익숙하다. 이를테면 그와 잠깐 눈길이 스쳤을 뿐인데 기억에서 사라지지 않고, 낯설지 않은 느낌이 예전에 어디선가 본 적이 있는 것만 같고, 온통 그에 대한 생각으로 하루가 지난다. 마치 잃어버린 내 반쪽을 되찾은 것만 같다. 그래서 사랑을 갈망하는 모든 이들의 지상 과제는 '그 사람'을 찾는 것이다. 그 사람을 발견하지 못하면 사랑 자체가 불가능하기 때문에.

운명의 상대가 나타나기만을 기다리며 허송세월하지 말 것

—

그런데 정말 운명의 상대를 만나기만 하면 사랑이 저절로 이루어질까? 이 물음에 대답하기 위해선 사랑의 단계에 대한 설명이 필요하다. 사랑은 열정적으로 사랑에 '빠지는' 단계에서 출발해, 사랑을 '하는' 단계를 지나, 사랑에 '머무르는' 단계에 도달한다. 첫 번째 사랑에 빠지는 단계는 이른바 콩깍지가 씌어 무엇을 해도 예뻐 보이는 단계다. 이때 두 사람은 마치 한 몸이 된 것처럼 자아의 경계가 무너지고 세상과 분리된 그들만의 낙원을 창조한다. 그러다가 두 번째 사랑을 '하는' 단계에 이르면 콩깍지가 벗겨져 슬슬 상대의 허물이 보이기 시작한다. 이른바 애증이 시작되는 것이다. 그러나 그럼에도 불구하고 사랑을 포기하지 않기로 하고 서로에게 헌신한다. 마지막으로 세 번째 단계인 사랑에 '머무르는' 단계에 이르면 서로에 대한 존중과 사랑 속에서 휴식한다. 비록 열정적인 사랑은 소멸되었지만 나를 전적으로 신뢰해 주는 관계 속에서 편안한 상태에 이른다.

그런데 사랑을 하는 것과 사랑에 머무는 것은 사랑에 빠지는 것보다 오히려 더 많은 노력을 요구한다. 《아직도 가야 할 길》의 저자 스콧 펙 박사는 "사랑은 자신과 다른 사람의 정신적 성장을 촉진하기 위해 자신을 확장하려는 의지"라고 말했다. 사랑에 빠진 사람들은 그 사람과 만나 겪는 황홀한 순간을 온몸으로 즐긴다. 이것도 에너지를 쏟는 행위지만 의지를 갖고 노력하는 것과는 다르다. 사랑에 빠지는 단계를 지나 사랑을 하기로 결심한 사람들은 그에게 관심을 기울이고, 그의 성장에 주목하며, 자신의 선입견을 제거하려고 노력하고, 능동적으로 자신을 변화시키려고 한다. 듣고 싶은 것만 듣지 않고, 진정으로 상대의 말에 귀 기울이고자 노력한다. 그래서 사회심리학자 에리히 프롬은 사랑은 대상의 문제가 아니라고 단언한다. 삶이 기술인 것과 마찬가지로 사랑도 기술이며 어떻게 사랑해야 하는가를 배워야 한다. 즉 사랑은 특정 대상을 만나는 것으로 끝이 아니라 상대방을 진정 사랑하는 사람으로 만들어 가는 능력을 키우는 과정이다.

몇 년 전 부활의 리더 김태원 씨가 토크쇼에 나와서 "사랑은 의리"라는 말을 했다. 첫사랑 아내와 지금까지 살아오며 내린 결론이었다면서 말이다. 프로그램에 함께 나온 패널들은 그의 말에 웃었지만 나는 의미 있는 말이다 싶었다. 그들 부부도 콩깍지가 씌어 서로를 나만을 위해 존재하는 단 한 사람처럼 느끼며 사랑에 빠진 적이 있었을 것이다. 그러다가 결혼을 하고 아이를 키우며 열정적인 사랑이 식어 감을 느꼈을 것이다. 하지만 그들은 거기서 사랑을 포

딸에게 보내는 심리학 편지

기하지 않았다. 비록 단점도 많은 사람이지만 그럼에도 불구하고 따뜻하게 감싸며 서로의 성장을 응원하기로 결심했다. 지금까지 살아오며 많은 부침을 겪은 김태원 씨지만 그가 지금 대중들에게 사랑을 받게 된 건 '사랑을 끝까지 지키겠다'는 부부 사이의 의리 덕분은 아니었을까.

그러니 더 이상 운명의 상대가 나타나기만을 기다리며 허송세월하지 말았으면 좋겠다. 진정한 사랑은 부모가 자녀를 입히고 먹이고 재움으로써 성장을 도와주듯, 외롭고 힘든 마음을 서로 따뜻하게 감싸 안으며 상대를 성장시킨다. 그 덕분에 내 마음 같지 않은 세상이라도 살아 볼 마음이 드는 것이다. 하지만 끝내 사랑을 대상의 문제로만 생각하고 "괜찮은 사람이 없다"면서 만남과 헤어짐만 반복한다면 사랑이 주는 성장의 기쁨은 끝내 누리지 못할지도 모른다.

사랑은 반드시 누려야 할
인생 최고의 기쁨이다

—

인생 선배들이 우스갯소리로 "젊을 때 연애를 많이 해 봐야 한다"고 자주 말하는데, 여기에는 그럴만한 이유가 있다. 사랑도 해 봐야 다음 사랑을 잘할 수 있기 때문이다. 깻잎과 배추는 앞면보다 뒷면을 깨끗이 씻어야 한다는 걸 요리를 해 봐야 알 수 있듯이, 사랑도 몸소 부딪쳐야 알 수 있는 것들이 있다. 왜 나도 모르게 눈물이 나 버리는지, 자존심이 바닥까지 떨어지는 비참함이 무엇인지, 그렇게 아파도 사랑을 놓지 못하는 바보가 된다는 게 어떤 건지, 그럼에도 홀로 있는 것보다 누군가 사랑하는 일이 왜 더 행복한지를 아는 것. 이런 것들은 사랑이라는 고약한 레슨을 통해서만 배울 수 있다.

이 레슨을 통해 우리는 나 자신이 어떤 사람인지를 더 잘 알게 된다. 왜 그에게 끌렸는지, 왜 그렇게 싸웠는지, 끝내 마음에 채워지지 않은 갈증이 무엇이었는지를 깨닫는다. 그렇게 미처 몰랐던 나를 알게 되면 상대방도 나처럼 상처 입은 사람임을 이해하게 된다. 그렇게 사랑은 경험을 통해서만 성숙의 단계에 진입할 수 있다.

심리학자 에릭슨은 친구나 연인 등 가까운 관계를 지탱하는 능력을 '친밀감'이라고 했다. 생각해 보면 가족 말고도 나를 사랑해 주는 대상이 집 밖에도 존재한다는 건 참 든든한 일이다. 그리고 자신도 누군가에게 그런 대상이 되어 주는 일, 어쩌면 이것은 우리 모두가 실현해야 할 과제이자 의무라는 생각이 든다.

나는 수연 씨에게 너무 따지지 말고 집 밖에서 친밀감의 대상을 만들어 보라는 숙제를 내 주었다. 그녀가 사랑을 하기까지 1년이 걸릴 수도 있고, 3년이 걸릴 수도 있다. 그래도 희망적인 건 그녀가 자신의 아픈 자아와 마주할 용기를 내고 있다는 점이다. 또 남자를 결혼 조건으로만 보지 말고 그의 장점을 보는 눈을 키우고, 어떤 부분에서 가치관이 맞는지, 또 가치관이 다를 때는 어떻게 대화로 풀어야 하는지 등 소통 능력을 키워 보라고 했다.

프랑스의 대문호 빅토르 위고는 "인생 최고의 기쁨은 자신이 사랑받고 있다는 확신에서 나온다. 좀 더 정확히는, 자신의 모습에도 불구하고 사랑을 받고 있다"이라는 말을 남겼다. 사랑을 하고 사랑을 받는다는 것은 인간에게 주어진 최고의 기쁨이다. 그러니 어떤 경우에라도 타인을 사랑하는 일만큼은 보류하지 말자. 인간은 스스로 자신을 완성할 수 없다. 꽃도 벌이 날아와 당분의 균형을 잡아 주고, 애벌레가 꽃잎의 표면을 매끄럽게 해 주듯, 인간에게도 타인의 손길만이 채울 수 있는 공백과 결핍이 분명히 존재한다. 그리고 그 빈자리는 내가 타인에게 사랑을 기꺼이 나누어 주고자 할 때 채워지는 것임을 잊지 말아야 한다.

딸아, 마지막으로 언제든 노력하지 않으면 사랑은 한순간에 깨질 수 있다는 사실을 기억했으면 한다. 서로의 삶을 나누며 따뜻함과 편안함 속에 살아가는 것, 서로의 존재를 진실로 감사하게 생각하는 것. 그것은 사랑하는 사람들이 누릴 수 있는 최고의 행복이지만 그저 결혼해서 같이 산다고 얻어지는 건 아니란다. 평생 서로 노력해야 한다. 그러니 딸아, 후회 없이 사랑하거라.

딸에게 보내는 심리학 편지

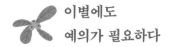

이별에도
예의가 필요하다

　사랑을 시작할 때는 심장이 쿵쾅쿵쾅 쉴 새 없이 뛴다. 이
러다 가슴이 터질 것 같다는 생각이 들 정도다. 그런데 그렇게 뛰던
심장이 어느 날 '쿵' 하는 소리와 함께 멈추는 순간이 온다. 영원할
것 같던 사랑이 끝나고 이별이 찾아오는 것이다. 미처 예감하지 못
한 이별의 고통은 견딜 수 없을 정도로 아파서 누군가는 몇 날 며
칠을 울고, 누군가는 정신이 나간 사람처럼 행동한다. 불교에서는
이별의 통증을 두고 애별리고愛別離苦라고 한다. 사랑이 떨어져 나
가 혼자가 되는 괴로움을 뜻하는데, 불교에서 말하는 여덟 가지 인
생의 고통(팔고八苦) 중 하나다. 게다가 이별이라는 놈은 꼬리가 길
어서, 쉽게 제 모습을 감추지도 않는다. 오랫동안 곁에 머물며 시도

때도 없이 우리를 괴롭힌다. 그동안 사랑한 대가를 한꺼번에 치르라는 듯이 이별은 우리에게 아픔과 눈물을 독촉한다.

10년의 사랑도 끝나는 건
한순간이다

—

"너에게 우리 사랑은 풍선껌이었니? 이렇게 뻥 하고 터뜨리려고 10년 동안 분 거였어? 그럼 난 뭔데? 네가 터뜨리고 간 풍선껌이 평생 꺼지지 않을 사랑이라고 믿었던 나는 어쩌라고."

혜선 씨가 쓴 일기의 일부다. 그녀는 10년 넘도록 한 남자와 연애했다. "풋풋한 사랑도 그와 했고, 미칠 것 같은 사랑도 그와 했고, 편안한 사랑도 그와 했어요. 그냥 제 20대는 그가 전부였어요." 그 말에서 고스란히 고통이 전달됐다. 오랫동안 연애한 커플이 대부분 그렇듯이 그들 역시 7년이 지나고 8년이 지나면서 만나는 횟수도 줄고 통화 시간도 짧아졌다. 하지만 그녀는 단 한 번도 이별을 상상한 적이 없었다. 고운 정 미운 정 다 들어 버린 그가 이제는 가족보다 더 가까운 자신의 일부처럼 생각됐다. 그렇게 30대가 되었고, 그녀는 결혼의 '결'자도 꺼내지 않는 남자 친구를 두고 전전긍긍하기 시작했다. 한번은 그에게 "우리도 이제 결혼 준비 해야지" 하며 어렵게 이야기를 꺼냈는데 그는 별말이 없었단다. 그 반응에 뾰로통해져 티격태격 싸우고 헤어진 게 마지막이었다. 그는 며칠

동안 휴대전화를 꺼 두고 연락도 않더니 메시지로 짧게 이별을 통보했다. 결혼할 생각이 없으니 그만 헤어지는 게 좋겠다고.

그들은 결국 헤어졌다. 그리고 모태 신앙이던 그녀는 앞으로는 그 누구와도 결혼하지 않을 것이며 오지에 선교를 나서겠다고 결심했다. 그토록 사랑한 남자도 자신을 떠나 버렸는데 어떻게 무서워서 또 다른 남자를 만날 수 있겠냐며, 부질없는 사랑에 목숨 거느니 차라리 오지에서 아이들을 돌보며 사는 편이 더 낫겠다는 생각이었다.

혜선 씨 이야기를 듣는 동안 누가 내 심장에 돌이라도 얹어 둔 것처럼 가슴이 먹먹해지더구나. 10년간의 사랑이 한순간의 이별 통보로 끝나 버렸는데 그 마음이 오죽했을까. 혜선 씨가 그 먼 아프리카로 선교를 나서겠다고 결심한 이유는 사랑이 부재한 현실과 마주할 용기가 없어서였다. 자신을 필요로 하는 누군가에게 모든 것을 던짐으로써 참혹한 현실을 잊고 싶었던 것이다. 그러나 뜨겁게 사랑한 대가로 겪어야 할 아픔이라면 어쩌겠니. 이 또한 지나갈 거라 믿고 견디는 수밖에.

혜선 씨에게 사랑이 그렇듯, 우리 모두는 살아가는 동안 너무도 소중해 마치 내 일부처럼 느껴지는 대상들을 만난다. 거기에는 자녀, 부모, 애인, 친구뿐만 아니라 언젠가는 꼭 이룰 거라고 가슴 깊이 간직해 온 꿈, 오랫동안 준비해 온 시험, 잃고 싶지 않은 젊음과 아름다움 등 절절한 관심을 쏟고 에너지를 많이 투입한 것이라면 모두 포함된다. 그런데 갑자기 그 소중한 대상을 상실하면 마치 생살이 뜯겨 나가는 듯한 고통과 슬픔을 느끼게 된다. 이런 감정을 표현하는 과정이 바로 애도다. 혜선 씨는 지금 그 슬픔의 한가운데에 있는 것이다.

이별의 상처는
어떻게 극복되는가

—

애도 과정에 있는 사람들은 혼란스러운 감정을 한꺼번에 껴안고 있다. 마치 슬픔과 관련된 모든 감정들을 담은 가방 안에 있는 것과 같다. 이런 감정들은 차례차례 일어나기도 하지만 한꺼번에 느껴지기도 하고, 한번 견뎌 냈다고 생각한 것들이 다시 되풀이되기도 한다. 이제 막 성년이 된 딸을 잃은 어느 부인은 몇 년의 애도 과정을 겪고 정상적인 생활로 돌아온 시점에, 다시 극심한 분노가 치밀어 깜짝 놀랐다고 고백하더구나. 이처럼 애도는 계단을 오르듯 차근차근 진행되지 않는다. 그럼에도 불구하고 나도 모르는 사이에 어느 순간 출구를 발견하게 된다.

애도하는 동안 경험하게 되는 대표적인 감정을 몇 개 꼽아 보자면 이렇다. 첫째는 부정이다. 소중한 대상을 상실한 사람은 그 사실을 부정한다. 사랑하는 사람이 이별을 통보했을 때 무슨 소리를 하는 거냐고, 장난하지 말라고 반응하는 게 그것이다. 그렇다고 완

딸에게 보내는 심리학 편지

전히 부정하는 것도 아니다. 뭔가 잘못되어 간다는 것을 알면서도 일단 부정하려 든다. 이것은 무의식적으로 충격을 완화하려는 우리 마음의 전략이다. 이별을 사실로 받아들일 수 있을 때까지 시간을 벌어 주려는 것이다.

둘째는 분노다. 드라마를 보면 환자를 잃은 가족이 의사의 멱살을 잡고 다시 살려 내라며 울고불고하는 장면이 자주 나온다. 또 실연당한 여자는 "어떻게 네가 나한테 이럴 수 있어? 가만 두지 않을 거야" 하며 핏대를 세운다. 모두 상실에 대한 분노 반응이다. 그런데 분노는 애도하는 사람에게 있어 세상과의 연결 고리가 되기도 한다. 깊은 슬픔을 느끼는 와중에 아무런 연결 고리조차 없으면 위험할 수밖에 없다. 그래서 분노를 표현하는 것이 그렇지 않은 것보다 훨씬 낫다고 볼 수 있다.

분노 다음에는 상대에 대한 이상화와 죄책감이 따라온다. '다시 그런 남자를 만날 수 있을까?' 하면서 상대를 추켜세우고 반대로 '내가 못나서 나를 떠난 거야' 하면서 죄책감을 느낀다. 그러고 나면 슬픔이 찾아온다. 고장 난 수도꼭지처럼 눈물을 쏟아 내고 꺼이꺼이 통곡한다. 아픔이 온몸으로 표현된다. 슬픔은 애도의 핵심 과정이다. 슬퍼하지 못하면 억압된 감정들이 우울증이나 화병같이 더 힘든 방식으로 나타날 수 있다.

슬픔을 쏟아 내고 나면 이제 그 소중한 대상을 떠나보낼 수 있게 된다. 너무도 사랑했지만 이제는 떠나갔다는 사실을 인정하고,

그 대상을 다시 내 안으로 받아들인다. 사랑한 만큼 미워했고, 고마운 만큼 섭섭했던 감정들을 모두 인정하고, 그가 나에게 어떤 존재였는지 그리고 나도 몰랐던 나의 내면에는 무엇이 있었는지를 살피고 이해하는 과정이다. 비록 그는 떠났고 사랑은 과거 일이 되었지만, 그 과정에서 또 한 뼘 성장했음을 느끼며 그 없이도 살아가는 법을 배운다.

섣불리 다음 사랑을
시작하지 마라

—

혜선 씨가 그를 떠나보내기까지 얼마나 오랜 시간이 걸릴까. 나는 혜선 씨에게 충분히 슬퍼하라고, 어떤 감정이 들어도 억누르지 말라고 말해 주었다. 또 선교를 가고 싶다면 떠나라고, 그것이 마음이 시키는 일이라면 한번 해 보라고 했다. 애도가 한 사람의 삶에 엄청난 고통을 안겨 주긴 하지만 그것은 정상적인 과정이고, 일정 시간이 지나면 사라진다. 인간에게는 복원력이 있고 고통은 사람을 강하게 만든다.

다만 혜선 씨에게 이별의 아픔이 가시기도 전에 섣불리 다른 사람과 사랑을 시작하는 일은 피하라고 말했다. 과거의 사랑을 제대로 보내지 않으면, 과거의 미해결된 사랑이 새로운 사랑에 나쁜 영향을 미치게 된다. 그럴 때는 아무리 괜찮은 상대라도 이루어지기 어렵고, 그때 입게 될 상처는 과거의 상처에 더해져 걷잡을 수 없이 커질 수 있다.

이별은 사랑이 끝난 기간이기도 하지만 새로운 사랑을 받아들이는 리허설 기간이기도 하다. 그런데 요즘은 현재의 연인과 헤어질 때쯤 새로운 연인과의 만남을 시작하는 사람들을 종종 목격한다. 영화관만 가도 영화가 끝나고 나면 다시 새 영화가 시작되기까지 간격이 있고, 레스토랑을 가도 애피타이저와 메인 메뉴 사이에 간격이 존재한다. 영화와 음식도 '새 주인'을 모시기 위해 시간을 갖는 것처럼 다시는 돌아올 수 없는 사랑에게도 애도의 시간을 줘야 한다. 그래야만 마음에 난 상처가 덧나지 않고, 앞으로 찾아올 사랑을 놓치지 않을 수 있다.

그리고 거꾸로 누군가에게 이별을 고해야 한다면 이별 앞에서 비겁해지지 말자. 과거에 이별의 아픔을 겪었든 안 겪었든, 이별을 말하는 입장에 서게 되면 상대방에게 상처 주기 싫다는 이유로 비겁해지기 쉽다. 연락을 받지 않고 잠적해 버리거나 상대방이 먼저 이별의 말을 내뱉을 때까지 기다리는 것이다. 나름대로는 상대가 버림받는 것이 아니라 자기가 버림받도록 모양새를 갖추며 상대를 배려하는 것이라 하지만 상처가 되기는 마찬가지다. 더 이상 사랑하지 않는 것은 죄가 아니다. 어쩔 수 없는 일이다. 그러니까 헤어지자는 말이 힘들고 어렵더라도 헤어질 때는 제대로 이별을 고해야 한다. 왜 헤어졌는지도 모르는 채 이별을 당한 사람은 애도의 과정도 그만큼 힘들고 더디다. 최악의 경우 사랑을 영영 못 하는 사례도 봤다. 그러니 힘들더라도 헤어지고 싶을 때는 용기를 내어 제대로 이별을 말해야 한다.

이별을 'Good bye'라고 한다. 굿바이! 쉬운 말이지만 이보다 실천하기 힘든 말이 또 있을까. 그러나 아픈 사랑일수록 잘 떠나보내야 한다. 떠나보낸다는 것은 상실과 분노의 감정을 잘게 부수어 흘려보낸다는 뜻이다. 행복이 있으면 불행이 있고, 통증이 있으면 성장이 있는 이치를 아는 것이다. 사랑이 있으면 이별도 따라올 수밖에 없음을 인정하고 사랑에는 고통이 따르기 마련이지만, 그럼에도 사랑을 홀대하거나 회피하지 않고, 더 넉넉하게 품을 줄 아는 사람이 되는 것이다.

비록 지금은 이별의 슬픔 그 한가운데 있는 사람들도 언젠가 새로운 사랑을 맞이하게 될 것이다. 그러니 이별 후에 우는 자신을 부끄러워하지 말자. 슬픔은 타인을 자신보다 사랑해 본 사람만이 누릴 수 있는 특권이다. 비록 잠 못 자고, 밥 못 먹고, 눈물샘이 마르지 않을지라도 사랑을 포기하지는 말 일이다.

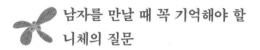 남자를 만날 때 꼭 기억해야 할
니체의 질문

"엄마, 나 결혼하기로 한 거 정말 잘한 걸까? 나중에 후회하면
어떡하지?"

"그럼 결혼하지 마라."

"엄마는 참, 그게 딸한테 할 소리야? 물어본 내가 잘못이지."

너는 나를 원망하듯 쳐다봤지만 네가 진짜로 결혼을 안 할 게
아니라는 걸 알고 있었기에 나는 걱정하지 않았다. 그저 빙그레 웃
을 뿐이었지. 내가 젊었을 적만 해도 여자는 20대 중반이면 결혼을
해서 아이를 낳고 살림을 도맡아 하는 게 보통이었다. 현모양처가
꿈이라는 말이 이상하지 않던 시절이었지. 그때는 누구나 하는 결
혼이기에 사람들도 별다른 생각 없이 결혼을 했다. 그러던 것이 요

즘은 결혼이 여러 선택지 가운데 하나가 되었구나. 그래서 결혼을 하거나 하지 않는 이유도, 결혼을 한다면 그 방식과 사는 모습도 다양해졌다. 그만큼 결혼이라는 것에 대해 각자 구체적인 그림을 그리고 있다는 의미겠지.

그런 세상에 결혼에 대해 운운하는 것이 무슨 필요가 있을까만은, 이상하게도 부부 문제로 병원을 찾는 사람들의 숫자는 점점 늘어나고 있다. 나이 든 부부만이 아니다. 오히려 젊은 부부들의 발길이 늘었다. 그들은 결혼에 무엇을 바랐고, 무엇에 실망했기에 나를 찾아왔을까? 지금까지 정신과의사로 많은 부부들을 상담해 오면서 안타까운 사례를 많이 봤기에 결혼을 결심한 사람들이 염두에 두었으면 하는 이야기를 해 볼까 한다.

결혼은 인생의
도피처가 될 수 없다
—

지선 씨는 스물아홉에 결혼했는데 서른다섯 살인 현재 이혼을 생각하고 있다. 남편이 바람을 피운 것도 아니건만, 남부럽지 않은 월급을 꼬박꼬박 가져다주니까 같이 살고 있을 뿐이라는 그녀는 마치 물기가 바싹 마른 원목 같았다. 겉으로는 값비싼 목재로 보이지만 너무 건조한 나머지 나뭇결이 죽어 버린.

"권위적이고 강압적인 아빠에게서 벗어나는 게 평생소원이었어요. 그래서 남편을 만나자마자 결혼을 결심했죠. 그런데 지금은 남편에게서 벗어나고 싶어요. 남편도, 시댁도 다 싫어요."

지선 씨에게 결혼은 아버지에게서 벗어날 수 있는 유일한 도피처였다. 불행한 인생을 단번에 바꿀 수 있는 절호의 기회라고 생각했다. 하지만 결혼 후 부딪친 현실은 달랐다. 남편은 딱딱하고 사무적인 사람이었다. 집안에서도 마치 회사 일을 하는 사람 같았다. 그녀는 남편에게 차마 속 얘기를 털어놓을 수가 없었다.

지선 씨가 바라는 행복은 그저 남편과 가끔 산책하고, 다정하게 대화를 나누고, 한 달에 한 번 정도 둘이서 외식을 하는 것이었다. 누가 봐도 큰 것을 바라는 게 아니니까, 지극히 소박한 소원이니까, 당연히 그 소원이 이루어질 줄 알았다. 그런데 남편과 함께 밥을 먹을 때도 마치 직장 상사와 있는 기분이니 긴장되기만 했다. 경제적으로는 남부러울 게 없는 결혼이었지만 정작 그녀의 결혼 생활에 행복을 담보할 콘텐츠는 어디에도 없었다. 예쁜 공원이 있는 값비싼 아파트에 산다고 해서 그 공원을 산책하는 기회가 저절로 생기는 것이 아니다. 아파트는 물리적인 조건일 뿐, 아내와 산책하는 남편은 또 다른 문제였던 것이다.

사실 지선 씨는 남편이라는 지붕 밑에서 비를 피하고 싶었을 따름이다. 그러나 세상의 모든 지붕은 조금씩 누수가 있다. 바람은 막아도 비는 막지 못하는 지붕이 있고, 비바람은 막아도 폭염을 막지 못하는 지붕이 있다. 지선 씨처럼 지붕 밑에서 편하게 쉴 것만

기대하고 결혼을 하는 것은 세상에 존재하지 않는 보석을 캐는 일과 같다.

경제적으로도 든든하고 정서적으로도 돈독한 남자와 미래를 꾸려 간다면 얼마나 좋을까. 그런데 경제적인 문제에 대해서는 꼼꼼히 따지면서도 정서적인 부분은 안일하게 생각하는 경향이 있다. 그저 마음 맞는 사람과 만나면 자연히 행복해지겠거니, 나를 사랑해 주는 남자라면 당연히 잘해 주겠거니 여기는 것이다. 그렇다면 욕심도 한 단계 낮추면 좋으련만 결혼 후 더 이상 따뜻하고 다정하지 않은 남자 때문에 속을 끓인다. 공주처럼 모시고 살겠다는 말을 다 믿은 건 아니었지만 내가 사랑한 그 사람이 맞나 싶을 정도로 변해 가는 남자에게 실망해 화가 나는 것이다. 그렇게 마음속 응어리가 쌓이기 시작하면 어느 순간 돌이킬 수 없는 지경에 이르기도 한다.

그러나 남녀 간에 정서적인 부분도 경제적인 문제만큼이나 시간과 노력을 필요로 한다. 연애 초기 뜨거웠던 사랑이 식어 가는 자리를 부부 둘만의 재미와 의미로 채워 나가야 하는 것이다. 문제는 그 콘텐츠를 아무도 알려 주지 않는다는 데 있다. 오히려 돈 문제라면 얼마가 부족하다는 식으로 정확히 계산이 떨어진다. 그러나 부부 사이의 정서적 콘텐츠는 오직 두 사람만이 지지고 볶으며 쌓아 나갈 수밖에 없다.

사실 사람들이 아무리 결혼해서 살아가려면 돈이 제일 중요하

다고 해도, 마음속으로는 끈끈한 애정으로 결합된 관계를 원한다
는 걸 나는 안다. 오히려 결혼 문제라면 옛날 사람들이 더 심플했
는지도 모른다. 옛날에는 집안 어른들이 정해 주는 남자와 얼굴도
모르는 채 신접살림을 차려야 했으니까. 하지만 오늘날 사람들은
가정을 단순한 경제 공동체가 아닌 사랑과 우애로 맺어진 행복의
공동체로 생각한다. 그렇다면 달라진 사고만큼 더 노력을 기울여
야 한다. 경제 문제로 머리를 굴리는 만큼, 사랑도 가꾸고 보살펴
야 한다.

치열하게 싸울 수 없다면
결혼하지 마라

—

　30여 년 동안 서로 다른 삶을 살아온 남녀가 함께 산다는 게 쉬
운 일은 아니다. 사소한 습관부터 내면의 상처, 콤플렉스까지 대면
해야 하는 일이 부지기수다. 그러다 보니 어렵고 힘들 때도 있지만
둘 사이에 생기는 문제를 회피하지 않고 해결해 보려는 노력이 모
여 그들만의 콘텐츠가 된다는 건 확실하다. 그래서 결혼을 앞둔 사
람들에게 나는 딱 3일만 스스로에게 질문을 해 보라고 말한다.
　첫째 날에는 "이 남자와 대화가 되는가?"
　둘째 날에도 "이 남자와 대화가 되는가?"
　셋째 날에도 "이 남자와 대화가 되는가?"

철학자 니체는 "결혼할 때 자신에게 질문을 던져라. 다 늙어서도 그와 대화를 잘할 수 있겠는가? 결혼에서 그 외의 것들은 다 일시적인 것들이다"라고 말했다. 결혼 생활은 연애와 다르다. 연애가 하늘의 별도 달도 다 따 주고 싶은 달콤한 관계라면 결혼은 매일같이 해결해야 할 게 많은 파트너 관계다. 결혼하는 순간 시가와 처가 문제, 자녀 계획, 교육 문제, 돈 관리, 가사 분담, 음주 습관, 하다못해 양말을 벗어 놓는 요령과 변기 사용 후 물을 내리지 않는 습관까지, 연인 관계에서는 생각지도 못했던 일상의 수많은 문제에 직면하기 때문이다.

그러다 보니 결혼 초반엔 부부 싸움이 밥 먹는 횟수만큼 잦아지기 마련이다. 엄마도 그랬다. 20대 후반에 같은 학교 동창이던 너희 아빠를 만나 후딱 결혼이란 걸 해 버렸으니 오죽했을까. 그런데 정말 다행인 건 네 아빠나 나나 싸움을 피하지 않았다는 것이다. 싸우지 않기 위해 노력한 게 아니라 잘 싸우기 위해 애쓰다 보니 어느 순간 그런 생각이 들더구나. 내가 참 괜찮은 남자랑 살고 있다는. 왜냐하면 무조건 아내 말을 따르거나 싸움 그 자체를 회피하는 남자는 아내에게 짐만 안겨 줄 수 있기 때문이다. 반대로 문제와 상관없이 벌컥 화부터 내는 사람은 아내에게 상처만 줄 수 있다. 커뮤니케이션 전문가 더글러스 스톤은 《대화의 심리학》이라는 책에서 "흔히 감정적으로 되는 것과 감정을 분명하게 표현하는 것을 혼동하는데 그것은 서로 다르다. 감정적으로 되지 않고도 감정을 잘 표

딸에게 보내는 심리학 편지

현할 수 있는가 하면, 아무것도 표현하지 못하면서 극도로 감정적이 될 수도 있다"고 말했다. 대화가 되는 남자는 자신의 감정을 잘 표현하면서, 아내의 감정을 이해해 보려 하는 사람이다.

그러니 '아, 결혼이란 게 미친 듯이 싸울 수밖에 없는 거라면 나랑 잘 싸울 수 있는 남자를 선택하자'로 마음을 바꿔 보면 어떨까. 건강하게 싸울 수 있는 것도 능력이다. 미국의 작가 헬렌 롤런드는 "결혼 전에 남자는 당신을 섬기기 위해 목숨까지 내놓겠다고 선언한다. 그러나 결혼 후 그는 당신과 얘기하기 위해 신문조차 내려놓지 않는다"라고 했다. 그래서 나는 너와 싸우기 위해 신문과 리모컨을 내려놓을 수 있는 남자와 결혼했으면 했다. 치열하게 싸우는 것이야말로 부부가 한 방향을 보고 나아가기 위해 꼭 필요한 일이니까. 다행히 너는 그런 남자를 만난 것 같아 마음이 놓이는구나.

딸아, 그럼에도 부부 싸움을 처음 하는 날은 많이 외로울지도 모르겠다. 세상에 사랑하는 두 사람이 함께 사는 일만큼 천국과 지옥, 희극과 비극을 오가는 드라마가 어디 있으랴. 사람들이 도를 닦기 위해 이곳저곳 뛰어다니지만, 결혼만큼 마음을 넓고 깊게 만드는 수련장도 없다는 생각이 든다. 그러니 부부 싸움을 하고 나서 외로운 날에는 용감하게 그 수련의 세계에 뛰어들었다고 생각하렴. 그리고 더 노력해라. 다시금 남편과 잘 싸우기 위해서 말이다.

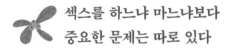
섹스를 하느냐 마느냐보다
중요한 문제는 따로 있다

딸과 섹스에 대한 이야기를 나눈다는 것. 세상이 많이 자유롭고 개방적인 분위기로 바뀌었다고는 하지만 성에 대해 솔직하게 이야기를 나누는 모녀가 아직도 많지는 않을 것 같구나. 그래도 진료실에서 섹스 때문에 고민하는 여러 여성들을 만나면서, 섹스란 누구나 꼭 생각해 봐야 할 문제라는 걸 새삼 깨달았다. 그래서 오늘은 네게 그 이야기를 해 보려고 한다.

요즘 20대 여성들은 섹스에 대한 고민을 망설임 없이 털어놓기도 하는데, 그들은 내게 곧잘 묻는다. "지금 연애 중인데 잠자리는 언제쯤 갖는 게 좋을까요?" 그럴 때 내 대답은 하나다. "몸과 마음이 준비됐을 때요." 동시에 섹스에 대한 정의를 가질 것도 주문한다. 우리나라에서도 인기가 많았던 미국 드라마 〈섹스 앤 더 시티〉만 봐도, 네 명의 주인공들은 섹스에 대해 각기 다른 정의를 내리고 있다. 샬롯은 남편과 떨어져 있기로 한 캐리에게 "어떻게 떨어져지내? 결혼은 매일 잠자리를 해야 하는 거야"라고 조언한다. 그녀에게 섹스는 부부관계를 유지시켜 주는, 둘만의 우주에서 치러지는 월식이다. 반대로 개방적인 사만다는 "여자가 남자를 통제할 수있는 최고의 공간은 침대야"라고 한다. 그녀에게 섹스는 자신의 독립성을 확고하게 해 주는 활동인 셈이다. 이렇게 샬롯의 사랑이 있고, 사만다의 사랑이 있는 것처럼 우리도 나름대로 사랑과 섹스에 대한 정의를 세워 둘 필요가 있다.

조르는 남자, 확신이 안 서는 여자

—

친밀함과 섹스는 서로 필요충분조건일까 아니면 별개의 것일까? 어떤 사람들은 사랑하는 사람하고만 섹스를 나눌 수 있다고 이야기한다. 사랑이 먼저고 섹스는 나중이어야 한다는 것이다. 반면 어떤 사람들은 사랑과 섹스는 별개라고 한다. 사랑하지 않더라도 충분히 섹스를 할 수 있다고 생각한다. 그런데 보통 성관계를 주도하는 쪽은 남자인 경우가 많다. 이 과정에서 남자들은 자연스럽게 성에 대해 주체성을 갖게 되지만 여자들은 남자의 제안을 받고 결정하는 입장이다 보니 수동적이 되어 주체성을 갖는 데 시간이 걸린다. 그래서 여자일수록 섹스에 대한 생각을 정리하는 시간을 가지는 게 좋다.

어떠한 가치나 행위에 대해 정의를 내린다는 건 주체성을 확보한다는 뜻이다. 특히 성에 대한 정의를 갖게 되면 관련한 문제를 겪게 될 때 도움이 된다. 마치 사랑을 지키는 신호등이라고 할까. 빨간 신호일 때는 상대방이 원해도 정지하고, 초록일 때는 사랑을 나누고, 주황일 때는 다음 신호로 바뀌기 전까지 기다리기로 하는 것이다. 만약 이처럼 기준을 세워 두지 않으면 나중에 섹스와 관련해 불필요한 자책감이나 불안함에 시달리기 쉽다.

윤아 씨도 섹스에 대한 정의가 필요한 여성이었다. 스물여섯 살의 그녀는 최근 고민에 빠졌다. 사촌 언니의 소개로 연구원으로 일하는 남자를 만나게 되었는데, 성격이 강한 느낌은 있지만 남자다워 보였고 훤칠한 키가 마음에 들었다. 사귄 지 두 달 정도 되었을까. 지금 그녀는 고민의 시간을 보내고 있다.

윤아 씨는 아직 확신이 들지 않는데 남자 친구는 적극적으로 애정 공세를 퍼부었다. 그녀는 성 경험이 없으며, 결혼할 사람이 아니면 관계를 갖지 않겠다는 신념이 있다. 그런데 남자 친구는 그녀에게 "넌 마치 학생처럼 군다", "내가 무슨 치한이라도 되냐?"며 면박을 주었고 급기야 "너는 나를 사랑하는 게 아니다"라는 말까지 하더란다.

그와의 성관계를 거부하는 것이 그를 사랑하지 않아서가 아닌데 남자 친구는 막무가내였다. 그렇다고 잠자리를 할 생각은 없다. 그를 사랑하지 않아서가 아니라 제대로 사랑을 하기 위해서다. 그럼 윤아 씨는 이 문제에 어떻게 대처해야 할까?

아직도 많은 여자들이 윤아 씨처럼 "너무 빨리 다가오는 남자를 어떻게 하면 좋을까요?"라는 고민을 토로한다. 이에 대한 각자의 답을 내리기 위해서는 생물학적으로 다를 수밖에 없는 남녀의 성 지각에 대해 먼저 알아야 한다.

여자가 섹스를
한다는 것의 의미

—

미국의 신경정신과의사인 루안 브리젠딘의 책 《여자의 뇌, 여자의 발견》에 따르면 성 충동과 관련된 뇌 공간을 비교했을 때 남자의 뇌 공간이 여자에 비해 2.5배나 크다고 한다. 남녀가 대화하는 상황에서 남자와 여자의 뇌를 스캔하면 재미있는 결과가 나온다. 남자의 뇌에선 쾌감과 보상을 관장하는 측좌핵nucleus accumbens이 자극되는 반면, 여자의 뇌에서는 미동도 감지되지 않는다. 이것은 남자는 대화조차 잠재적인 성적 접촉으로 인식하는 반면 여자는 대화로만 인식하고 있음을 나타낸다. 하물며 사랑하는 여자가 앞에 있다면 남자의 측좌핵이 더 강하게 활동할 것은 자명하다. 그렇다고 남자들의 무분별한 성 충동을 '생물학'이란 이름으로 모두 면죄부를 주어서는 안 된다. 윤아 씨 남자 친구가 문제가 되는 것은 일방적으로 섹스를 하자고 우기고만 있지, 사랑하는 여자가 가진 생각을 존중하지 못하고 있기 때문이다.

여자는 사랑에 빠졌다고 말하기까지 남자보다 오랜 시간이 필요하다. 성관계는 더욱 조심스럽다. 왜냐하면 아주 오래 전 태고 때부터 여자들에게 섹스란 출산과 육아와 연결되는, 즉 가정이라는 보금자리를 만들고 지키는 일과 직결되었기 때문이다. 그래서 여자들은 섹스 그 자체만큼이나 상대방이 변하지 않고 함께 가정을 꾸릴 만한 사람인지에도 관심이 깊다. 더군다나 윤아 씨는 결혼할 남자가 아니면 성관계를 맺고 싶지 않다는 개인적인 신념을 가지고 있다. 만약 이것이 지켜지지 않으면 그녀는 불필요한 자책감으로 힘들어할 수도 있다. 그러므로 섹스를 허용하지 않는 건 나를 사랑하지 않기 때문이라는 남자 친구의 말은 무시해도 좋다. 섹스에 대한 자기 철학을 지켜 나가는 게 훨씬 중요하다는 뜻이다.

마음을 여는 게
섹스보다 더 어렵다면

—

윤아 씨가 관계를 갖고 싶지 않아 고민하는 경우라면 민주 씨는 반대의 경우다. 너무 쉽게 섹스를 허용하는 자신에게 자괴감이

들었다. 그녀는 알몸을 보이는 일보다 자신의 심리적 속살을 드러내는 것이 더 힘들다고 한다. 누군가와 가까워져 자신의 솔직한 내면이 드러나면 상대가 그 모습에 실망해 떠나 버릴 것 같아 그 불안감을 불식시키는 방법으로 때 이른 섹스를 하게 된다고 한다.

"제가 백일하에 드러나는 것이 두려워요. 누군가 나를 깊이 알면 무너질 것 같아요."

섹스는 단지 성행위만이 아니다. 섹스는 소통의 방편이자 관계의 방식이기도 하다. 그런데 어떤 사람들은 민주 씨처럼 보살핌과 사랑을 받고픈 구강기적 욕망을 성적 욕망과 동일시한다. 상대를 잡아 두기 위한 수단으로 성행위에 몰입하거나 정서적 허기와 의존 욕구를 채우려 성에 굴복하는 것이다. 그들은 섹스에 매몰되어 있는 듯 보이지만 사실은 사랑하는 사람과의 친밀한 관계에 집착한다. 하지만 번번이 그에 실패해 고통스러워한다.

그런데 진료실에서 만난 사랑 때문에 아파하는 여성들에게는 한 가지 공통점이 있다. 상처의 출처를 쫓다 보면 그녀들의 어머니와 만나게 된다는 점이다. 섹스도 마찬가지다. 섹스를 혐오하거나 또는 그 반대인 경우를 보면 어머니와의 관계에서 생긴 상처가 원인이 된 사례가 많았다. 민주 씨도 마찬가지였다. 그녀는 어린 시절에 감정 기복이 심한 어머니의 눈치를 봐야 했고, 잦은 욕설과 체벌을 당했다고 한다. 그로 인해 그녀에게는 타인과 가까워지는 데 대한 내재적 공포가 생겼다.

딸에게 보내는 심리학 편지

섹스는 거리낌 없이 나누면서도 사랑은 제대로 시작하지도 못하는 심리적 장벽은 관계 불능의 문제에서 온다. 아이는 자신을 보살펴 주는 대상, 대개는 엄마인데, 그 대상과의 심리적 상호작용을 기반으로 사랑의 모형을 짓고, 어른이 되어서는 그 모형에 따라 인간관계를 만든다. 이때 엄마로부터 믿음직한 반응을 경험한 아이는 안정적인 애착 유형을 갖는다. 반면 그렇지 못한 아이는 불안정하거나 회피적인 방식의 애착 행동을 보이게 된다.

민주 씨 마음 깊은 곳에는 어머니 기분을 살펴야 하는, 불안에 떠는 아이가 있었다. 몸은 엄마에게 대응할 수 있을 만큼 성장했지만 마음속 아이는 여전히 떨고 있었다. 그런 민주 씨를 대할 때마다 참으로 안타까웠다.

**나를 타인이 욕망하는
대상으로 두지 마라**

—

프랑스의 소설가 파스칼 레네가 얀 베르메르의 그림에서 제목을 따서 쓴 《레이스 뜨는 여자》라는 소설을 아는지. 여주인공 뽐므는 프랑수아라는 남자와 사랑에 빠져 동거까지 하지만 둘은 신분 격차와 소통의 문제로 헤어지게 된다. 소설에는 그들이 사랑을 나누는 장면이 나오는데 '그녀는 밤마다 그러기라도 하는 사람처럼 서두르지 않고 스스로 옷을 벗었다'라고 적고 있다. 침대에서 스스로 옷을 벗는 뽐므. 그녀를 당돌하다고 말하는 사람도 있겠지만 나는 뽐므에게서 민주 씨의 마음속에 사는 아이를 보았다.

연인 앞에서, 그것도 첫 경험에서 스스로 옷을 벗는 여자의 심리는 뭘까? 그건 성인인 뽐므가 아니라 내면의 불안한 아이가 시킨 건 아니었을까? 소설에서 뽐므의 어머니 역시 남자의 뜻대로 몸을 내주는 여성으로 나온다. 뽐므는 그런 어머니에게 아무런 반항도 하지 못한다. 태어나서 한 번도 "나는 누군가로부터 무한한 사랑을 받을 만한 사람이야"라는 감정을 느껴 본 적이 없는 뽐므. 그래서 그녀는 사랑받을 수 있는 기회가 왔음에도 자신을 타인이 욕망하는 대상으로밖에 둘 수 없었다.

뽐므와 같은 유형은 우리 주변에도 많다. 민주 씨만 해도 그렇다. 그녀를 따뜻하게 안아 준 사람이 있었다면 그녀도 섹스보다 대화를 먼저 하지 않았을까. 남자가 그녀의 몸만이 아닌 그녀의 취미, 친구, 학창 시절, 서랍 속의 추억에도 관심이 있다는 걸 알았다면 과연 어땠을까.

나는 민주 씨에게 하루에 한 편씩 자신에게 칭찬 일기를 쓸 것을 권했다. 가령 좋은 물건을 저렴한 가격에 산 자신을 칭찬할 수 있고, 남자 친구가 보내 준 문자에 행복했다면 그것도 사랑받는 여자만이 느낄 수 있는 행복이니 일기의 주제가 된다. 그렇게 남이 아니라 자신을 먼저 배려하고 자신의 삶을 보고, 듣고, 만지는 습관을 들인다면 자존감도 조금은 높아질 수 있을 테니까.

자신을 긍정적으로 바라보고 존중할 줄 아는 사람일수록 타인과 관계를 맺는 능력도 안정적이다. 자신에게 찾아온 사랑이 불완전해도 그 자체만으로도 기뻐하고 반긴다. 자신을 믿듯 사랑도 믿기 때문이다. 그러므로 섹스를 하느냐 마느냐보다 더 중요한 것은 스스로를 아끼고 사랑할 줄 아는가 하는 점이다. 그런 다음에는 섹스에 대한 자기 철학을 세울 수 있어야 한다. 그래야 사랑하는 사람과 섹스를 제대로 나눌 수 있고, 더 나아가 사랑을 가꾸어 가는 것에 대해 더 이상 수동적이지 않을 수 있다.

의무감 때문에 하는 섹스, 남자가 원하니까 어쩔 수 없이 하는 섹스라면 차라리 하지 않는 게 좋다. 자신을 누군가를 위한 대상으로 두어선 안 된다. 어떤 경우든 자기 자신이 기꺼이 원해서 기쁘게 하는 섹스여야 한다. 그것이 섹스 때문에 고민하는 모든 딸들에게 해 주고 싶은 말이다.

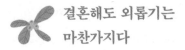

결혼해도 외롭기는
마찬가지다

딸아, 돌이켜 보면 내게는 뚜렷한 결혼관이 없었던 것 같다. 이런 조건, 저런 조건 따질 줄도 몰랐고, 결혼 후 여자들이 맞닥뜨려야 할 압박에 대해서도 정말 문외한이었지. 사랑하는 사람을 만나 자연스레 이어지는 게 결혼이라는 지극히 순진하고 낭만적인 생각을 했던 것 같다. 그에 비하면 요즘 젊은 여성들은 참 똑똑하다. 얼마 전 나를 찾아온 한 환자가 똑 부러지는 목소리로 그랬다. "여자는 결혼하면 끝이잖아요! 남편에, 시댁에, 아이까지. 저는 희생하며 살고 싶지 않아요."

마치 결혼을 해 본 사람처럼 말하는 그녀를 보면서 드는 생각. 결혼이라는 어마어마한 백과사전을 왜 그녀는 몇 단락만 읽고 그게 다라고 생각하는 걸까? 결혼한 지 30년이 넘은 나도 아직 60대의 결혼, 70대의 결혼에 대해선 다 읽지 못했는데 말이다.

**결혼이란 건
도대체 무엇일까?**

—

지금 내가 네게 할 수 있는 얘기는 계절에도 봄, 여름, 가을, 겨울이 있듯 결혼에도 춘하추동이 있다는 사실이다. 20대에게 결혼이란 함께 있고 싶음이다. 30~40대에게 결혼은 생산의 개념이다. 아이를 낳고, 집을 마련하고, 재산을 쌓아 나가는 시기다. 50~60대에게 결혼은 한 지붕 아래 두 살림이다. 둘이서 하나로 살았으니, 이제는 다시 나로 돌아가고 싶은 마음이 든다. 각자의 영역을 존중하면서 둘 사이의 심리적 거리를 유지하고 싶어지는 것이다. 70~80대에게 결혼 생활은 죽음에 대해 생각하고 준비를 해 나가는 과정이다. 그때 배우자는 그 누구도 대신해 줄 수 없는 웰다잉의 파트너로서 존재한다. "내가 먼저 가면 이 사람 어떡하나?" 하고 생각하게 되는 것이다. 결국 결혼은 20대의 사랑, 30대의 출산, 40대의 생산, 50~60대 자아로의 환원, 70~80대의 죽음 등 한 인간이 세상에 태어나 익혀야 할 과목을 알려 주는 인생 수업과 같다.

결혼은 한 남자와 한 여자를 법적으로, 인습적으로 묶어 준다. 결혼으로 인해 두 사람은 위험한 세상을 헤쳐 나갈 든든한 한 팀이자 사회의 기본 단위로 다시 태어난다. 그래서 나는 결혼을 사회학적인 의미의 '금고'라고 생각한다. 100세까지 살아야 하는 인생에서 울타리 같은 역할을 해 주는 것이다. 친정 부모님이 세상을 떠난 뒤에도 가족으로 남아 주는 남편, 내 길을 뒤에서 지켜봐 줄 자식이 있다는 사실은 언제나 든든한 삶의 버팀목이 되어 주니까 말이다. 나 역시 너라는 딸이 있어서 얼마나 행복하고 마음이 놓였는지 모른다.

그럼에도 요즘은 많은 여성들이 결혼을 꼭 해야만 하는 과정으로 생각하지 않는다. 결혼 하나를 얻기 위해 포기해야 할 것들이 너무도 많기 때문이다. 스티븐슨은 "결혼을 미루는 인간은 전장에서 도망가는 병사와 같다"고 했다. 이 말은 역설적이게도, 결혼은 곧 전쟁만큼 힘든 일임을 알려 주고 있다. 오죽하면 한 토크쇼에서 중년 배우가 "결혼은 서른 명과 동시에 하는 거예요"라고 했을까. 신랑만이 아니라 그의 부모, 친지, 친구, 동료들도 같이 식장에 들어가는 것, 그게 바로 결혼이다. 그만큼 결혼을 하게 되면 많은 관계들이 파생된다. 특히 요즘처럼 핵가족에서 자라 관계망이 넓지 않은 환경에 익숙한 여성들이 그에 적응하기란 쉽지 않다. 결혼 전에는 자기 몸 하나 건사하기도 바빴는데, 결혼과 동시에 친가는 물론 남편 쪽 사촌까지 챙겨야 하니 스트레스를 받을 수밖에. 그래서 나는 그러한 것을 원치 않는, 심리적 경제적 사회적으로 독립적인 여자들에게는 굳이 결혼을 권하지 않는다. 물론 결혼이 주는 여러 가지 부담에도 불구하고 한 사람과 평생 함께하겠다고 결심한다면 또 말릴 생각은 없다. 후회를 하더라도 뭐든 해 보는 게 더 나은 법이니까.

최고의 배우자감 vs. 최악의 배우자감

—

어떤 사람을 만나느냐에 따라 인생이 좌우된다고 한다면, 그 첫째는 부모이고 그다음으로 중요한 사람은 배우자다. 이때 부모는 개인의 의지로 선택할 수 없지만 배우자는 개인의 의지로 선택 가능하다. 그런데 처음부터 완벽한 아내, 품격 있는 남편이 될 수는 없다. 누구나 원석을 골라내 보석으로 만드는 공정이 필요한데, 좋은 원석을 찾아내는 일부터 만만치가 않구나.

보통은 경제적인 조건이 뛰어난 사람과의 결혼을 두고 "결혼을 잘했다"고 한다. 하지만 사실 돈으로 해결할 수 있는 건 심플하다. 우리 인생에서 돈으로 해결되는 고통은 고통이 아닐 수도 있다. 둘의 관계가 좋으면 가난은 점차 극복해 나갈 수도 있지만 돈으로도 부부애는 채울 수 없기 때문이다. 우리는 대부분 돈으로 해결할 수 없는 고통에 무너진다. 결혼 생활도 마찬가지다. 부부 관계가 건강하면 가변적인 속성에 덜 휘둘린다. 그런 의미에서 보자면 최고의 배우자감은 돈이 있거나 없거나, 지위가 있거나 없거나, 건강하거나 아프거나 늘 함께할 수 있는 사람이다.

간혹 배우자 될 사람이 학벌, 재력 같은 능력이 뛰어나면 성격적으로 결함이 있어도 "결혼하면 없어지겠지", "시간이 지나면 사라지겠지", "애를 낳으면 괜찮아질 거야" 하며 용인해서는 안 될 결함을 덮으려 든다. 그러나 이는 매우 위험한 생각이구나. 당장 나부터 젓가락질 하나 고치기도 힘든데 어떻게 30여 년 동안 차곡차곡 굳은 타인의 사고방식을 바꿀 수 있겠니.

이혼하고 다시 싱글이 된 남녀를 대상으로 벌인 어느 설문 조사에서 '선 배우자에게 가장 실망한 점이 무엇인가?'라는 질문에 '노력하는 모습을 보이지 않을 때'라는 답이 1위를 차지했다. 결혼이란 서로 함께하는 시간 속에서 상대에게 멋진 보석이 되고자 노력해 나가는 과정이다. 그러므로 당장은 빛나지 않더라도 내게 헌신할 줄 아는 사람, 평생 내 곁에 있어 줄 것 같은 믿음을 주는 사람이라면 훌륭한 배우자감이다. 그런 사람만이 훗날 배우자를 진정한 보석으로 만들어 준다.

여자들에게 인기가 많고 그것을 즐기는 남자는 매력적일지 몰라도 남편감으로는 최악이다. 자신이 유부남이어도 여전히 꽃을 유인할 수 있다는 걸 본능적으로 아는 남자도 위험하다. 자기 아내를 한순간에 잡초로 만들기 때문이다.

딸에게 보내는 심리학 편지

딸아, 살아 보니 재미있는 게 나이에 따라 같은 사람도 달리 보인다는 거다. 20대 때 좋아했던 남편의 모습이 40대에 들어서는 오히려 유치해 보이고, 20대 때는 눈에 들어오지도 않던 수더분한 점이 40대에 오히려 매력적으로 보이기도 한다.

중매로 남편을 만나 결혼한 여자가 있었는데, 그녀는 나에게 남편이 너무 애 같아서 힘들었다고 했다. 들어 보니 남편은 가정적이고 능력도 있는 편이었지만 집안의 대소사나 시가와의 갈등에서는 허수아비나 다름없었다. 특히 남편은 음식 타박이 심했는데 그녀는 쉰이 되어서야 그것을 받아들이게 되었다. "남편이 입이 짧은 편이에요. 시어머니께서 혼자 2남 2녀를 키우셨는데, 저희 남편은 사랑을 잘 못 받고 자랐어요. 그이가 유일하게 투정 부린 곳이 밥상이었던 것 같아요. 그 버릇이 여지껏 남아 있는 셈인 거죠." 남편의 가정환경을 이해하면서 '그럴 수밖에 없었구나' 하고 수용하니 유치해 보였던 남편의 행동도 더 이상 밉지가 않더라는 것이다.

반면 30대 초반인 서진 씨는 이혼을 결심했다. 밖에서 노는 걸 좋아하는 남편과의 불화 때문이다. 활발하게 사회생활을 하던 서진 씨는 남편의 요구에 다니던 직장을 그만두고 살림과 육아에 전념했다. 그런데 정작 남편은 사람들과 어울리길 너무 좋아하는 성격이어서 잦은 모임에, 술자리에 집에 일찍 들어오는 날이 손에 꼽을 정도였다. 서진 씨는 그런 남편에게 점점 지쳐 갔다. "저만 노력하는 것 같아요. 남편은 말로만 잘하겠다고 하고, 일주일에 3일은 새벽에 들어와요. 그이와 사는 3년 내내 외로웠어요. 결혼을 하고도 이렇게 외로울 바엔 이혼을 하는 게 맞죠. 이젠 남편에게 어떤 기대도 안 해요. 성격 차이로 이혼한 부부들 보면 이해가 안 됐는데 제가 딱 그 짝이네요."

나는 가정법원 가사조정위원으로 활동하면서 이혼을 결심한 부부들과 자주 마주했다. 부부마다 표면적으로 드러나는 이혼 사유는 달라도 결국 그들이 갈라서는 이유는 '그럼에도 이 사람과 함께 노력해서 여생을 보내야겠다'는 믿음이 흔들리기 때문이다. 서진 씨의 경우 남편이 너무한다는 생각이 들긴 했지만 그녀 역시 놓치고 있는 사실이 있었다. 결혼을 해도 외롭기는 마찬가지라는 사실이다.

흔히들 결혼하면 둘이 되는 거니까 외로울 일이 없을 거라고 생각한다. 그래서 막상 부부싸움을 해서 말을 안 하거나, 서로 바빠서 대화다운 대화를 나눈 지 꽤 오래되어 문득 외로움을 느끼게 되면, 그것을 잘 견디지 못한다. 싱글도 아닌데 외롭다는 사실을 받아들이기가 쉽지 않은 것이다. 어떤 사람들은 배우자를 원망하기도 하는데 결혼 후에도 내가 나인 게 변하지 않는 것처럼, 결혼을 했다고 해서 외로움이 사라지는 것은 아니다. 어쩌면 사랑하는 남편과

딸에게 보내는 심리학 편지

함께하는데도 피할 수 없는 외로움이라 더 아플 수 있다. 이때의 외로움은 젊을 때 즐기는 몽상적 고독이 아니다. 죽음을 눈앞에 둔 90세 할머니의 존재론적 고독과도 같다. 그럼에도 우리는 결혼 후 찾아오는 외로움을 인정해야 한다. 사람이므로 태어난 순간 떠안는 외로움을 삶의 한 꼭지로 남겨 둘 줄 알아야 타인을 힘들게 하지 않기 때문이다.

영화 〈돈 많은 친구들〉에는 네 명의 친구들이 등장한다. 유일하게 싱글인 올리비아는 미혼인 데다 청소부 일을 하는데, 좋은 직업에 훌륭한 남편을 둔 세 명의 친구들에게 자격지심을 느낀다. 그런데 한 친구가 그녀에게 "우리도 결혼을 했다고 해서, 정리된 건 아무것도 없어"라고 말한다. 그렇다. 결혼의 시제는 항상 현재 진행형이다. 결혼 생활을 유지하는 당사자조차 속단할 수 없는 게 결혼이란 말이다. 따라서 화려한 결혼식을 올렸다고 해서 끝까지 행복할 거라는 확신도, 시작이 초라했다고 해서 지난한 결혼 생활이 될거라는 생각도 하지 말자. 다만 시간이 흐르면서 달라지는 배우자와 나의 모습을 있는 그대로 받아들이고, 문득문득 찾아오는 삶의 외로움도 잘 받아들인다면 좀 더 행복한 결혼 생활을 할 수 있을 것이다.

딸아, 너와 전화 통화를 할 때면 내가 으레 하는 말.
"밥은 잘 챙겨 먹고 다니니?"

"그럼요!"

"혼자도 잘 있네."

"그럼, 내가 뭐 아직도 어린앤가."

그래, 너는 이미 다 큰 어른인데 나는 왜 아직도 그 사실을 가끔씩 까먹는 걸까. 너와 남편의 직장이 멀리 떨어져 있어 주말 부부 신세인 너희들. 그래도 혼자서도 잘 지내는 모습이 대견하다. 혼자임을 견디지 못하는 사람들이 많은데 말이야. 그래도 어느 날 문득 외로움이 찾아와 견디기 힘들면 전화해라. 늘 그렇듯 엄마는 웃으며 너에게 농담을 선넬 테니.

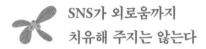

SNS가 외로움까지
치유해 주지는 않는다

딸아, 우리가 만났던 몇 달 전 일을 기억하니? 오랜만에 한 국에 들어온 너와 시내 맛집에 들러 점심을 먹고 한가롭게 휴일을 보냈지. 그때 들른 맛집에서 무엇을 시킬까 고민하던 우리는 각자 핸드폰을 꺼내 검색을 시작했다. 나는 늘 그렇듯 포털 사이트에 맛 집 이름을 넣어서 검색했다. 그런데 너는 당연한 듯 인스타그램을 열더구나. 내가 인스타그램에 그런 정보도 나오냐고 묻자 너는 태 연하게 대답했다. "응, 여기서 태그로 검색하면 안 나오는 게 없어. 인스타로 쇼핑도 하는데 뭘."

세상의 변화가 너무 빨라 솔직히 엄마는 이제 따라가기가 버겁 다. 몇 년 전만 해도 소셜미디어라고 하면 페이스북과 트위터가 전부였다. 그러던 것이 인스타그램이라는 것이 등장해 순식간에 사용자들을 흡수하더구나. 더군다나 요즘은 하나의 계정만 사용하는 게 아니라 한 사용자가 여러 개의 계정을 사용한다지? 정치적인 메시지는 트위터에, 맛집과 여행은 인스타그램에 올리는 식으로 말이야. 한 사람이 여러 계정을 욕구에 따라 왔다 갔다 하는 것을 두고 분석심리학자 융의 페르소나 개념을 빌려 '멀티 페르소나'라고도 하더구나. 사람들이 자기 상황에 맞게 여러 개의 가면을 그때그때 바꿔 쓴다는 거야. 옛날 같으면 앞 다르고 뒤 다른 사람은 두고두고 남들의 수근거림을 들어야만 했다. 하지만 요즘은 앞 다르고 뒤 다른 게 당연하게 받아들여지는 듯하구나. 정말 스마트폰 기술과 그로 인해 파생된 문화를 자유자재로 가지고 노는 '신인류'의 등장이라 할 만하다.

SNS의
두 얼굴

—

스마트폰과 소셜 네트워크는 인간관계를 맺는 방식을 크게 바꿔 놓았다. 우리나라 페이스북 이용자들을 대상으로 조사했더니 페이스북 친구는 평균 331명, 오프라인 친구는 24명이었다. 친구가 300명이 넘다 보니 늘 접속과 동시에 쉴 새 없이 메시지, 정보, 사진 등이 올라온다. 관계가 넘쳐 나는 시대인 셈이다. 소셜 네트워크에서는 관계 맺기도 쉽다. 사람들과 부대끼며 만나야 하는 오프라인과 달리 이모티콘으로 간단히 감정을 전달하고, 적당한 선에서 대화를 끊기도 하고, 원치 않을 땐 나를 감출 수도 있다. 자기 노출을 강요받지 않기에 관계 맺기의 부담스러움으로부터 벗어나 원하는 방식으로 사람을 만나고 관계를 유지하기가 가능해졌다.

소셜 네트워크에서는 평소 마음에 들지 않는 부분은 감추고 괜찮게 생각하는 것만 추려내 '되고 싶은 나'를 만들어 사람들에게 내보이는 일도 흔하다. 영국의 여론조사 기관인 원폴에 따르면 여성의 25퍼센트가 한 달에 1~3회 SNS에서 자신의 삶에 대해 과장하거나 거짓말을 한다고 답했다. 타인에게 '난 잘살고 있다'고 허세를 부리기 위해 취향, 지식, 인맥 등을 과장하는 것이다. 그래서 멋진 여행 사진이나 좋은 레스토랑에 갔던 경험담을 위주로 올린다. 당연히 초라한 일상생활은 '공개 금지'다.

그래서인지 요즘 소셜 네트워크에 피로감을 느끼며 거리를 두려는 사람들도 늘어나고 있다. 그러나 사람들은 온라인에서 이루어지는 가볍고 피상적인 관계에 피로를 느끼다가도 자기가 쓴 글에 '좋아요'가 별로 없으면 외톨이가 되었다고 느낀다. 또 다른 사람의 SNS에 올라오는 멋진 모습에 박탈감을 느끼면서도 자기도 그런 모습을 올려야 한다는 압박감에 시달린다.

백조는 호수의 물결을 잔잔히 가르며 우아하게 유영하는 듯이 보이지만 그 아래로 엄청난 물갈퀴질을 하고 있다. 사람들도 마찬가지다. SNS에서는 항상 멋지고 쿨한 척하지만 열심히 노동하는 물밑의 삶은 감춘다. 서로를 향해 열심히 '좋아요'라고 누르지만 그 반대의 모습은 보여 줄 수 없다는 사실. 사람들의 외로움은 바로 거기에서 시작되는지도 모르겠다.

상처받고 싶지 않은 사람은
외로울 수밖에 없다

—

스물여섯 살 미선 씨에게 온라인 세상은 떼려야 뗄 수 없는 두 번째 집이었다. 그녀에게 팔로워들의 댓글은 이불과 같았다. "SNS 댓글은 오로지 저만을 위한 거잖아요. 댓글이 많이 달리면 그날은 잠이 잘 와요. 새로 산 이불을 덮는 기분이랄까. 왜 평소엔 잠이 안 와도 새 이불을 덮으면 잠이 잘 오잖아요."

어릴 적 엄마 품에서 먹고 자던 아이는 자기 방을 갖게 되면서 엄마의 품을 떠나 독립하는 시기를 맞는다. 이불과 베개의 크기가 커지면서 몸은 성인이 되지만, 마음은 따뜻한 보살핌을 받고 싶은 내면의 아이와 앞으론 누군가를 돌봐야 하는 어른의 역할 사이에서 심리적 갈등을 빚게 된다. 등 떠밀리듯 성인이 되었지만 아직도 배려받고 싶은 아이가 마음속에 살고 있는 것이다.

미선 씨가 대학교에 입학하면서 심리적 갈등은 더욱 커졌다. 그녀는 봄이 오면 여름이 오듯, 대학생이 되면 저절로 연애도 하고 친

구들도 생길 거라고 기대했다. 하지만 그녀의 대학 생활은 소속감을 주는 교실과 짝꿍은커녕 졸지에 지정석 없는 캠퍼스로 내몰린 외로운 하루하루의 연속이었다. 친구조차 노력으로 만들어야 하는 상황에 직면한 것이다. 고독한 대학 생활을 보내는 동안 미선 씨는 SNS 댓글에 웃고 우는 삶을 살았다. 교회와 동아리 선후배들에게 팔로워를 맺자고 했고, '이렇게 많은 사람들이 내 곁에 있구나' 하는 확인을 받으면서 자신의 가치를 찾았다.

그런데 왜 그녀가 진료실에서 그렇게 울었을까? 그녀에게 '좋아요'와 댓글은 일시적인 안녕감은 주었을지 몰라도 근원적인 결핍감은 채워 주지 못했다. 온라인상의 관계는 한편으로 픽션이다. SNS에 올린 멋진 사진들은 그녀가 내보이고 싶은 자아의 일부일 뿐이기 때문이다. 또 댓글이 달릴수록 '관심 받고 있다'는 스포트라이트 효과를 느끼지만 오프라인으로 만날 가능성은 점점 더 희박해진다. 온라인에서 너무 멋진 사람일수록 직접 만나면 실망할 확률이 높기 때문이다. 그래서 직접 만나 대화를 나누기에는 어색하고, 연결은 해 놓기에 적당한 사람일수록 우리는 온라인에서 친절해진다. 미선 씨는 댓글 수가 많아질수록 무의식적으로 이 사실을 느끼고 있었던 것이다.

과학기술과 인간관계를 연구하는 심리학자 셰리 터클은 《외로워지는 사람들》이라는 책에서 자아도취적인 사람이 소셜미디어와 만나게 되면 어떤 일이 벌어지는지를 다음과 같이 설명했다. 그녀는 나르시시즘이란 자신을 사랑하는 게 아니라 너무 깨지기 쉬워 지속적인 뒷받침이 필요한 인격을 나타내는 말이라고 해석했다. 그래서 자아도취적인 성격의 소유자들은 타인의 복잡한 요구 사항을 견디지 못하고, 자기가 필요로 하는 것만을 취하며 관계를 맺으려고 한다. A라는 친구가 반응하지 않을 땐 바로 B라는 친구에게 접속하면 되는 소셜미디어와 그들이 어울리는 이유다. 내적 자아가 확고하지 않을수록 주변 사람들의 인정을 받으려고 애를 쓰는데 온라인 세상에서는 그것이 훨씬 빠르고 쉽다.

미선 씨 역시 상처받기 쉬운 내적 자아를 가지고 있었다. 누군가와 친밀한 관계를 맺는다는 건 그만큼 서로 상처를 주고받는 관계라는 뜻인데, 그녀는 그 상처를 이겨 낼 자신이 없었다. 그래서 오프라인에서 대면하는 관계를 맺기보다 온라인에서 나누는 따뜻한 댓글이 더 좋았다.

딸아, 너를 지지해 주는 사람들을 떠올려 보아라. 그들과 달콤하고 좋은 추억만 나눠 갖지는 않았을 것이다. 오히려 아프고 힘든 순간을 서로 잘 이겨 낸 뒤 더 끈끈하고 돈독한 관계로 발전했을 것이다. 그런데 온라인 공간은 관계에 필요한 내성을 떨어뜨리는 역기능을 한다. 당장 좋은 댓글이 달리고 팔로워가 늘면 관심을 받고 있다는 생각에 기쁘지만, 거꾸로 조금만 부정적인 의견이 올라와도 크게 상처를 입는다. 그러다 보면, 좋지만 공허한 말들만 쌓여 채워지지 않는 고독감을 남기고야 만다.

그러니 SNS로 외로움을 달래려 하지 마라. 자연을 떠나서 인간이 살 수 없듯, 관계도 서로의 촉감을 떠나서는 깊어질 수 없다. 정말 친밀한 관계를 맺고 싶다면 그냥 있는 그대로의 자기 모습을 보여 주고, 때론 단점도 드러낼 수 있어야 한다. 네가 온라인에서 감추고 싶은 모습이 있듯이 다른 사람도 같은 이유로 외로워하고 있다. 그러니까 스마트폰을 꺼내 피드를 훑기 전에 그들에게 직접 전화를 걸어 보면 어떨까. "밥은?" "건강은?" "무슨 일은 없고?" 어쩌면 우리가 가장 듣고 싶은 말은 항상 온라인 세상에서만 주고받느라 육성으로 들어 본 적 없는 서로의 안부인지도 모르겠다.

딸에게 보내는 심리학 편지

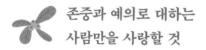

존중과 예의로 대하는
사람만을 사랑할 것

　사랑하면서 가장 힘든 순간은 혼자 사랑을 짊어지기 시작한 순간이 아닐까. 함께 시작한 사랑이건만 사랑이 식어 가는 속도는 서로 다르다. 그녀는 더 깊어지는 사랑을 느끼며 그에게 더 많은 걸 주고 싶지만 그는 이유 없이 거리를 두기 시작한다. 아침에 주고받던 달콤한 모닝콜도 한쪽이 보내는 일방적인 알람으로 바뀌고, 시도 때도 없이 서로의 안부를 나누던 문자도 한 사람의 메시지로만 채워진다. 오랜만에 하는 주말 데이트도 피곤함에 찌든 듯 생기를 잃어버리고, 왜 그러는지 그의 속마음을 따져 묻고 싶지만 그러다가 더 멀어질 것 같아 포기하고 만다.

　세상은 노력으로 안 될 게 없다고 말하지만 사랑에서만큼은 그

이치가 통하지 않는다. 더 사랑하는 사람은 약자가 되고, 덜 사랑하는 사람이 관계의 주도권을 쥐고 흔든다. 그러다 어느 날 갑자기 사랑이 끝나 버린다. 더 사랑하는 사람은 떠난 이의 마음을 붙잡으려고 필사적이지만 헛수고일 뿐이다. 그는 이미 떠났고 그 자리에 덩그러니 홀로 남는다. 그렇게 실연의 상처를 경험한 청춘들은 이제 사랑이라면 지긋지긋하다며 진료실을 찾는다. 더 이상 사랑에서의 약자는 절대로 되지 않을 거라며, 바보같이 자신의 마음을 전부 보여 주지 않을 거라면서.

나는 그들에게 말한다. 더 사랑한 게 죄가 아니라고. 그리고 비록 이별을 통보받았다고 할지라도 상대에게 주고 싶은 만큼 다 준 사람은 후회가 없는 법이라고. 나중에 후회하는 사람은 오히려 덜 사랑한 쪽이라고. 하지만 내 사랑학 강의는 그들의 귀에 가닿지 않는다. 그들은 실연의 경험을 계기로 '헌신하면 헌신짝 된다'는 교훈만 얻은 채 다음 사랑에서 주도권을 쥐기 위한 방법을 찾아 나선다. 연애 잘한다는 친구들에게 조언을 구하고, 인터넷을 열심히 뒤져 보고, 유명한 연애 지침서를 탐독한다. 밀고 당기기, 마음에 드는 남자일수록 무관심한 척하기, 상대가 질리지 않도록 반전 매력 보여 주기 등 이른바 누가 봐도 매력적인 여자가 되기 위한 방법을 섭렵하는 것이다.

연애 지침서를
걷어치워야 하는 이유

—

수많은 연애 지침서들이 공통적으로 말하는 것 중 하나는 남자에게는 사냥꾼 본능이 있다는 것이다. 남자는 목표로 삼은 대상을 쟁취하는 데서 희열을 느낄 뿐, 그 다음은 별로 관심이 없단다. 그래서 여자는 남자에게 끊임없이 새로운 목표를 제시해야 한다. 잡힐 듯 잡히지 않는 매력을 보여 줘야 하고, 이미 잡힌 물고기처럼 사랑을 먼저 표현하는 일은 금물이다. 여자가 가져야 할 최고의 연애 기술은 은밀하게 그를 조종하는 여우가 되는 법이라면서 말이다.

연애 지침서들은 그 근거로 진화 이론을 든다. 여자는 임신, 출산, 수유를 하기 때문에 자식에 대한 헌신도가 남자보다 훨씬 높다. 그래서 자신과 아이에게 헌신할 의지와 능력이 있는 남자를 찾는다. 반대로 남자는 최대한 많이 자신의 유전자를 퍼뜨리고 싶어 한다. 그래서 가능한 많은 여자를 만나려 하고, 젊고 예쁠수록 더 좋아한다는 내용이다.

그런데, 정말 모든 남자가 그런 걸까? 아무리 다정하고 지적인 남자라도 한 꺼풀 벗겨 내면 사냥꾼 본능만 남는 걸까? 하버드 대학교에서 '사랑에 관하여'라는 강의를 하고 있는 마리 루티 교수는 정말 그런지 알아보기 위해 남자들에게 직접 메일을 보내 봤다. 연애 지침서에는 남자는 너무 유능하거나 주도적인 여자를 좋아하지 않으니 혼자 힘으로 전구를 갈 생각이면 남자가 안 볼 때 하라는데, 진짜 그런지 주변 남자들에게 이메일을 보내 물어 본 것이다.

"여자 친구나 아내가 전구 가는 모습을 본다면 매력이 떨어질 것 같나요?"

하나둘씩 답장이 오기 시작했다. "여자가 전구를 갈면 매력이 떨어지느냐고? 말이 되는 소릴 해. 나는 능력 있고 그 능력을 기꺼이 발휘하는 여자가 훨씬 매력적이더라." "내 여자 친구가 전구 하나 못 가는 사람이라면 나는 그게 더 싫을 것 같은데. 나는 존중과 감탄을 자아낼 수 있는 여자에게 매력을 느끼거든." "어떤 여자가 전구 가는 법을 모른다면 그건 그 여자가 모자라다는 신호겠지. 나는 모자라는 여자한테는 별로 끌리지 않아."

남성의 연애 심리를 희화화해서 던진 질문이긴 하지만 핵심은 분명하다. 남자라고 해서 다 사냥꾼은 아니다. 그런데도 남자에게 바람둥이 기질이 있다고 생각하는 이유는 뭘까? 사회적 고정관념 때문이다. 어느 심리 실험에서 재미있는 결과가 나왔는데, 남녀를 불문하고 자기가 이성을 볼 때는 정직과 책임감과 관용 같은 특성이 중요하다고 생각하지만, 상대 이성이 자기 성별에 관해 어떤 특성을 중요하게 생각할 것 같은지 묻자 전혀 다른 대답이 나왔다. 여자는 "남자들은 여자를 볼 때 섹시함이나 결혼 후 얼마나 가정에 헌신적일지를 중요하게 보겠죠"라고 대답했다. 반대로 남자는 "여자들은 남자를 볼 때 얼마나 성공했는지 혹은 성공할 것인지에 관심이 많겠죠"라고 했다. 즉 사람들이 실제로 이성에게 기대하는 것은 그렇지 않더라도, '남성적' '여성적'이라는 고정관념을 서로가 기대한다고 여겨서 그에 알맞게 행동하려고 함을 알 수 있다.

그런데 이런 고정관념은 여자든 남자든 상관없이 모두를 주눅들게 만든다. 여자들은 관계에서 바라는 게 많으면 남자를 질리게 만들 거라고 생각하고, 솔직한 욕구를 감추는 데 익숙해진다. 데이트를 하고 싶어도, 결혼을 하고 싶어도 남자가 먼저 결정할 때까지 잠자코 기다리다가 지쳐 버린 로맨틱 코미디 영화의 무수한 여주인공들처럼 말이다. 남자도 마찬가지다. 섬세한 내면을 가진 남자들은 여자들이 자기가 너무 연약하다고 생각할까 봐 일부러 강한 척하는 경우가 많다. 그래서 서로 친밀한 관계를 만들지 못하고 겉돌기만을 반복하게 된다.

때론 사랑을 그만두는 것도 용기 있는 선택이다

—

세상에는 일부 못난 남자들이 있다. 그야말로 여자를 사냥하듯 만나려 하는 나쁜 남자, 관계의 책임을 여자 친구에게만 전가하는 뻔뻔한 남자 말이다. 그들은 여자 친구의 요구를 마치 그녀가 자신감이 없거나 독립적이지 못해서 그런 것처럼 덮어씌우거나, "나 같이 나쁜 놈은 너와 함께할 가치가 없다"면서 관계에서 발을 빼기 일쑤다. 그러면 여자는 잘못이 없으면서도 '내가 덜 예뻐서', '내가 너무 부담스럽게 행동해서' 그가 자신을 떠났다며 자책에 빠지기 쉽다. 그래서 나는 연애 지침서를 보기 전에, 헤어진 그 남자가 과연 만날 만한 가치가 있는 사람이었는지를 생각해 보라고 말해 주고 싶다.

세상에는 그들보다 좋은 남자들이 훨씬 많다. 여자의 입장을 잘 헤아리고, 공감하고, 관계에 최선을 다하는 남자들 말이다. 그러니 남자의 마음을 사로잡으려고 여우가 될 필요는 절대로 없다. 괜찮은 남자라면 밀고 당기기를 하지 않아도 충분히 상대를 알아보고 다가올 테니까. A부터 Z까지, 연애 지침서를 따라하느라 생기 넘치는 본연의 모습을 가리지 말라는 뜻이다.

언젠가 내가 네게 했던 말을 기억하는지. "네게 반하지 않은 남자는 만나지 마라"라고 했었지. 그 말이 네가 좋아하는 것보다 더 많이 그가 너를 좋아해야 한다는 의미는 아니었다. 그냥 있는 그대로의 네 모습을 사랑하는 남자를 만나라는 뜻이었어. 왜냐하면 사랑에서 가장 중요한 것 중 하나가 있는 그대로의 자기 모습을 보여주는 것이기 때문이다. 사랑하는 만큼 표현하고, 바라는 것을 솔직히 얘기하고 때론 감추고 싶은 모습까지 나눌 수 있어야 사랑의 지평이 펼쳐진다. 사랑이라는 건 각자 다른 인생을 살아온 두 사람이 만나 서로의 면면들을 일깨우면서 새로운 세상을 경험하는 것이다. 그러려면 연애 비법 같은 것으로 자신을 감추어선 안 된다.

딸에게 보내는 심리학 편지

그리고 사랑을 주는 것만큼이나 받는 데도 용기가 필요하다. 그러므로 곁에 연인이 있음에도 이별을 떠올릴 만큼 외롭다면 '혹시 혼자만 사랑을 짊어지고 있는 건 아닐까?' 하고 스스로에게 물어보길 바란다. 만약 그렇다면 그 사랑에 정지 버튼을 누를 수 있어야 한다. 자기만 챙기면서 이기적으로 사랑을 해야 한다는 뜻이 아니다. 상대방을 사랑하되 자신을 돌보는 일에도 게을러지지 말자는 의미다. 특히 받는 것보다 주는 것이 익숙하다고 말하며, 과도하게 사랑을 주기만 하는 사람일수록 성급하게 누군가를 사랑하기보다 자신을 사랑하는 능력부터 길렀으면 좋겠다.

그래서 언젠가 실연을 당해서 너무 슬프다는 여자에게 말했다. "헤어졌다고 머리 자르지 마세요." 긴 생머리가 참 잘 어울리는 여자였는데 괜히 떠난 남자 때문에 매력 포인트를 없애 버릴까 봐 걱정되어 한 말이었다. 그 어떤 이유로든 자기 자신을 내팽개치는 일은 하지 않아야 한다. 내가 나를 함부로 대하는데 누가 나를 좋아해 주겠는가. 그런 여자를 좋아하는 남자는 없다. 나쁜 남자를 제외하고 말이다.

Chapter. 4

마음대로
되지 않는 마음은
그냥 쉬게 둘 것

— 감정에 대하여

자존감:
사랑받는 일에도 자격이
필요하다는 생각이 든다면

남편을 '작은 거인'이라고 부르는 아내가 있었다. 그의 남편은 키가 매우 작았는데, 이를 보상받으려는 듯 일에만 매달려 엄청난 사회적 성공을 거두었다. 아내에게 남편은 그녀의 대외적 존재감을 드높여 주는 '트로피'였다. 그것이 그녀가 남편을 거인이라고 부른 이유였다.

그런데 겉으로는 남부럽지 않은 생활을 하는 듯이 보이는 부부의 속사정은 달랐다. 아내는 늘 거인에게서 버려진 느낌을 받았고 우울감을 삭이며 살아왔다. 그녀의 남편은 남들의 인정을 얻을 때는 '살아 있는' 존재가 되지만, 그렇지 못할 때면 자존감이 한순간에 바닥을 쳤다. 성공 가도를 달릴 땐 근거 없는 우월감에 도취됐

다가도 아주 사소한 비판에 와르르 무너져 내리곤 했다. 그의 자존감은 타인의 판단을 기준으로 우월감과 열등감 사이를 롤러코스터 타듯 왔다 갔다 했다.

당연히 남편은 열등감을 우월감으로 대치하는 일에 인생을 걸었다. 그 결과 그의 인생에는 타인의 자리, 아내의 자리뿐만 아니라 자기 자신을 위한 자리조차 마땅히 없었다. 냉정히 말해, 그는 누구도 사랑할 줄 모르고 자신마저 사랑할 줄 모르는 일 중독자였을 뿐이다. 하지만 아내는 그 사실을 보려 하지 않았다. 그녀 역시 자기 자존감을 지탱해 준 트로피가 신기루처럼 사라지는 일을 견딜 수 없었기 때문이다.

사람은 누구나 인정받고 싶어 한다

—

경쟁이 치열한 사회를 살아가는 현대인들은 누군가의 인정을 받는 일에 민감하게 반응한다. 어찌 보면 당연하다. 우리는 무엇이든 수치화, 계량화해서 비교당하는 삶을 살아왔으니까. 어려서부터 잠재력은 IQ와 EQ로 수치화됐고, 학습 능력은 시험 점수로 대치되었다. 성적이 좋거나 운동을 잘하면 칭찬과 특별 대우를 받았지만, 뭐든 그저 그런 수준이면 존재감 없는 학생이 되어 버렸다. 그러다 보니 성취의 기준이 '나'보다는 타인과 세상이 되기 일쑤였

딸에게 보내는 심리학 편지

다. 남들이 좋아하는 일을 더 잘하려고 노력하게 되는 것이다.

그래서일까. 회사에 가면 누구보다 훌륭한 직장인인데, 주말만 되면 씻지도 않고 폐인이 되어 폭식을 일삼는 사람들도 많다. 인정받고 싶은 욕구에 자신을 내몰며 치열하게 일하지만, 홀로 있을 때면 알 수 없는 우울과 무기력이 마치 보이지 않는 이슬비처럼 마음을 차갑게 적신다. 그러면서 스스로 묻는다. '아! 남들 눈에 맞추어 사느라 너무 피곤하다. 왜 나는 나를 사랑하지 않을까?'

호수에 비친 자신의 모습과 사랑에 빠진 나르키소스처럼 타인의 눈에 비친 자신의 모습을 통해 존재감을 느끼는 사람들. 그들은 지나친 인정 욕구가 자신에게 엄청난 고통을 가져다 주고 있음을 인지한다. 그런데 여기서 한 가지를 짚고 넘어가고 싶다. 정도가 지나쳐서 문제일 뿐, 사람은 태생적으로 타인의 인정을 구할 수밖에 없는 존재라는 점이다.

'나'라는 자기 개념은 출생과 더불어 부단히 형성되어 가는 과정의 산물이다. 그리고 그 개념은 절대 혼자서는 만들어 갈 수 없다. 마치 일상생활에서 거울이 없다면 내 모습을 제대로 알기 어려운 것처럼, 나를 향해 누군가가 제공해 주는 '거울 반응mirroring'을 통해 비로소 '나'라는 자아 개념이 만들어진다.

예를 들어 볼까? 울고 칭얼대는 아기가 있다고 해 보자. 만약 그 아이의 욕구를 인정해 주고 적절한 돌봄을 제공하는 양육자가 있다면, 아이는 양육자의 태도를 보며 '나는 사랑받을 만한 괜찮은 사람이야'라는 긍정적 자아 개념을 만들어 갈 것이다. 반대로 욕구를 표출했을 때 비난과 무시를 경험해 온 아이라면 '내가 나쁘거나 형편없기 때문이야'라는 개념을 형성하기 쉬울 것이다. 이처럼 우리는 모두 타인의 반응을 통해 '나'를 알아 가고 만들어 나간다. 즉 타인과 세상의 인정으로부터 완전히 자유로운 사람은 단 한 명도 없다는 뜻이다.

딸아, '칭찬은 고래도 춤추게 한다'는 말을 들어 봤니? 한때는 이 말이 크게 유행했었다. 그만큼 칭찬은 기분 좋은 일이다. 아이들의 잘못된 행동을 교정하는 데에 칭찬 같은 긍정적 피드백은 엄청난 변화를 가져오지. 그리고 그건 아이들뿐만이 아니다. 타인과 세상으로부터 받는 칭찬은 우리를 더 나은 삶으로 인도하는 동력 중 하나다. 그러니 인정받고 싶어 열심히 노력했다면, 그 노력의 가치를 깎아내릴 필요가 없다. 오히려 애쓴 자신을 충분히 지지해 주어야 마땅하다.

**사랑받는 일에도 자격이
필요하다는 생각이 든다면**

—

다만 부정적인 피드백을 지속적으로 받아 온 사람들의 경우에는 이야기가 다르다. 그들의 마음에는 '나는 사랑받을 자격이 없다'는 믿음이 뿌리 깊게 자리하고 있다. 그래서 매사 자신의 불행을 증명해 보이려는 듯 행동한다. 건강과 관계를 해치는 줄 알면서도 성공만을 향해 모든 것을 소진해 버리기도 하고, 함부로 대하는 연인과의 관계를 정리하지 못한 채 끌려다니기도 하며, 때로는 성공의 문턱에 다다랐을 때 일부러 그것을 포기해 버리기도 한다. 겉으로는 여러 가지 이유를 대지만, 진짜 이유는 하나다. 자기는 그럴 만한 가치가 없다는 것이다.

그들이 겪는 자존감 문제는 쉽게 해결되지 않는단다. 오랫동안 굳어진 자기 개념을 바꾸기 위해선 꾸준한 노력이 필요하다. 다만 나는 그들에게 꼭 한 가지 이야기는 건넨다. 사랑받는 일에 자격은 필요없다는 말이다. 그들은 더 능력이 생기고 멋있어지면 사랑받을 수 있을 거라 믿으며 공허한 노력을 되풀이한다. 그러나 돈과 지위로 상대에게 관심과 사랑을 강제할 수 있을지 몰라도, 그것이 진정 사랑받아 마땅한 존재로 자신을 사랑하게 되는 것은 아니다. 자기를 사랑하는 일은 어떤 자격을 갖추었느냐와는 상관이 없다. 사랑하고 사랑받는 일은 본능에 가까운 능력이고, 우리는 모두 그런 능력을 마음 깊이 간직하고 있다. 그저 방법을 깨우쳐 그 사랑을 자기에게 주면 될 일이다.

언젠가 한번은 중년의 남자가 나를 찾아왔다. 그는 어려서 부모에게 버려진 후 우울감을 안고 살아왔다고 했다. 결혼해서 세 명의 자녀를 두었는데, 아이를 기르면서도 자기가 아이들에게 제대로 된 사랑을 주고 있는지가 늘 의문이었다고 했다. 부모에게 사랑받아 본 경험이 없었기 때문이다. 그런데 그의 아내는 전혀 다르게 말했다. 세상에 이보다 더 아이들을 사랑하는 아버지는 없을 거라고, 우리 가정은 어느 가정 못지않게 행복하다며 웃었다. 그의 이야기를 들으며 나는 다시금 깨달았다. 살아온 환경이 불우했더라도 사랑하고 사랑받으며 행복하게 살고자 하는 욕망은 누구에게나 있으며, 그 힘으로 내일은 다르게 만들어 갈 수 있는 존재가 바로 인간이라고. 그러므로 과거의 나쁜 기억들이 다가올 미래에도 반복될 거라는 느낌이 강하게 들어도, 그렇지 않다는 것을 믿어야 한다. 앞서 말했듯 '나'라는 자기 개념은 과정의 산물이다. 정해져 있지 않다는 뜻이다. 지금 내가 여기에서 어떤 선택을 하느냐에 따라 내일의 삶은 달라진다.

자존감은 중요하지만,
자존감에 너무 목매지도 말 것

—

딸아, 자존감이 무어라고 생각하니? 간단히 말해 자존감은 '나는 사랑받을 만한 가치가 있는 소중한 존재이며, 살면서 부딪치는 문제들에 적절히 대처할 수 있는 능력이 있는 사람'이라는 믿음이다. 그러고 보면 자존감이란 마음의 기초체력 같은 것이다. 야구나 축구같이 한 시즌이 몇 달에 걸쳐 진행되는 종목에서 결국 우승하는 팀은 기초가 탄탄한 팀이듯이, 인생이라는 긴 여정에서 크고 작

은 우환을 겪지만 끝내 그 길을 걸어가게 해 주는 힘이 바로 자존 감이다. 물론 자존감이 튼튼한 사람도 불운을 비켜 가지는 못한다. 그러나 쉽게 무너지지도 않는다.

요즘은 누구나 자존감의 중요성을 알고 있다. 그래서 남의 말 한마디에 쉽게 상처받고 흔들릴 때, 타인의 시선을 지나치게 의식 할 때, 작은 실패에도 크게 좌절할 때 '나는 자존감이 낮은 사람인 것 같아' 하고 원인을 분석한다. 어떤 이들은 자존감을 일종의 스펙 처럼, 배우고 갖추고 높여 나가야 할 대상으로 여기기도 하지.

그런데 자존감이 튼튼한 사람도 시련을 낭하면 울고, 가시 돋 힌 말에 아파하며, 스스로 뭔가 부족한 존재라는 느낌에 흔들리기 도 한다. 자존감이 위축되는 경험은 주위에 널려 있기에 어쩌면 당 연한 반응이다. 그것만으로 자존감이 낮은 사람이라고 판단해서는 안 된다. 만약 낮은 자존감으로 인한 심리적인 문제를 반복적으로 경험하는 게 아니라면, 일시적인 자존감 위축은 감기처럼 생각하 고 넘어가는 게 낫다. 부정적인 생각을 바꾸려 애쓰고, 불편한 감정 을 밀어내려고 할수록 오히려 그것에 주의가 집중되듯이, 자존감 이 낮다고 생각할수록 부족한 자존감만 더욱 도드라져 보일 뿐이 다. 차라리 상한 자존감은 잠시 접어 두고 지금 당장 해야 할 일에 집중하는 편이 낫다. 그럴수록 긍정적인 피드백이 늘어나고, 자존 감은 알아서 튼튼해질 테니까.

엄마는 요즘 지하철을 타면 지칠 줄 모르고 거울을 들여다보는 소녀들을 곧잘 만나곤 한다. 예전에 소녀들은 누구에게 예뻐 보이려고 그러느냐는 질문을 받았을 것이다. 하지만 요즘 소녀들은 자기 눈에 예뻐 보이는 것이 중요하다고 대답하더구나. 누구에게 보이는 존재가 아닌, 스스로 '이만하면 훌륭해!'라고 말하는 소녀들이 있을 수 있다면, 그런 자존감이라면 험난한 세상도 크게 휘청이지 않고 헤쳐나갈 수 있을 것 같았다. 언제나 나를 좋아해 주고 응원해 주는 든든한 '나'라는 친구가 바로 곁에 있기 때문에.

우울:
우울은 무너진 마음의 균형을 회복하라는 신호다

딸아, 너는 그런 적은 없었니? 마치 늪에 빠진 것처럼 한없이 바닥으로 가라앉는 기분이 들 때 말이야. 손끝 하나 까딱하기 싫고, 모든 일이 무의미해 보인다. 축 처진 모습이 싫어서 운동도 해보고 친구도 만나 보지만 집에 돌아오면 한없는 공허가 밀려온다. 급기야는 씻고 먹는 기본적인 일조차 하기 싫어진다. 계속 잠만 자고 싶거나 불면증에 시달리기도 한다. 흥미나 즐거움은 고사하고 집중력과 기억력이 저하돼 회사에서 자꾸 어이없는 실수를 저지른다. 무얼 하든, 어디를 가든 몸만 휘적휘적 다닐 뿐 영혼은 어디론가 떠나 버린 듯하다. 바로 우울이 우리를 찾아온 때다.

딸에게 보내는 심리학 편지

우울은 기본적으로 상실에 대한 구체적인 반응이다. 상실이란 소중한 무언가를 잃어버리는 일이다. 사랑했던 사람, 오랫동안 바라봐 온 목표, 애써 만들어 놓은 사회경제적 위상을 잃었을 때를 상상해 보렴. 마치 자신의 일부가 떨어져 나간 것처럼 괴롭다. 그리고 그런 상황에서 아무런 힘을 발휘하지 못하는 내가 무척 실망스럽고 자꾸만 화가 난다. 더 나아가 '나는 뭘 해도 안 돼'라는 무력감과 무가치감에 휩싸이기도 한다. 이처럼 상실로 인한 슬픔, 무력감, 후회, 무가치감, 자책, 미움, 분노 등이 우울이라는 감정의 스펙트럼이다.

그런데 꼭 '거대한' 사건이 있어야만 사람이 우울해지는 것은 아니다. 특별한 일도 없는데, 일도 잘되고 있고, 가족들도 건강하고, 친구들과도 잘 지내는데, 어떤 이유에서인지 급격히 우울해지기도 한다. 그럴 때 사람들은 묻는다. "도대체 왜 이렇게 우울한지 모르겠어요."

그런 사람들이 꼭 알아 두어야 할 것이 있다. 바로 사람의 감정은 매우 주관적이라는 점이다. 다시 말해 불행한 조건에 있다고 해서 모든 사람이 불행을 느끼지는 않는다. 마찬가지로 행복한 조건을 갖추었다고 해서 다 행복해하는 것도 아니다. 어떤 사람은 심한 고통 속에서 자살이라는 극단의 방식을 택하지만, 다른 누군가는 그것을 극복하는 과정에서 전에는 미처 알지 못했던 감사와 행복의 의미를 발견하기도 한다. 따라서 어떤 감정이 강렬하게 너를 찾아온다면, 그 원인을 외부의 사건에서만 찾을 것이 아니라 내면의 마음에서도 찾아봐야 한다.

우울감도 마찬가지다. 소중한 대상을 잃었을 때 찾아오는 일시적인 우울은 당연한 느낌이다. 그러나 우울을 지독하게 겪거나 습관적으로 경험한다면, 왜 우울감이 지금 너를 찾아왔는가를 진지하게 들여다볼 필요가 있다.

**우울은 내가 나를 보는
내 안의 눈 inner eye 때문이다**

—

앞서 우울은 상실에 대한 반응이라고 이야기했다. 그런데 상실을 어려서부터 강하게 자주 경험한 사람들이 있다. 부모로부터 학대를 당하거나 잦은 스트레스에 노출된 경우다. 그들은 자신을 짓누르는 상황이나 사람들이 밉고 원망스럽지만, 워낙 어려서 힘든 일을 당했기에 자기 힘으로는 난관을 헤쳐 나갈 수가 없었다. 그렇게 각인된 자기와 세상에 대한 기억은 어른이 되어서도 쉬이 달라지지 않는다. 그들은 지속적으로 스스로에게 속삭인다. '내 힘으론 어쩔 수 없어.' 이른바 '학습된 무기력'이다. 그런데 무력감은 참 견디기 어려운 것이구나. 내가 내 인생의 주인이 아니라 상황에 따라 움직이는 허약한 존재라는 느낌이기 때문이지. 그들은 스트레스에 직면했을 때 출구가 없는 것처럼 느껴져 깊은 우울에 빠진다.

　반대로 탁월한 능력을 자랑하며 무슨 일이든 척척 해내는 사람들이 의외로 깊은 우울을 겪기도 한다. 그들이 느끼는 우울은 부끄러움이나 수치에서 비롯된 우울이다. 자기애의 기준이 너무 높으면 남들에게는 많은 성취를 이룬 사람으로 비치더라도 자신의 눈에 비친 모습은 늘 초라하고 부끄럽기 마련이다. 그들의 세계는 흑과 백으로 나뉘어 있다. 사람을 판단할 때도 좋은 사람 아니면 나쁜 사람이고, 일을 대할 때도 성공 아니면 실패뿐이다. 따라서 그들은 모든 사람의 사랑을 받아야만 하고, 모든 일을 성공시켜야만 한다. 하나라도 실패하면 자신의 무가치함을 증명하는 꼴이 되기 때문이다. 하지만 어떻게 모든 사람이 나를 좋아하고 모든 일이 잘 풀리겠니. 어느 날 작은 실패를 경험한 그들은 '이것 봐. 나는 쓸모없는 인간이야'라고 자신을 폄훼하고 깊은 우울에 빠지고 만다.

　자신에 대한 처벌의 잣대가 엄격한 사람들도 우울을 피해 가기 어렵다. 그들의 특징은 필요 이상으로 양심적이라는 점이다. 그들은 자신의 성공 속에 숨어 있는 경쟁심과 공격성에 대해서도 벌을 받아야 한다고 무의식적으로 느낀다. 행복이란 애초부터 자신에게 허락되지 않은 것이라 여기고, 즐거움 속에 있으면 오히려 불안해한다. 그래서 적극적으로 고통을 택한다. 자신을 돌보지 않고 힘든 일을 도맡아 한다. 자신에게 가혹할 정도로 비판적이어서 작은 실수에도 후회와 자책으로 괴로워한다. 그래서일까. 그들은 매사 웃음이 없고 기운이 빠져 있고 세상 모든 짐을 혼자 짊어진 듯하다. 마치 세상은 원래 우울한 곳이고 인생이란 짐덩이 그 자체라고 항변하듯이.

우울에서 벗어나는 길은
언제나 내 안에 있다

—

'내 힘으론 어쩔 수 없어', '나는 쓸모없는 인간이야', '나는 행복할 가치가 없어'…. 내가 나를 바라보는 차갑고 부정적인 시선, 바로 이것이 우울의 배경이란다. 그러고 보면 쉽게 우울에서 벗어날 수도 있을 것만 같다. 내가 나를 바라보는 시선의 각도만 바꾸면 감정이 바뀔 테니까. 그런데 그게 말처럼 쉽지 않구나. 오랜 시간 굳어진 세계관과 사고방식을 바꾸는 게 어디 단박에 이루어지겠니.

그래서 우울이 지속된다 싶으면 지체 말고 도움을 청해야 한다. 흔히들 우울을 마음의 감기라고 하지만, 죽음에 이를 수 있는 무서운 독감일 수도 있다. 게다가 요즘 의학계에서는 심한 우울증을 뇌의 생화학적 균형이 무너진 병으로 파악해 효과적인 치료제들을 개발했다. 그러니 우울증에 아파하는 이들이 곁에 있다면 병원에 찾아가길 꺼리지 말라고 말해 주렴.

그리고 만약 병이라고 할 정도의 우울이 아니라면, 우울을 너무 겁내지 말라 얘기해 주고 싶다. 우울은 지금 내가 힘들다고 외치는 마음의 소리다. 내가 나를 너무 차갑게 바라봐서, 나 자신을 너무 엄격하게 대해서, 지금 내가 아프다고 알리는 외침이다. 실수를 용납하지 않는 부모 밑에서 자라는 아이들이 호기심을 잃고 매사에 경직되듯이, 내 안의 감시자 역할이 너무 커져서 세상을 살아가는 생동감과 기쁨이 사라지고 있다는 경고 신호다. 그러니 잠시 삶의 속도를 줄이고 나와 내 삶을 돌아보는 시간을 갖는 게 좋다. 혹시 나도 모르는 사이에 소중한 무언가를 잃어 가는 건 아닌지 돌아보라는 뜻이다. 성취를 이룬 나, 도덕적이고 고매한 가치를 추구하는 나도 소중하지만, 자유롭고 생생히 살아 있으며 그저 나답게 살아가는 나 역시도 중요하다. 그 둘 사이의 균형을 다시 찾을 때 우울은 자연스럽게 멀어질 것이다.

딸아, 영화나 문학 가운데 우울을 주제로 한 작품이 많은 이유를 생각해 본 적 있니? 또 우울이 창조의 샘이었다고 말하는 작가들도 많단다. 그만큼 우울이 삶의 본질, 인생의 요체, 나의 중심으로 우리를 인도하기 때문은 아닐까?

그러니 만약 우울이 너를 찾아오거든 조금은 가벼운 마음으로 우울을 '즐겨' 보는 것도 괜찮겠다. 끝없이 깊은 늪 같아 보이는 우울에도 분명히 바닥은 존재한다. 그 바닥을 치고 다시 올라왔을 때

보이는 세상은 그전보다 훨씬 생동감 있고 아름다울 것이다. 그렇게 보면 우울의 늪을 두려워만 할 필요는 없다. 우울의 늪은 곧 생각의 늪이므로.

불안:

지금 불안하다면 인생을
잘 살고 있다는 증거다

　　62세의 한 아주머니가 있었다. 남편은 여전히 꼬박꼬박 돈
을 벌어 오고 있고, 아들딸은 다 잘되었고, 친구도 많고, 교회에서
집사로 활동하면서 바쁘게 지낸다. 다행히 건강에도 별 문제가 없
다. 그런데 내 앞에만 오면 늘 걱정을 늘어놓았다. 남편은 이래서
걱정이고, 아이들은 저래서 걱정이고, 교회에서는 이런 문제가 있
고, 친구한테는 저런 문제가 있어서 너무 걱정이 된다는 것이다.

　　"아니 별 문제가 없어 보이는데 왜 그렇게 걱정이 많으세요? 행
복하게 잘 살고 계신데…."

　　"그러니까요. 제가 행복한 거 맞겠죠?"

　　"네, 행복한 거 맞습니다."

"정말 저 행복한 거죠?"

"그럼요. 그러니 제발 걱정을 미리 가불하며 살지 마세요."

딸아, 그녀와 내가 똑같은 이야기를 3년째 되풀이하고 있다면 믿을 수 있겠니? 그럼에도 그녀는 2주에 한 번씩 "네, 행복한 거 맞습니다"라는 말을 듣기 위해 나를 찾아온단다.

걱정을 가불하고 사는 사람들. 아직 일어나지 않은 일들에 대한 걱정까지 사서 하는 사람들. 우리는 왜 이렇게 걱정이 많은 걸까? 10대는 원하는 대학에 못 들어갈까 봐 걱정이고, 20대는 취업이 잘 안 되어서 불안해한다. 30대는 점점 멀어져 가는 내 집 마련의 꿈 때문에 스트레스를 받고, 40대는 언제 회사에서 잘릴지 몰라 불안해하며, 50대는 은퇴 후의 삶과 건강에 대한 불안으로 잠을 못 이룬다. 걱정거리가 잠시 물러나도, 또 다른 걱정이 시작될까 두려운 게 인간의 마음이다.

불안으로부터
자유로운 사람이 있을까

—

스위스의 작가 알랭 드 보통은 그의 책 《불안》에서 "불안은 현대의 야망의 하녀"라고 말했다. 전통사회는 물질적으로 빈곤하고 태어나면서부터 신분이 정해져 있는 불평등 사회였지만 비교로 인한 고통은 지금보다 적었다. 농민과 귀족은 '종자'가 다른 인간이므로 귀족에겐 귀족의 삶이, 농민에겐 농민의 삶이 있을 뿐이었다. 그 결과 삶은 곤궁했지만 마음은 평화로웠다는구나. 하지만 평등의 원칙에 의거해 모든 사람이 동등한 지위를 누릴 수 있는 현대사회에서는 지위, 성취, 연봉이 모두 개인의 노력 여하에 달려 있다고 사람들은 생각한다. 성공해서 높은 위치에 오르지 못하는 것은 순전히 노력을 하지 않은 개인의 탓으로 돌아가고 만 거지. 그러나 높은 자리가 많지 않으니 그 자리를 차지하려면 수많은 경쟁자를 물리쳐야만 한다. 그러다 보니 끊임없이 경쟁자와 자신을 비교할 수밖에 없게 된 것이다.

어느 다큐멘터리에서 대학교 '5학년'에 재학 중인 한 남학생이 이렇게 말하더구나. "스펙을 이만큼 쌓아 놓고도 불안한 것은 다른 사람도 그만큼 쌓았을 거라는 생각 때문이고 그보다 앞서가기 위해서는 스펙을 더 쌓아야 해요." 그 말을 하고 나서 한숨을 내쉬는 그의 표정이 아직도 잊히지 않는다. 그러고 보니 은희 씨는 요즘 어떻게 지내고 있을지. 그녀는 대학교 마지막 학기를 남기고 휴학을 신청했다. 그리고는 PC방에서 아르바이트를 하는 중이었는데, 우연히 페이스북에서 오랫동안 만나지 않은 친구의 소식을 알게 되었다. 그런데 자기보다 못 살 거라고 생각한 친구가 현재 스페인에서 유학 중이고 그곳에서 행복한 나날을 보내고 있었다. "전요, 캄캄한 곳에서 최저 시급을 받으며 하루를 보내는데 그 친구는 청춘을 만끽하고 있는 것처럼 보였어요." 그녀는 20대 중반이 되었으면 20대 초반과는 뭔가 달라야 한다고 생각했는데 딱히 이렇다 할 성취나 실적이 없어 우울해했다. 그러던 중에 자신보다 못하다고 생각했던 친구가 훨씬 잘 살고 있는 모습을 보니 새삼 자신이 더욱 초라하게 느껴진 것이다.

실적이 없는 삶, 나이를 먹어도 별반 나아진 게 없는 지금보다 은희 씨를 더 힘들게 만든 건 친구와의 비교였다. '남들보다 앞서 나가지는 못할망정 뒤처지지는 말아야 하는데, 나는 여기서 뭐하고 있는 거지?' 은희 씨는 갑자기 엄습해 오는 불안을 견딜 수가 없었다.

불안은 버거운 존재다. 불안을 느끼는 순간 근육은 긴장하고 심장은 빨리 뛰고 머리는 어지럽다. 그래서 누구나 불안한 상태에서 벗어나고 싶어 한다. 그러나 열심히 노력해서 원하는 걸 모두 얻고 나면 불안이 사라질까? 안타깝게도 인간은 불안을 안고 살아갈 수밖에 없는 존재다. 살아 있는 동안 마음 한구석엔 언제나 불안이 자리하고 있는 것이다.

불안은 성장하고 싶다는
마음의 시그널이다

—

덴마크의 철학자 키르케고르가 말했다. 불안은 인간을 마비시키기도 하지만 한편으로는 인간을 발전시키는 무한한 가능성을 내

딸에게 보내는 심리학 편지

포하고 있다고. 나도 그렇게 생각한다. 결과적으로 봤을 때 불안이 우리가 하는 일에 도움이 될 때도 많기 때문이다. 불안에는 '신호 불안signal anxiety'이라는 게 있는데, 우리에게 다가올 위험을 미리 알려 주어 준비시키는 기능을 한다. 어느 정도 불안과 두려움이 있어야 위험으로부터 자신을 지킬 수 있다. 운전을 조심스럽게 하는 것만 해도 그렇다. 사고에 대한 두려움이 없으면 운전을 조심해서 할 리가 없다. 마찬가지로 불안하니까 시험공부를 하는 것이고, 일이 잘못될까 두려워 결정을 내릴 때 심사숙고하는 것이다.

그뿐만이 아니다.《종의 기원》을 쓴 찰스 다윈,《파우스트》를 쓴 요한 볼프강 폰 괴테,《고도를 기다리며》의 작가 사뮈엘 베케트,《변신》의 프란츠 카프카, 그들의 공통점이 뭘까? 그들은 모두 불안장애를 겪었다. 그런데 불안은 그들의 상상력과 창조력을 높여서 최고의 능력을 발휘하게 만들었고, 그 결과 위대한 작품이 탄생할 수 있었다. 그러니 불안이 찾아왔을 때 너무 겁내지 않았으면 한다. '왜 남들은 모두 잘 지내는 것 같은데 나만 이렇게 불안한 거지?'라고 생각하며 위축될 필요도 없다. 지나친 병적 불안만 아니라면 불안은 성장하고 싶다는 마음의 시그널일 수 있다.

물론 불안이 심해서 아무것도 못 할 때면 적극적으로 그에 대한 방어가 필요하다. 뭐니뭐니해도 불안을 잠재우는 가장 좋은 방법은 몸에게 일을 시키는 것이다. "요즘 바빠서 딴 데 신경 쓸 틈이 없어"라고들 하는데, 실제로도 몸이 분주해지고 바쁘면 당면 과제를 해결하는 데 에너지를 집중해야 해서 잡념은 자연스럽게 사라진다.

또 비교는 남하고만 하는 게 아니다. 과거의 나도 그 비교 대상이 될 수 있다. 어제보다 조금 더 나아졌다면 그것도 훌륭한 성취라는 뜻이다. 이런 관점이야말로 비교에서 오는 불안을 잠재우는 좋은 방식이다.

관심의 초점이 내게로 옮겨지면 '나'라는 사람을 통째로 생각하게 된다. 비록 남들보다 못한 부분도 있지만 더 나은 부분도 있음을 알게 되면서 나에 대한 균형감을 갖게 된다. 그러면 다른 사람과의 비교에서 쉽게 흔들리지 않을 수 있다. 분석철학자 토머스 나겔은 "당신의 삶이 큰 의미를 가질 수 있는 방법은 다양하다. '전체'로서의 당신의 의미를 설명하는 해석이 없다는 것은 문제다. 성공과 실패, 분투와 실망은 전체로서의 삶의 '부분'들에 불과하다"고 했다. 우리가 타인의 행복, 일시적인 관심, 얻지 못한 욕망 등 부분에 일희일비하는 건 전체로서의 삶의 의미가 부재하기 때문이다. 비록 부분 때문에 흔들리더라도 전체로서의 '나'는 갖추고 있어야 한다. 그래야 풍랑이 와도 배가 뒤집히지 않는 법이다.

마지막으로 불안하고 걱정스러운 일들이 내 힘으로 도저히 어쩔 수 없는 거라면 그냥 그 일을 머리에서 지우는 것이 좋다. 우리가 하는 걱정의 대부분은 해결 불가능한 것들이다. 안 그래도 힘든데 그런 불안까지 안고 살아갈 수는 없는 노릇이다. 그러니 쉽게 해결할 수 있다면 당장 해치우고, 그렇지 않다면 뒤로 제쳐 두렴.

딸에게 보내는 심리학 편지

사실 나는 불안을 호소하는 사람보다 불안을 지각하지 못하는 사람이 더 걱정스럽다. 우울증에 걸린 사람들이 흔히 하는 말 중 하나가 "제 미래가 하나도 궁금하지 않아요"란다. 살아야 할 이유나 명분이 딱히 없기 때문에 욕망이 없는 것이고, 욕망이 없기에 불안도 없는 것이지. 그럴 때면 사람들은 자살을 떠올린다. 그래서 나는 인간의 욕망이란 삶에 동기를 부여하는 힘이라고 생각한다. 인간을 살 수 있게끔 만들어 주는 정신의 엔진이기 때문이다.

　그러므로 가끔 사는 일이 불안해질 때면 그 신호를 밀어내기만 할 것이 아니라 그 소리에 귀 기울여 보는 태도가 필요하다. 불안하다는 건 어떻게든 성장하고 싶은 마음의 시그널이자 지금 인생을 잘 살고 있다는 증거니까.

시기심:

누군가 너를 시기한다면
그만큼 네가 성공했다는 뜻이다

"나는 너희들이 나보다 잘될까 봐 항상 불안했어."

영화 〈마이 블랙 미니 드레스〉에서 수지가 혜지에게 던진 말이다. 영화의 네 주인공인 수지, 혜지, 민희, 유민은 같은 대학교 연극영화과 동기들로 졸업할 때까지 4년 내내 붙어 다닌 단짝 친구들이다. 졸업만 하면 창창한 앞날이 펼쳐질 거라던 기대와 달리 취업은 실패하고, 집안 사정은 기울고, 연애도 꼬여만 간다. 그러던 중 혜지가 갑자기 잘나가는 신인 배우가 되자 그들의 우정엔 묘한 기류가 흐른다. 세 친구들은 아무도 혜지에게 축하한다는 말을 건네지 않는다.

딸아, 너도 한 번쯤 수지 같은 묘한 감정을 느껴 본 적이 있을 것이다. 매일같이 밥을 먹고, 차를 마시고, 공부하던 친구가 갑자기 나보다 훨씬 잘나가게 되었을 때 느껴지는 시기심 말이야. 다른 것보다 비슷한 게 많다고 생각했던 친구가 부러움을 받는 자리로 올라서는 모습을 바라보며 축하해 주고 싶은 마음 한 켠에 깎아 내리고 싶은 마음이 생긴다. 친구의 실패를 은근히 바라고, 그의 자리를 빼앗아 내 것으로 만들고 싶은 마음이 들기도 하지. 그런데 더 괴로운 사실이 뭔지 아니? 친구를 미워하는 자신이 한심하고 초라하게 느껴진다는 거야.

시기심이 생기는 건
자연스러운 일이다

—

시기심은 내가 갖고 싶은 걸 다른 사람이 가지고 있을 때, 그 사람을 미워하게 만든다. 재력, 미모, 학벌, 장점, 업적, 평판, 행운 등 시기심을 일으키는 대상은 너무나 많다. 심지어 내 자동차가 있는 차선은 꽉 막혀 있는데 옆 차선의 차가 나보다 빨리 갈 때, 지하철에서 나보다 늦게 탄 사람이 먼저 자리에 앉을 때 화가 치민다면 그것도 시기심에 속하리라.

그러니 살면서 시기심을 피할 가능성은 제로다. 누구든 시기심이란 감정에서 자유롭지 못하다. 세상에 부러울 것이 없어 보이는 백만장자도 마찬가지다. "나는 잉글랜드와 결혼했다"고 한 엘리자

베스 1세는 16세기 이웃나라 스페인과 프랑스에 뒤지고 있던 영국을 정치적 경제적으로 유럽 제1위 국가로 만들었고, 사회 문화 등 모든 분야를 도약 발전시킴으로써 지난 1000년간 영국 역사에서 가장 위대한 지도자로 손꼽힌다. 이런 여왕도 시기심 앞에서는 속수무책이었다고 한다. 스코틀랜드의 여왕인 메리 스튜어트의 매력에 당할 수 없던 엘리자베스 여왕은 "누가 더 키가 크죠? 제가 더 아름답지 않나요?"라며 메리와 아름다움을 두고 경쟁을 벌였다. 그리고 메리가 있는 한 자신은 2순위일 수밖에 없다는 사실이 그녀를 괴롭혔다고 한다.

그런데 더 고약한 사실이 하나 있다. 바로 시기심이 나와 가까운 사람들일수록 그 못된 모습을 더 잘 드러낸다는 점이다. 우리는 텔레비전에 나오는 재벌 3세나 유명 연예인보다 나보다 월급이 조금 더 오른 친구, 다이어트로 조금 더 예뻐진 동료, 좋은 회사에 취직한 사촌에게 더 큰 시기심을 느낀다. 그의 위치가 곧 따라잡을 수 있을 만치 가깝게 느껴지는데 막상 나는 그 자리에 서지 못했기 때문이다. 그럴 때 '단지 그들이 운이 좋았던 거야' 하면서 나를 합리화하고 저 자리에 선 그들을 깎아내린다. 그래서 단짝 친구나 동창들이 시기심의 대상이 되는 경우가 많다.

시기심은 나보다 잘난 사람뿐만 아니라 나보다 못하다고 생각했던 사람들을 그 대상으로 삼기도 한다. 나보다 여러 면에서 못했던 친구가 점점 간격을 좁혀 올 때 불쾌감이 드는데 이를 '간격 시기심'이라고 한다는구나. 나와 친구 사이를 구분해 주던 성적, 외모, 직업 같은 요소가 사라지거나 그 간격이 점점 좁아질 때 두려움으로 다가오는 것이다. 이에 대해 영국의 철학자 프랜시스 베이컨은 "다른 사람들이 올라오는 동안 정지해 있는 사람은 시기심이 생기는 것을 막을 수 없다"라고 말하기도 했다.

시기심에 사로잡히면 자신이 지닌 재능이나 능력에서 즐거움을 얻는 대신 다른 사람이 가진 것을 보면서 괴로워하게 된다. 가능하다면 다른 사람이 가진 좋은 것을 빼앗고 파괴하고 싶은 마음도 든다. 영국의 정신분석가 멜라니 클라인은 시기심을 파멸에 이르려는 죽음의 본능인 타나토스thanatos의 관점에서 설명하기도 했다. 과도한 시기심은 대상을 파괴할 뿐만 아니라 자신도 파괴함으로써 공멸하게 만든다는 것이다.

그런데 가장 큰 문제는 시기심에 휩싸인 사람들이 자신의 질투를 인정하지 않는다는 데 있다. 예의가 없어서, 건방져서, 실력이 없어서… 그 사람을 미워하는 이유를 여러 가지 대면서도 끝내 부럽기 때문이라는 속마음은 꽁꽁 감춘다. 사실 시기심을 인정하는 것은 내가 그보다 못한 면이 있다는 사실을 인정하는 것이기에 누구에게나 큰 용기가 필요하다. 그런데 시기심을 인정하지 않으면 나와 상대 모두 파괴의 소용돌이에서 쉽게 빠져나올 수가 없다. 그래서 시기심이 든다는 사실 때문에 괴로워하기보다 그것을 이해하고 좋은 방향으로 이용하려는 지혜가 필요하다.

질투는 나의 힘,
시기심을 다루는 현명한 방법

—

시기심에 시달린다는 건 내가 꼭 갖고 싶은 무언가가 있다는 뜻이다. 시기심은 가면을 쓰고 있어서 처음에는 내가 그의 어떤 점을 부러워하는지 쉽게 찾아내기가 어렵다. 그러나 그 사람의 장점과 단점을 찬찬히 따져 보면 내가 왜 그에게 시기심을 느끼는지를 알아챌 수 있다. 그게 바로 욕심이 나는 것이다. 이런 과정은 시기심을 가라앉히는 데에 도움을 준다.

독일의 심리학자 롤프 하우블은 《시기심》이라는 저서에서 시기심을 다루는 방법으로 두 가지를 소개한다. 첫 번째 방법은 파괴적인 것이다. 시기하는 사람은 자신이 부러워하는 자의 꼬락서니를 눈 뜨고 못 보겠다는 태도를 취하면서도 자신은 그와 같은 위치에 서지 못할 것이라고 생각한다. 그래서 시기의 대상이 잘못되기를 바란다. 두 번째 방법은 건설적인 것이다. 시기하는 대상이 가진 것을 인정하고, 자신도 똑같이 갖는 것을 목표로 노력한다. 이때 시기심은 자극이 된다. 시기심이 타인이나 자신을 망가뜨릴 수도 있지만 이처럼 건설적인 자아를 만드는 동력으로도 사용될 수도 있다.

"왜 항상 잘된 이야기는 다 남의 얘기지?" "다른 사람은 쉽게 사는데 왜 나만 지지리 궁상인 걸까?" 우리는 이런 얘기를 참 많이 한다. 그러나 그들은 우리가 부러워하는 재능, 기회, 인맥을 얻기 위

해 많은 것을 포기해야 했다. 그러므로 질문을 바꿔야 하는지도 모르겠다. "그는 그것을 얻고자 무엇을 포기했느냐?"라고. 프랑스의 소설가 쥘 르나르는 "게으름에 대한 하늘의 보복은 두 가지가 있다. 하나는 자신의 실패요. 다른 하나는 그가 하지 않은 일을 한 옆 사람의 성공이다"라고 했다. 아무런 노력도 하지 않고, 열매만 얻으려 한다면 우리는 시기심에 휘둘릴 수밖에 없을 것이다.

또 아무리 잘나 보이는 사람이라도 열등감이 있다는 사실을 기억해야 한다. 우리가 선망하는 사람은 멀리서 보기 때문에 멋져 보이고 세상을 다 가진 사람처럼 보인다. 무대에서는 프리마돈나지만, 그들 역시 무대 뒤로 내려오면 우리와 비슷한 일상이 기다릴 뿐이다. 인간이라면 누구나 어느 정도 고통을 겪으며 살아간다는 걸 기억하면 시기심의 맹렬한 기세도 한풀 꺾일 것이다.

**누군가 너를 시기한다면,
네가 그 사람보다 낫다는 증거다**

—

시기심에 휩싸여 누군가를 미워하는 것도 큰 고통이지만 특별한 이유 없이 시기심을 받는 것 또한 너무 힘든 일이다. 생각해 보렴. 누군가가 흠을 찾아내려고 내 일거수일투족을 살피고 있는데 그 사람 앞에 서야 하는 기분을. 시기를 받는 사람의 입장에서 보자면 상대에게 잘못한 것도 없는데 이렇게까지 미움을 받아야 하나 싶어 억울할 수도 있다. 게다가 상대의 마음을 풀어 주려는 노력이 오히려 시기심에 더 불을 지핀 경우도 많다. 학창 시절 예쁜 외모에도 불구하고 좀 모자라거나 중성적인 이미지를 고수하는 친구들이 있는데, 바로 시기심으로부터 자신을 보호하기 위한 방어막을 만든 경우다. 그래야 친구들과 쉽게 어울릴 수 있으니까.

딸아, 누군가 너를 시기해서 물어뜯으려고 하면 억울하고 괴로울 것이다. 그러나 시기심을 받는다는 것 자체가 시기하는 사람보다 더 나은 위치에 있음을 드러내는 반증이자 그만큼 베풀 게 많다는 뜻이기도 하다. 그리고 너에게도 책임은 있다. 욕망의 대상을 먼저 획득한 자는 약자를 배려할 의무가 있다. 그게 가진 자의 윤리이며, 우리는 그걸 배려라고 부른다. 그러므로 만약 누군가의 질투를 받을 만한 위치에 서게 되었다면 상대방의 입장을 배려해 말을 하도록 해라. 다른 사람이 바라는 것을 먼저 가졌다면 그것만큼 기쁜 일도 없겠지. 자랑하고 싶은 마음이 드는 게 당연하다. 또 아무리 공감 능력이 뛰어나 다른 사람의 입장을 잘 배려하는 사람이라도, 모르는 사이 자랑의 뉘앙스가 튀어나오곤 한다. 그럴 때 듣는 사람이 느끼는 박탈감은 생각보다 훨씬 크다. 받아들일 준비가 되지 않은 상대에게 자기 감정을 표현하는 것은 예의가 아니다. 그러니 기쁜 마음은 정말로 가깝고 너를 아끼는 사람에게만 표현하도록 노력해라.

내가 정기적으로 참석하는 모임에는 유독 사람들의 관심과 호의를 받는 한 여성이 있다. 특별히 아름답거나 화려하진 않지만 다른 사람의 말을 잘 들어 주고 편안하게 해 주며 겸손하다. 똑 부러지는 성격에 일에서도 두각을 드러내는 그녀였지만 공은 다른 사람과 함께 나누며 자기 재능을 드러내려고 하지 않았다. 나는 그녀가 참 지혜롭다는 생각이 들었다. 자신을 낮추면서도 보이지 않게 상황을 장악할 줄 아는 영리함과 당당함을 지녔기 때문이다. 모든 사람들이 그녀와 같은 '현명한 겸손함'을 가진다면 시기심에 휘둘려 귀한 에너지를 소진하는 일이 줄어들지 않을까 싶었다.

시기심도 버릇이다. 이 버릇을 고치려면 자신의 행복과 즐거움에 집중하는 습관을 들여야 한다. 궁극적으로 보자면 누구든 행복해지기 위해 사는 것이고, 행복하면 타인을 더 이상 부러워하거나 시기할 일도 없을 테니까. 그러니 딸아, 네가 즐겁고 네가 행복해지는 일을 더 많이 해라. 그러면 시기심이 더 이상 너를 괴롭히지 않을 테니까.

피로:
'되면 좋고 아니면 말고'
정신으로

딸아, 너도 '워라밸'이라는 말을 많이 들어 봤지? 나는 정신
과의사로 일하면서 과중한 업무 때문에 고통받는 이들을 참 많이
도 만났다. 그러니 이 말을 처음 들었을 때 얼마나 반가웠겠니. 오
랫동안 우리는 너무 많은 것들을 희생하며 오로지 일에만 매달렸
다. 먹고사는 일이 어느 정도 해결되고 나서도 그런 분위기는 쉽사
리 바뀌지 않았지. 하지만 어느 순간 '저녁이 있는 삶'을 꿈꾸는 이
들이 늘었고, 회사의 과도한 요구를 거부하며 당당히 맞서는 젊은
이들이 등장했다. 어느새 일과 삶의 균형은 단순한 트렌드를 넘어
새로운 패러다임이 되었지. 이제 그 흐름을 역행하기란 불가능해
보인다.

일과 삶 사이에서 시간적인 균형을 잡을 수 있게끔 사회가 변해 가는 일은 매우 바람직한 현상이다. 하지만 물리적인 균형이 곧 심리적인 균형으로 이어지는 것은 아닌 듯하구나. 퇴근 시간이 빨라졌다고는 하지만, 여전히 업무에 대한 스트레스와 만성적인 피로 그리고 미래에 대한 막연한 불안을 호소하는 이들을 많이 보았기 때문이다.

'번아웃'에
특히 취약한 사람들

—

"하얗게 불태웠어." 일이든, 술이든, 놀이든 지난밤을 어떤 일에 몽땅 바치고 나면 사람들은 이렇게 말한다. 가진 에너지를 전부 쏟았으니 후회가 없다는 뜻이기도 하고, 내일의 에너지까지 소진해서 기력이 조금도 남지 않았다는 말이기도 하다. 아무것도 남기지 않고 전부 불태워서 탈진 상태에 이르는 것, 즉 '번아웃Burnout'이다.

번아웃은 주로 일 중독의 경우를 이른단다. 경쟁이 치열한 현대 사회에서 사람들은 뒤처지지 않기 위해 안간힘을 쓴다. 업무를 성공적으로 마쳐야 한다는 부담감에 쉬지 않고 내처 달려가는 것은 기본이다. 퇴근 후에도 일 생각에 마음이 불안하고, 잠자리에 누워서도 머리가 팽팽 돌아가는 것만 같다. 그러다 어느 순간 손가락 하나 까딱하기 어려울 만큼 무기력한 상태에 이른다. 머리는 '해야 한다'고 명령을 내리지만 몸은 좀체 따라오지 않는다. 심하면 분노감과 자기 혐오에 시달리기도 한다. 재충전의 시간을 허락하지 않은 결과 아예 방전되어 버리는 것이다.

그런데 번아웃에 유독 취약한 사람들이 있다. 자신의 존재 가치를 일에 두거나 성공에 유난히 집착하는 이들이다. 그들은 자기 이상이 매우 높다. 손대는 일은 반드시 성공시켜야 하고, 남들보다 더 빛나는 성과를 내야만 한다. 그래서 마치 빚을 갚으라고 쫓아다니는 사채업자마냥 자신을 끊임없이 다그치고 닦달한다. 다혜 씨도 그런 경우였다.

다혜 씨는 어려서부터 악바리처럼 살아왔다. 유복한 가정에서 태어났지만 초등학교에 입학하기 전 아버지의 사업이 부도나면서 가세가 급격히 기울었다. 하루가 멀다고 싸우는 부모님에게 유일한 빛이 있다면 그건 바로 다혜 씨였다. 부모님은 공부 잘하는 다혜 씨가 얼른 집안을 일으켜 세워 주기를 바랐다. 그 기대를 어깨에 짊어지고 다혜 씨는 투사처럼 앞만 보고 달렸다. 그런 노력의 결과로 좋은 회사에 취직해 동기들보다 빠르게 진급했고, 이제는 굵직한 회사에서 스카우트해 가고 싶어 하는 전문가로 성장했다.

그런 다혜 씨가 나를 찾아온 이유는 주체가 안 되는 분노 때문이었다. 몇 달 전 다혜 씨가 진행하는 프로젝트가 좌초되는 일이 있었다. 보통은 열 번 잘하다가 한 번 실수하면 툭툭 털고 일어나기 마련이다. 하지만 다혜 씨에겐 그 일이 적잖은 충격이었다. 주변에서 보내는 격려가 마치 '언젠간 꼬꾸라질 줄 알았다'라는 비아냥으로 들렸고, 업무적 제안은 '당신보다 내가 더 일 잘하지?'라는 잘난 척으로 들렸다. 그때마다 다혜 씨는 버럭 화를 냈다. '이렇게 열심히 일하는 내게 어떻게 감히!' 하는 분노였다.

몇 차례의 분석을 거친 후 나는 다혜 씨에게 이렇게 말했다. "그동안 너무 애쓰며 살아오셨군요." 그러자 바늘로 찔러도 피 한 방울 안 나올 것 같았던 다혜 씨의 얼굴에 눈물이 주르륵 흘렀다. 한번 터진 눈물보는 멈출 줄을 몰랐다. 그동안 그녀는 누구에게서도 "수고했어. 힘들었지?"라는 신성한 위로 한마디 듣지 못한 채 살아왔던 것이다. 그녀는 너무 애쓰며 살아온 나날들이 억울하고, 무작정 앞만 보고 달려온 세월이 분하고 서글프다고 말했다.

무엇이든 지나친 행동 뒤에는 나름의 이유가 있다

—

다혜 씨의 지나친 노력과 채찍 뒤에는 사랑받고 싶은 어린 소녀가 숨어 있었다. 부모의 따뜻한 보살핌을 원했던 다혜 씨에게 부모는 공부를 잘할 때만 그 사랑을 주었고, 그 결과 다혜 씨는 성공이 곧 사랑의 조건이라고 여기게 되었다. 그러나 성공에 대한 신경증적인 집착은 성공에 대한 갈증만을 가져다줄 뿐, 행복은 보장하지 않았다. 다혜 씨는 누구보다 열심히 일했지만 늘 불안했고 성취에 배가 고팠으며 무엇보다 불행했다.

치열한 분석을 거치면서 다혜 씨는 어린 시절의 자기 자신을 돌아보게 되었다. 그 아이의 아픔을 이해하고 안타까워하자, 그간 꿋꿋하게 버텨 온 자신이 자랑스러워졌다. 그러고 나서야 서서히 자기 자신을 너그럽게 대했다. 모든 일을 반드시 성공시켜야 할 필요는 없으며, 행복의 기준은 타인의 평가가 아니라 바로 내 안의 느낌에 있다고 믿게 된 것이다.

외부로부터가 아닌 내부로부터의 목표 설정. 자신을 끝내 번아웃의 지경까지 몰고 가는 완벽주의자들에게 필요한 것이 바로 이런 전환이다. 번아웃의 개념을 창시한 정신과의사 허버트 프뤼덴버그도 이 점을 강조했다. 그는 외부로부터 주어진 목적이 아닌 자신의 의지로 어려운 과제에 도전했다면 성공하든 실패하든 그 경험 자체가 사람을 단련한다고 했다. 반대로 자신의 의지가 아닌 남에게 인정받고 싶은 마음에 노력했다면 안타깝게도 그 경험은 사람을 단련하지 않는다. 그러면서 엘리트 코스를 밟아 온 사람 중에 작은 시련에 와르르 무너지는 사람들이 바로 그런 케이스라고 지적했다.

살다 보면 프뤼덴버그의 말에 참 많이 공감하게 된단다. 우리 주변에도 큰 성공을 거둔 사람들의 이면을 들여다보면 그가 누구보다 많은 실패를 경험했다는 사실에 놀랄 때가 많다. 그들이 실패를 오답 노트 삼아 걸어갈 수 있었던 이유는 실패 자체가 그들에게 의미가 있었기 때문이다. 남들이 봤을 때는 실패일지 몰라도, 자신에겐 하나의 가설을 검증해 본 귀한 경험이었기 때문이다. 이처럼 어떤 일에서든 타인의 평가가 아닌 자기의 관점에서 그 의미를 찾아낼 수 있을 때 사람은 쉽게 무너지지 않는다. 성공이든 실패든 그 경험 자체가 그를 단단하게 만든다.

무엇이든 지나친 것에는 나름의 이유가 있다. 노력도 마찬가지다. 모든 에너지를 소진할 만큼 애쓰고 있다면 그 이유를 찬찬히 들여다봐야 한다. 내면에서부터 설정된 목표를 향해 달려가는 노력은 번아웃되지 않는다. 그러나 타인에게 인정받기 위해 내달리는 노력의 결말은 번아웃과 좌절 그리고 불행뿐이다.

만성피로에
시달리는 사람들

—

딸아, 혹시 주변에서 이런 사람들을 본 적은 없니? 별일이 없어도 늘 피곤하다고 말하는 이들 말이다. 그들은 일상생활을 영위하는 것만으로도 몸이 납덩이처럼 무거워진다. 항상 머리가 아프고 두드려 맞은 듯 전신이 뻐근하다. 아무리 잠을 자도 피로는 회복되지 않는다. 당연히 매사 무기력하다. 바로 만성피로를 호소하는 이들이다.

번아웃은 스스로를 다그치다가 끝내 소진되는 상태다. 그런데

딸에게 보내는 심리학 편지

별다른 노력을 하지 않는데도 늘 피로하다니. 그들은 어쩌다가 극도의 에너지 고갈 상태에 이른 걸까?

그들의 심리적 특징은 무력감과 자신감 결여라고 볼 수 있다. 보통 사람들은 웬만한 일은 제힘으로 헤쳐 나갈 수 있다는 자신감을 기본적으로 지니고 있다. 자잘한 스트레스를 이겨 낸 경험이 쌓여서 생긴 자신감이지. 그런데 어려서부터 견디기 힘든 스트레스에 노출되거나 능력을 넘어서는 지나친 목표 때문에 어려움을 겪은 경우, 작은 과제 앞에서도 '내 힘으론 어쩔 수 없어' 하는 무력감을 학습하게 된다. 앞서 말했던 '학습된 무기력'이다. 어려서 발목이 묶인 코끼리는 다 자라서 제 발목의 끈을 끊어 낼 힘이 있어도 탈출을 시도하지 않는다. 마찬가지로 무기력을 학습하게 되면 충분히 어려움을 극복할 수 있는 상황인데도 불구하고 아무런 노력을 기울이지 않게 된다.

제힘으로 헤쳐 나갈 수 없다고 믿는 이에게 세상은 공포다. 세상으로부터 받는 자극이 두렵게만 느껴지고, 혹여 잘못된 일이 벌어질까 봐 신경은 곤두서 있다. 당연히 별일이 없어도 늘상 피로하다. 그 무엇도 쉽게 결정하지 못하니 우유부단하다는 평가를 받고, 조그만 일에도 노심초사한다. 주변에선 아무런 노력도 하지 않는데 왜 피곤할까 하고 의아해하지만, 그들의 내면은 걱정과 공포로 한시도 편안할 날이 없다.

만성피로를 호소하는 이들은 피로의 원인인 걱정과 공포를 하나하나 분석해 볼 필요가 있다. 잘 알겠지만, 우리가 하는 걱정의 대부분은 쓸데없는 것들이다. 일어날 가능성이 별로 없다는 뜻이다. 그리고 막연한 걱정과 공포는 오히려 문제 해결을 어렵게 만든다. 그러므로 이들에게 필요한 일은 뜬구름 같은 걱정을 자잘하게 쪼개 지금 낭상 실행할 수 있는 계획으로 바꾸는 것이다.

누구든지 눈앞의 과제가 크고 어렵다고 느낄수록 걱정이 늘고 행동력이 약해진다. 하지만 아무리 어려운 일이라도 가장 쉬운 부분은 있는 법. 나 역시 마찬가지란다. 책을 한 권 써야 한다고 생각하면 부담스럽고, 어디서부터 시작해야 할지 몰라 자꾸 오늘 일을 내일로 미루고 싶어지지. 그럴 때는 제일 흥미 있는 주제를 먼저 쓰겠다고 결심한다. 그래도 시작하기가 어려우면 딱 한 페이지만 쓰겠다고 결심한다. 그것도 안 되는 날에는 소제목과 뼈대만이라도 쓴다고 마음먹는다. 그러다 보면 아무리 작아도 그날 할 수 있는 일이 있기 마련이다. 그렇게 일을 끝마치고 나면 마음이 한결 편안해지고 조금이나마 자신감이 생긴다. 이런 경험이 쌓이면 어느새 제일 어려운 주제에도 저절로 손이 가게 된다. 무기력을 이기는 자신감도 마찬가지다. 현실감 있는 목표를 설정하고 하나씩 '격파'해 나가다 보면, 걱정하는 습관도 조금씩 수정되기 마련이다.

다른 한편으로는 '되면 좋고 아니면 말고' 하는 배짱도 함께 기르면 좋겠다. 모든 일이 계획대로 풀리면 좋겠지만, 인생은 변수의 연속이다. 어떻게 인간이 그 모든 변수까지 염두에 두고 살겠는가. 그러니 노력한 만큼 안 풀린다고 끝없이 자신을 닦달하거나 '난 뭘 해도 안 돼' 하며 자포자기하지 말고, '어쩔 수 없지, 최선을 다했으니까 더 이상 미련은 갖지 말자' 하는 심정으로 넘겨 버리면 어떨까. 그렇게 일과 나 사이에 확실히 금을 그어야 몸과 마음이 쉴 공간이 생기고, 쉬어야 에너지도 샘솟는다.

예전에 어르신들은 세상에서 가장 미련한 사람을 내년에 농사지을 씨앗까지 몽땅 먹어치운 농부라고 하셨다. 정말 그렇다. 애쓰다 지쳐서 쓰러지는 것만큼 허무하고 바보스러운 일이 또 있을까. 이제 세상도 일과 삶의 균형을 외치고 있다. 그에 발맞춰 자신을 피로로 내모는 마음의 습관도 함께 고쳐 나가면 어떨까.

분노:

발끈하지 말고 더 우아하고
단호하게 표현할 것

동물의 세계에서 약자가 강자에게 일격을 가하는 장면을
본 적 있니? 쥐도 막다른 골목에 몰리면 고양이를 물고, 줄달음치
던 얼룩말도 도망갈 힘이 남지 않으면 뒷발로 사자를 공격하더구
나. "지렁이도 밟으면 꿈틀댄다"는 속담처럼 아무리 힘이 약한 존
재도 극한의 위험 상황에 놓이면 자신을 지키기 위해서 사력을 다
해 대항한다. 사람도 마찬가지다. 누군가로부터 공격을 당하면 뱃
속부터 강렬한 에너지가 끓어 넘친다. 그것은 활화산의 용암처럼
분출하기 때문에 쉽사리 막거나 함부로 손대기가 힘들다. 바로 분
노다.

분노는 생존을 위해 반드시 필요한 힘이다. 그렇지만 사람들은

딸에게 보내는 심리학 편지

보통 분노를 부정적인 감정으로 여기고 어떻게든 억누르려고 애를 쓴다. 아마도 분노가 부적절하게 표현되어 난감해진 상황을 더 많이 경험했기 때문일 것이다. 그러나 살아 있는 존재인 이상 분노라는 감정을 피할 길은 없다. 그렇기 때문에 분노를 다스리는 방법에 더욱더 관심을 기울여야 한다.

때론 너무 공손하게, 때론 아주 냉소적으로
분노의 다른 얼굴들

—

분노, 화라고 하면 사람들은 딱 두 가지 모습을 떠올린다. 꾹 참거나 지르거나. 그런데 참거나 지르는 방식으로 분노가 표출되는 경우는 생각 외로 적다. 분노는 훨씬 다양한 얼굴로 우리 앞에 모습을 드러낸다.

가장 흔히 볼 수 있는 상황은 분노의 대상이 아닌 다른 사람에게 화를 내는 경우다. "종로에서 뺨 맞고 한강 가서 눈 흘긴다"라는 속담을 떠올리면 쉽다. 나에게 분노를 일으킨 대상은 나보다 힘이 세고 지위가 높은 경우가 많다. 그들에게 어떻게 대놓고 화를 낼 수 있겠나. 꾹 참은 분노를 저보다 약한 사람을 향해 터뜨린다. 배우자에게 화를 내고 부하 직원을 혼쭐낸다. 심하면 알지도 못하는 콜센터 직원에게 나쁜 말을 퍼붓고, 운전 기사에게 욕설을 내뱉는다. 우리 사회를 떠들썩하게 만든 '갑질'이 바로 이런 경우다.

반대로 분노하면 갑자기 차가워지는 사람들도 있다. 무표정해지고 입을 닫는다. 상대가 하는 말에 차가운 냉소로 대꾸한다. "그건 원래부터 안 되는 일이었어." 짐짓 모든 일에 통달한 사람처럼 뒷짐을 지고 갈등 상황에서 물러나 상대가 고생하는 모습을 관찰한다. 상사가 지시를 하면 '시키니까 해 준다, 근데 잘 안 될걸?' 하는 태도다. 그들은 겉으로는 어떤 일에도 냉정을 잃지 않는 사람처럼 보이지만 내면에는 뜨거운 분노가 흐르고 있다.

어떤 사람은 지나치게 헌신함으로써 분노를 표출하기도 한다. 우리네 어머니들 중에 많았지. 집안을 잘 돌보지 않고 술에 빠져 사는 남편인데도 삼시 세끼 밥을 다 차려 주고, 밖에 나가 돈을 벌어 오고, 시가 어른들을 살뜰히 돌본다. 그들의 전략은 상대에게 죄책감을 유발하고 스스로는 성인군자가 되는 것이다. '봐라, 너는 그 모양이지만 나는 모든 걸 견뎠다. 나한테 평생 미안해해라' 하는 마음이랄까. 그러므로 자기를 학대하는 지경에 이르도록 모든 일을 떠맡는다. 너무 힘들지만 다른 사람의 도움은 극구 거절한다.

우리가 잘 눈치채지 못하지만 너무 예의 바른 사람들이 알고 보면 분노로 가득 찬 경우가 많다. 그들은 별일 아닌데도 "죄송합니다"를 연발하고, 입에 발린 칭찬으로 상대를 난감하게 한다. 왜냐하면 상대가 자기 안의 분노를 눈치채서 자기를 싫어하게 될까 봐 걱정스럽기 때문이다. 그래서 그들은 은밀하게 분노를 표출한다. 상대에 대한 험담을 험담 아닌 듯 슬쩍 흘린다. 상대가 일을 시

딸에게 보내는 심리학 편지

키면 핑계를 대면서 미루거나 실수를 빙자해 일을 망친다. 당연히 자기에게도 불이익이 떨어진다. 어떻게 스스로를 망치면서까지 그럴까 싶지만 충분히 그럴 수 있다. 분노는 그 어떤 감정보다 강렬한 것이기 때문에.

**분노의 원인을 바깥에서만
찾는 사람들이 알아 두어야 할 것**

—

분노의 강렬함에 대해 스토아 철학의 대가인 세네카만큼 잘 표현한 이가 있을까. 그는 《화에 대하여》라는 책에서 이렇게 말한다. "화는 상대방을 해할 수만 있다면 다른 그 무엇도 신경 쓰지 않는다. 그 과정에서 오히려 스스로에게 겨누어진 비수의 칼끝을 향해 앙갚음하는 자신마저 나락으로 떨어질지라도 철저한 복수를 감행한다. 그래서 화는 일시적인 광기라고 할 수 있다. 화는 하찮은 이유로 격분해서 무엇이 옳고 참된지 알아보지 못한다. 화를 낼 때 우리 마음속은 무기 없는 전쟁터와도 같다."

화난 사람 눈에 내일은 없다. 지금 당장 잘못한 상대에게 앙갚음해 줘야 할 뿐이다. 그 과정에서 함께 죽는다 해도 아랑곳하지 않는다. 분노가 이처럼 사리 분별을 막을 만큼 강력하게 작동하는 이유는 무엇일까?

앞서 분노는 생존 본능과도 연결된다고 했다. 사느냐 죽느냐

하는 순간에 잘잘못을 따질 틈이 어디 있겠니. 위협을 당하면 자동 반사적으로 분노가 올라와 공격적인 행동으로 연결된다. 그런데 우리의 생존을 위협하는 것이 비단 육체적 공격만은 아니다. 우리가 소중하게 여기는 가치들이 훼손당했다고 느껴도 사람들은 위협으로 여기고 분노감에 휩싸인다. 누군가 네가 사랑하는 사람들을 욕하고 다닌다고 생각해 보렴. 마치 네가 모욕을 당한 듯 화가 치밀지 않니?

그렇게 보면 분노가 가지는 공격성도 이해가 된다. 나를 지키기 위한 최소한의 보호 본능이니까. 그런데 우리가 사는 세상에 '죽고 사는' 문제가 얼마나 될까? 거의 없다. 그런데도 작은 일에 '죽고 사는' 문제처럼 달려드는 이들이 있다. 그들은 사소한 일도 커다란 위협으로 느낀다. 자기 과대감 때문이다. '나는 대단한 사람이어야 해'라고 생각할수록 허상과 같은 자기 이상이 풍선처럼 부풀어 오른다. 그리고 바늘에 스치기만 해도 풍선이 터지듯이 작은 일에 자기 이상이 와르르 무너질까 봐 전전긍긍한다. 그들이 그냥 지나칠 수 있는 일에도 발끈하고 마는 이유다.

그러므로 자주 화가 나고 행동으로 연결된다면 외부의 사건이 아닌 내부의 마음을 들여다봐야 한다. 반복되는 분노 표출은 대부분 허약한 자존감에서 나오는 경우가 많기 때문이다. 하지만 이성적인 사고는 분노의 순간 무용지물이 되는 법. 그 전에 먼저 욱하고 올라오는 화에 제동을 거는 법부터 배우는 것이 좋겠구나.

딸에게 보내는 심리학 편지

화를 '우는 아기'라고
생각하기

—

화를 다스리는 데 효과적인 방법을 엄마는 불교에서 배웠다. 불교에서는 화가 일어나는 과정을 '두 개의 화살'로 나누어 설명한다. 예를 들어 운전 중에 다른 운전자가 내게 욕설을 내뱉었다고 해 보자. 당연히 불쾌감이 든다. 이게 바로 첫 번째 화살이다. 살아가는 한 언제라도 맞을 수 있는 화살. 그런데 그 말을 듣고 '감히 나한테 욕을 하다니!' 하고 분노해서 상대를 미워하고 죄책감이 든다면 두 번째 화살을 맞은 거다. 이 화살은 인정받고 싶고, 사랑받고 싶은 내가 나에게 쏜 화살이다. 이 두 번째 화살은 피해갈 수 있다.

그럼 어떻게 해야 할까? 첫 번째 화살을 맞은 순간 두 번째 화살을 연쇄적으로 쏘지 말고 그냥 그 사건 자체를 바라보는 거다. 어떻게 그렇게 할 수 있느냐고? 화를 '우는 아기'라고 생각하면 된다. 틱낫한 스님은 그러더구나. "아이가 우는 것은 무엇인가가 불편하고 고통스러워서일 것이고, 그래서 아이는 엄마의 품에 안기고 싶어한다. 우리는 화라는 아기의 어머니다. 의식적인 호흡을 실천하기 시작하는 그 순간에 우리에게는 그 아기를 품에 안고 어르는 어머니의 에너지가 생긴다. 화를 품에 끌어안은 채 의식적으로 숨을 들이쉬고 내쉬기만 해도 충분하다. 아기가 이내 편안함을 느낄 것이다." 그런데 정말 신기하게도 호흡만으로도 분노는 제법 가라앉는다. 여기까지만 와도 절반 이상은 성공이다.

분노의 화염이 누그러지면 이성적인 사고가 가능해진다. 상황을 현명하게 처리하기 위해 전략을 세울 수 있는 상태가 되는 거다. 그리고 나면 차분히 앉아서 생각해 보렴. 화를 내서 해결될 일인지 아닌지를. 그리고 해결할 수 있는 일이라면 어떻게 화를 낼 건지도.

화를 내기로 결심했다면 갈등 상황에만 초점을 맞춰야 한다. "당신의 어떤 행동이 나에게 이런 감정을 일으켰다"라고 이야기하는 것이 좋다. 상대의 인격이나 과거사까지 끌어들이지는 말자. 분노에 기름을 붓고 헛된 싸움을 반복하는 지름길이니까. 그렇게 얘기했는데도 네 뜻을 감지하지 못하거나 피해가려는 사람도 있을 것이다. 그런 이들에겐 좀 더 단호하게 이야기하는 것도 좋다. 그런 말이나 행동은 다른 사람에게 상처를 준다고 말이다. 상대를 존중하는 태도로 원망을 담지 말고 담백하게 말해야 한다. 누구나 존중해 주는 사람 앞에서는 함부로 행동하지 못하는 법이니까.

모든 감정은 아는 만큼 관리가 가능하다. 분노도 마찬가지다. 들여다보지 않고 내지르는 분노는 나와 상대를 모두 파멸로 이끌지만, 잘 관리된 분노는 한 사람을, 나아가 세상도 나아지게 만든다. 그러니 화가 마음에 불을 지르거든 잠시만 멈춰서 마음을 가다듬어 보아라. 이 분노를 무엇을 위한 동력으로 쓸 것인지를 말이다.

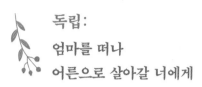

독립:
엄마를 떠나
어른으로 살아갈 너에게

언제나 탁자 위 같은 자리에는 너의 어릴 적 사진이 놓여 있다. 돌이 갓 지난 너는 뭐가 그리 서러웠는지 입을 크게 벌리고 울고 있었다. 사촌 언니가 달래 주어도 울음을 그치지 않던 그 모습이 무척 귀여워 찰칵 사진을 찍었더랬다. 그때 나는 28세의 젊은 엄마였다.

얼마 전 너와 통화를 하고 있는데 그날따라 사진이 눈에 들어왔다. 신이 나서 재잘대는 너의 목소리를 들으며 나는 문득 깨달았다. 이제 네가 나를 떠나 너만의 세상을 만들었음을. 그때 사진을 찍어 주던 나만큼 자란 너는 낯선 이국땅으로 건너가 공부를 하고, 회사를 다니고, 결혼을 했다. 씩씩하게 한 걸음 한 걸음 어른으로 우뚝 서 가는 모습이 참 대견하면서도 마음 한구석 쓸쓸함이 느껴졌다. '저렇게 작고 귀엽던 아이가 이제 내 품을 떠나는구나. 너에게 나는 좋은 엄마였을까?'

엄마와 딸, 그 복잡하고도 미묘한
애증 관계에 대하여

—

피천득 선생은 수필집 《인연》에서 엄마를 이렇게 추억했다. "엄마가 나의 엄마였다는 것은 타고난 영광이었다. 내게 좋은 것이 있다면 엄마한테서 받은 것이요, 내가 많은 결점을 지닌 것은 엄마를 일찍 잃어버려 그의 사랑 속에서 자라나지 못한 것이다. 또 하나 나의 간절한 희망은 엄마의 아들로 다시 태어나는 것이다."

누구나 가슴속엔 엄마의 자리가 있다. 세상살이가 고달프고 사람에게 상처받아도 모든 걸 편히 내려놓고 포근하게 쉴 수 있는 엄마의 품. 아무리 나이가 들어도 마음속에 엄마가 살아 있기에 힘들어도 한 번 더 기운을 차리게 된다. 누구에게나 엄마는 무엇과도 바꿀 수 없는 특별한 존재다.

그렇지만 모든 사람들이 엄마에 대해 좋은 기억만 갖고 있는 것은 아니다. 언젠가 모녀 관계 자료 조사를 위해 젊은 여성들을 상대로 웹사이트에 질문을 던졌다. "'나에게 엄마는 □□다.' 엄마는 어떤 존재인가요? 엄마라는 존재를 한마디로 표현한다면?" 절묘하게도 긍정과 부정의 답변이 반반으로 나뉘었다. 울 엄마는 나의 우상, 무지하게 감사한 분, 나를 가장 사랑하는 평생 친구, 포근한 안식처라는 긍정적인 답변이 있었는가 하면, 정신적 육체적으로 학대하는 사람, 부담을 주며 늘 뭔가를 바라는 사람, 나의 마음을 아프게 만드는 사람이라는 부정적 답변도 있었다. 엄마와 딸, 그 복잡하고도 미묘한 애증의 관계를 여실히 보여 주는 듯했다.

가장 가깝지만 그만큼 날카롭고 깊은 상처를 주고, 가장 사랑하는 만큼 많이 미워하는 모녀 사이. 인기 드라마에 모녀 갈등이 빠지지 않고 등장하는 데에는 누구나 엄마에 대한 원망과 애잔함을 함께 가지고 있기 때문일 것이다.

여러 해 전에 돌아가신 어머니에 대한 나의 마음도 마찬가지다. 아직도 잊히지 않는 장면이 하나 있구나. 언젠가 큰마음 먹고 가족들과 고급 음식점에 들러 밥을 먹고 일어서는데 어머니가 종업원에게 비닐봉지가 있으면 좀 달라고 했다. 남은 음식이 많은데 아깝다며 싸 가고 싶다는 것이었다. 여섯 남매를 키우느라 뭐든 아끼고 또 아꼈던, 손끝이 늘 알뜰하던 어머니셨다. 그래도 지금은 자식들이 장성해 경제적으로도 어렵지 않은데, 집에도 먹을 게 많이 있는데, 굳이 남은 음식을 싸서 나눠 주고 싶어 하시는 어머니가 솔직히 창피했다. 그래서 나도 모르게 짜증을 냈다. 그러고 돌아서는 길, 마음이 너무 안 좋더구나. 그런데도 어머니는 내 손에 봉지 하나를 들려 주셨다. 이제 좀 편히 사셔도 되는데 남들 눈이 어떻건 간에 그저 자식들 챙기느라 여념이 없는 어머니. 그 때문에 속상하고 미안했더랬다. 아직도 그때만 생각하면 후회가 남는다.

딸이 엄마로부터
독립하기가 쉽지 않은 이유

—

아이에게 엄마는 세상 전부다. 따뜻한 엄마의 자궁을 벗어나 차가운 세상 속으로 던져진 아이는 극심한 불안과 공포를 느낀다. 무력한 아이에게 엄마가 없다면 그것은 곧 죽음을 뜻한다. 만약 엄마가 아이의 정서를 잘 알아채서 울면 보듬어 주고, 배고프면 먹여 주고, 불편해하면 얼른 기저귀를 갈아 주는 등 보살피면 아이는 세상을 따뜻하고 살 만한 곳으로 생각하게 된다. 엄마가 만들어 주는 안전한 공간과 관계 속에서 아이는 세상을 탐험하며 조금씩 성장해나간다.

딸에게 엄마라는 존재는 더 특별하다. 엄마는 딸이 어린 소녀에서 한 여성으로 성장해 가는 모든 시기에 최우선적인 역할 모델이된다. 어떤 친구를 만날지, 어떤 사람을 사랑할지, 결혼하면 어떤아내 어떤 엄마가 될지 모두 엄마로부터 영향을 받는다. 그래서 딸에게 엄마는 가장 가까우면서도 동시에 가장 벗어나고 싶은 그 무엇이다. 자식이 사춘기가 되면 부모는 자신을 보호해 주는 울타리에서 뛰어넘어야 할 벽으로 역할이 바뀐다. 그 벽을 넘어설 때 비로소 자식은 한 사람의 성인으로 다시 태어난다. 그러니 딸의 첫 번째 역할 모델인 엄마는 오죽하랴. 딸의 일거수일투족에 관심을 두는 엄마는 딸들이 가장 먼저 뛰어넘고 싶은 대상이다. 이 시기 엄마가 하는 모든 말은 딸에게 잔소리처럼 여겨지고, 내 마음 좀 알아 달라는 엄마의 외침은 피하고 싶은 정서적 부담이다. 만약 이때 독립에 대한 딸의 욕구를 엄마가 충분히 이해한다면, 딸의 성장하려는 의지와 자율성을 존중해 준다면, 아이는 어른이 되어 엄마를 한 사람으로 이해하게 된다. 그러고 나면 멀어졌던 엄마와 딸은 새로운 방식으로 가까워진다.

그러나 딸이 엄마로부터 독립이 어려운 것과 마찬가지로 엄마들 역시 딸로부터의 독립이 어렵다. 딸의 성장 과정에서 유독 강렬한 정서적 일체감을 경험한 엄마들일수록 딸의 독립은 엄청난 심리적 도전으로 다가온다. 엄마가 한 성인으로서 단단할 때만 견뎌낼 수 있는 시련이다. 그렇지 못한 엄마들의 경우 딸을 고유한 정체성을 가진 독립적인 존재가 아닌 자신의 분신으로 여기기도 한다. 그들은 딸의 행동 하나하나에 관심을 쏟고, 딸의 일과를 관리 대상으로 삼는다. 친구 관계가 어떤지, 남자 친구와 데이트는 어떤지, 회사 생활엔 특별히 문제가 없는지 모든 걸 알아야 직성이 풀리는 엄마들. 그런 엄마 밑에서 자란 딸은 과도한 관심에서 벗어나고 싶지만 서운해할 엄마 때문에 어쩔 수 없이 착한 딸 노릇을 하게 된다.

심한 경우에 엄마는 나르시시즘의 연장선에서 자기가 못 이룬 꿈을 딸에게 강요하거나 실패한 인생에 대한 책임을 딸에게 덮어 씌우면서 들쭉날쭉한 사랑을 보여 준다. 때론 무의식적으로 딸들의 죄책감을 이용한다. 아직 어리고 혼자 살아갈 힘이 없는 딸은 그 모든 게 자기 잘못이라 여기고, 엄마의 사랑을 받기 위해 끊임없이 노력한다. 이런 엄마 밑에서 자란 딸들은 안타깝게도 쉽게 자신을 자책하고 비하하게 된다. 스스로 사랑받을 만한 존재가 아니라고 생각하는 것이다. 이런 불쌍한 딸은 남들에게는 모두 칭찬을 받지만 정작 스스로는 칭찬하는 법이 없다. 그들에게 인생은 끊임없이 누군가의 기대를 채워야 하는 숙제 같은 것이다. 그래서 엄마를 비롯해 다른 사람의 눈치를 보고 거기에 자기를 끼워 맞추며, 그들이 칭찬해 줄 때만 자신의 존재 가치가 있다고 여긴다.

그러므로 엄마와의 관계에서 풀지 못한 숙제를 안고 있다면 한 번 찬찬히 생각해 볼 일이다. 자신을 위해 희생한 엄마가 고맙지만 엄마의 욕심이 너무 부담스러워 벗어나고 싶다면, 또 그런 생각을 하는 자신이 밉고 죄책감이 들어 힘이 든다면, 이제는 엄마와의 관계를 새롭게 풀어 가야 할 때다.

딸들은 '레테의 강'을 건너 저편으로 가야 한다. 레테의 강은 그리스 신화에 등장하는 망각의 강이다. 죽은 자는 저승으로 가면서 레테의 강물을 한 모금씩 마시는데, 강물을 마신 자는 과거의 기억을 모두 지우고 다시 새로운 삶을 받아들일 준비를 한다. 이제 성인이 된 딸들에게 애증의 대상인 내면의 엄마는 지워야 할 과거다. 딸

딸에게 보내는 심리학 편지

은 자신을 억누르는 엄마의 그늘을 모두 지우고, 엄마가 바뀔 수 있다는 미련조차 버리고 떠나야 한다.

엄마와 나,
둘 다를 위해 꼭 해야 할 일

—

몇 해 전 대학교 2학년 여학생이 엄마와의 문제로 진료실을 찾아온 적이 있었다. "제발 엄마가 행복했으면 좋겠어요." 내가 왜 그러느냐고 묻자 그가 말했다. "그래야 제가 엄마한테서 벗어날 수 있을 것 같으니까요." 요즘 집에 들어가면 엄마와 자꾸만 싸우게 되는데, 매번 "어떻게 나한테 이럴 수 있니?"라며 울며 서운해하는 엄마를 어떻게 해야 좋을지 모르겠단다. 이제껏 아빠한테 무시당하고 사는 엄마가 너무 불쌍해서 엄마의 뜻을 거스를 생각조차 못했는데 언제까지 이렇게 살아야 하느냐고 반문했다. "선생님, 제가 나쁜 아이인가요?" 나는 그에게 절대로 나쁜 아이가 아니며 어른이 되어 부모로부터 벗어나려는 것은 지극히 정상적인 일이라고 말해 주었다.

40년 가까이 정신과의사로서 일하면서 3대에 걸쳐 불행이 반복되는 예를 무수히 만났다. 부모 없이 태어난 이가 없듯 부모의 영향을 받지 않고 살아가는 이 또한 없다. 누구나 부모로부터 영향을 받아 인격을 형성하고, 또 그런 '내'가 자녀들에게 영향을 주며

277

살아간다. 그러니 상처를 주고 있는 엄마 역시 그 부모로부터 상처를 받은 한 사람일 뿐이다. 엄마가 해결하지 못한 갈등과 분노가 대물림되었을 뿐이다. 그래서 나는 말했다. 어릴 때 당신은 아무 힘이 없었고, 그래서 전적으로 엄마의 뜻대로 할 수밖에 없었지만, 그것은 모두 과거의 일이라고. 지금 어른이 된 당신은 충분히 엄마를 뛰어넘을 힘이 있다고. 그러니 잘못된 관계를 바로잡아 새로운 관계를 만들라고 말이다. 즉 휘두르거나 휘둘리는 관계가 아닌 서로에 대한 연민과 사랑의 관계를 맺으라는 것이었다. 만약 당신이 그 상처의 고리를 끊지 않는다면 당신의 자녀들에게까지 전달될지 모르는 일이라고.

그러기 위해서는 먼저 엄마 역시 많은 상처와 결함을 가진 나약한 사람이었다는 사실부터 받아들여야 한다. 엄마를 고유의 심리적 아픔과 한계를 지닌 한 사람으로 이해하게 될 때 딸들은 과거와 화해할 수 있다. 그러고 나면 엄마에게 부정적인 면만이 아니라 긍정적인 모습도 많다는 걸 새삼 돌아보게 될 테고, 또 엄마로부터 영향을 받은 자기 모습도 이해하고 받아들일 수 있게 될 것이다. 그리고 그때야 비로소 엄마와 딸은 각자 자신의 삶을 살며 평생 친구가 될 것이다.

딸아, 너에게 나는 좋은 엄마였니? 아니면 알게 모르게 상처를 많이 준 엄마였니? 나는 이제 부모 노릇을 졸업했지만 너는 앞으로 부모가 될 것이다. 그러면 엄마로서 아이를 키우며 미처 몰랐던 마음의 상처를 보게 될 수도 있다. 내면의 상처받은 아이는 어떻게든 상처를 치유하고자 몸부림을 치기 마련이니까. 그 아이가 울거든 모른 체하지 마라. 그 상처는 어쩌면 나로부터, 더 나아가 네 할머니로부터 비롯된 것일지도 모른다. 그때 상처 때문에 너무 많이 힘들지 않았으면 좋겠다. 그리고 네가 그 상처의 고리를 잘 끊어 냈으면 좋겠다. 그래야 네가 엄마로서 행복할 테고, 너의 아이도 행복할 테니까.

Chapter. 5

너무 서두르지 말 것,
그리고
천천히 뜨겁게
살아갈 것

— 인생에 대하여

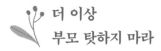

더 이상
부모 탓하지 마라

언젠가 네가 나에게 물었지. 엄마는 왜 하나밖에 없는 딸을 강하게 키우려 하느냐고. 돌이켜 보니 내가 늘 따뜻한 엄마는 아니었던 것 같다. 타지에서 공부하느라 지친 네가 전화로 하소연하면 "쓸데없는 걱정하면서 시간 보낼 거면 당장 돌아와라"라고 독설을 날린 엄마였으니까. 미국에 놀러 온 친구가 엄마 카드로 신나게 쇼핑하는 걸 옆에서 지켜보던 네가 트렌치코트 하나 사 달라고 전화했을 때도 나는 한마디로 거절했었다. 학교와 집을 달려가기도 바쁜 학생이 무슨 코트냐면서 말이야. 뭐 하나 쉽게 사 주지 않는 엄마 밑에서 너는 닭똥 같은 눈물을 참 많이도 흘렸더랬다.

그 대답을 지금 하자면 너는 내 딸이기 이전에 네 삶을 살아야 할 주체이기 때문이다. 사람의 마음이 성장하는 데 적절한 좌절은 필수불가결한 비타민과 같다. 우리 몸에 꼭 필요한 비타민이 있듯이 적절한 좌절은 정신을 단단하게 하고 독립된 자아로 성장하도록 만들어 준다. 그런데 외동딸인 네가 무조건적인 사랑과 지지에 익숙해져서 혹시나 심리적으로 허약한 사람이 되지는 않을까 하고 나는 걱정했었다.

내가 어릴 때는 귀여움을 독차지하는 외동들은 많지 않았다. 대부분 여러 형제자매에 둘러싸여 유년 시절을 보냈고 나 역시 여섯 형제와 부대끼며 자랐다. 그래서 자연스레 부모님의 시야에서 조금은 비껴 나 있었고, 내가 해야 할 일은 스스로 해야 했다. 나중에 돌아보니 그런 환경이 독립심을 키우는 데 도움을 주었다는 걸 깨달았다. 그래서인지 형제가 없는 네가 혹시 자기밖에 모르는 이기적이고 버릇없는 아이로 성장하는 것은 아닐까 걱정했던 게 사실이다. 나도 모르게 과잉보호의 함정에 빠지면 어떡하나, 매 순간 얼마나 통제하고 허락할 것인가를 두고 안간힘을 써 왔던 세월이었다. 부모 노릇이란 참으로 어렵다는 걸 새삼 깨닫는 순간들이었다.

내가 너를 잘 키웠다고 말할 수 있을까? 아니, 어쩌면 네가 나를 키워 왔는지도 모르겠다. 아무 준비 없이 부모가 되고 난 뒤 너를 키우면서 참 많은 일을 겪었다. 그 많은 실수와 시행착오를 겪으면서 문득 알게 되었다. 내가 얼마나 부족한 인간인가를 말이다.

아버지가 아들에게 줄 수 있는
가장 큰 선물은 일찍 죽는 것

—

나이를 먹어도 여전히 많은 부분에서 서투르며, 때론 실수를 하고, 때론 비겁한 생각을 하기도 하는 불완전한 인간. 그것이 이 세상 모든 부모의 진짜 모습이다. 그러나 정작 아이는 그렇게 생각하지 않는다. 아무것도 할 수 없는 자신에게 필요한 모든 것을 주는 완전무결한 존재가 바로 부모이기 때문이다. 그래서 아빠가 하늘의 별도 따다 주겠다고 하면 진짜 그럴 거라고 믿는다. 그만큼 부모는 아이에게 늘 커 보이고 완벽해 보이는 이상적인 존재일 수밖에 없다. 특히 어린 시절에는.

종선 씨도 그랬다. 올해 스물여덟 살인 종선 씨는 키도 훤칠하고, 멀끔하게 생긴 청년이었다. 그러나 어느 순간 집안의 기대주에서 문제아로 전락하게 되었고 우울증을 앓다가 부모님 손에 이끌려 병원을 찾았다. 병원조차 부모가 택해서 그런 걸까? 종선 씨는 도통 입을 열 줄을 몰랐고 그래서 치료는 더딜 수밖에 없었다. 그러던 어느 날 그가 말했다.

"전 대학교도, 의학전문대학원도, 하다못해 샴푸와 청바지도 부모님이 정해 주셨어요. 그 말을 따라야 잔소리를 듣지 않으니까 시키는 대로 했죠. 한마디로 그냥 무뇌아였어요. 그런데 왜 이제 와서 문제아 취급을 당해야 하는지, 제가 학교에 적응을 못해서 그런 것 같은데… 그냥 다 짜증 나요. 내 앞에서 무게 잡는 아버지도, 동기들도 다 싫을 뿐이에요."

종선 씨가 가장 답답해하고 고통스러워하는 것은 부모라는 거인을 이기고 싶지만 넘어설 수 없다는 무력감 때문이었다. 성공한 회계사인 아버지는 권위적이고 강압적이었다. 어려운 환경에서 자수성가했기에 매사 소극적인 아들을 가만 놔두지 않았다. 볼 때마다 다그치고 혼내는 아버지가 종선 씨는 늘 두렵고 무서웠다. 그는 말을 이었다.

"우리 아버지에게 서툴다는 건 용납이 안 돼요. 아버지는 가난한 집안에서 태어나 장학금으로 공부를 마치고 자기 힘으로 성공했기 때문에 '미숙'이라는 단어 자체를 전혀 이해하지 못하시는 것 같아요."

실존주의 철학자 장 폴 사르트르는 "아버지가 아들에게 줄 수 있는 가장 큰 선물은 일찍 죽는 것"이라고 말했다. 유년 시절 동네에서 싸움 잘하는 형에게 대들 수 없을 때 아이들은 분노 대신 복종의 형태로 순응하는 법을 배운다. 싸워서 이길 수 없다면 굴욕스럽더라도 아예 그 밑으로 들어가는 전략을 취하는 것이다. 이와 비슷하게 강압적인 부모 밑에서 성장한 자녀는 자신의 생존 방식을 투쟁이나 타협이 아닌 투쟁의 유예 쪽으로 트는 경향을 보인다. 그래서 세계적인 인물들의 아버지들 중에는 잘나기보다 오히려 인생의 실패자 같은 사람들도 꽤 많다. 어려움 속에서 자신을 단련하고

딸에게 보내는 심리학 편지

스스로 연마할 수 있었기 때문에 그 자녀들은 누구보다 크게 성장할 수 있었다.

부모를 탓하는 행동에 숨은 진짜 욕구

부모에게 당당한 아들로 자리매김하고 싶다는 욕망이 컸기에 종선 씨는 좌절감도 컸다. 하지만 그 이면에는 아버지에 대한 분노가 자리하고 있다. 언제나 자신을 무시하고 모멸감을 준 아버지, 그런 아버지에게 굴복당한 기억들이 종선 씨를 괴롭혔다. 그래서 그는 아버지에게서 미안하다는 말을 듣고 싶어 했다. 아버지 때문에 너무 많은 상처를 입었으므로 당연히 아버지가 그 상처를 어루만져 줘야 한다고 생각했던 것이다.

그러나 앞에서 말했듯 부모 또한 불완전한 인간일 뿐이다. 부모 역시 자기 부모로부터 받지 못했던 결핍을 자녀에게 기대하고 요구하며, 부모에게 받은 상처를 사랑이라는 미명하에 자녀에게 강요하기도 한다. 그러므로 종선 씨에게 지금 필요한 것은 부모가 더 이상 거인이 아니며 완벽하지도 않은 한 인간임을 인정하고 받아들이는 것이다. 이제 와서 자신이 이렇게 쓸모없는 인간이 된 것은 다 부모 탓이라고 원망해 봐야 상처만 더 깊어질 뿐이다.

한편으로 부모의 그늘이 너무나 크게 느껴지는 건 아직 자신의 길을 찾지 못했기 때문이다. 이미 어른이 된 종선 씨는 비록 그동안 부모님의 의지대로 휘둘려 살았더라도, 이제부터는 자기 뜻대로 인생을 설계해 나갈 수 있다. 그런데도 오늘날의 불행이 전부 부모 때문이라고 생각한다면, 그것은 어쩌면 현재 자신의 삶에 대해 책임지고 싶지 않아 회피하는 것인지도 모른다. 종선 씨에게 필요한 건 적응을 못하는 학교에서 벗어날까, 말까가 아니라 '절실하게 가고 싶은 길이 있는가?', '내 인생을 나답게 산다는 건 무엇일까?'에 대한 답을 스스로 찾아내는 일이다.

나는 종선 씨에게 더 이상 부모 탓이 유효하지 않음을 직면시켰다. 현재의 무능감은 부모님 때문이 아니라 스스로에 대한 불확신에서 오는 거라고. 정작 이겨 내야 할 것은 부모가 아니라 아직도 어리광을 부리고 있는 미숙한 자신이라고. 더 많이 자신을 들여다보고 더 많이 시행착오에 몸을 던져서 '나'라는 주체를 정립해 나가야 한다고.

가족은 구성원 개개인을 성숙한 인간으로 자라게 하는 토양이다. 아이는 부모의 사랑을 동력으로 삼아 무럭무럭 자라서 언젠가 부모 곁을 떠나 자신의 길을 걸어간다. 비로소 어른이 되는 것이다. 물론 아무것도 확실하지 않고 위험하기 짝이 없는 세상에서 혼자 모든 것을 결정하고 책임져야 한다는 사실을 받아들이기란 결코 쉬운 일은 아니다. 때로는 가시에 찔려 상처를 입기도 하고, 길을

　　　　　　　　　　　　딸에게 보내는 심리학 편지

잃어버릴 수도 있다. 그러나 아무리 힘들어도 살아 있는 한 어떻게 든 다시금 길은 나오게 되어 있다. 그러니 이제 엄마 탓, 부모 탓은 그만하길 바란다. "난 약해 빠졌어"가 아니라 "아직 해 보지 않았던 거야"라고 스스로를 믿고 뚜벅뚜벅 걸어가면 될 일이므로.

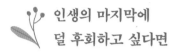

딸아, 얼마 전 들은 재미있는 얘기 하나 해 줄까. 어느 집에 막둥이가 태어났는데 엄마가 그랬단다. "아가야, 다른 거 필요 없다. 건강하게만 자라다오." 그 얘기를 들은 초등학교 3학년인 첫째가 하는 말. "동생아, 엄마 말은 다 뻥이야. 조금만 커 봐라. 공부 못하고 건강하기만 하면 구박받아. 거기다가 청소도 해야지, 심부름도 해야지, 얼마나 할 일이 많은데. 그 말은 아예 안 믿는 게 좋아." 이 얘기를 듣고 웃으며 맞장구를 쳤는데 나중에는 혹여 내가 너한테 그랬던 건 아닌지 뒤돌아보게 되더구나. 세상의 아이들은 크면 클수록 해야 할 일이 참 많아진다. 건강해야지, 씩씩해야지, 공부도 잘해야지, 성격도 좋아야지… 태어날 땐 존재 자체만으로도 감격하던 부모가 잔소리꾼이 되어 가는 걸 보면서, 아이는 사랑받으려면 무언가를 더 해야 될 것 같은 스트레스를 받는다. 나름대로 열심히 한다고 하는데도 부모의 기준이 너무 높으면 그것을 따라가기가 버겁게 느껴진다. 그런데 부모는 진심 어린 표정으로 말한다. "다 널 위한 거야. 내가 너를 얼마나 사랑하는지 알지?"

그 정도가 심하면 아이들은 부모의 기대를 저버리면 혹시나 사랑을 잃을까 봐 자신이 하고 싶은 것보다 부모가 원하는 일을 잘하기 위해 더 애를 쓴다. 어느 순간 아이는 자기가 진짜 무엇을 원하는지 잘 모른 채 어른이 된다. 부모의 바람에 따라 고시를 준비하면서도 이 길이 맞나 싶어 고민하는 대학생, 남들이 부러워하는 기업에 취직했지만 막연히 이건 아니다 싶어 퇴사를 고민하는 여성, 가족 뒷바라지에 반평생을 바쳤지만 격무와 접대에 시달려 결국 병이 든 중년 남성…. 이들은 모두 똑같은 질문을 토로했다.

"이게 정말 제가 바라던 인생인지 잘 모르겠어요."

타인의 인정과 칭찬에
목숨 거느라 잃어버리는 것들

—

우리는 다른 사람들이 좋다는 것, 세상이 인정해 주는 것을 쫓느라 인생의 많은 시간을 허비한다. 오징어잡이 배는 밤바다에 환하게 불을 켜서 오징어를 유인한다. 심해에 사는 오징어들은 자기를 살리는 빛인지, 죽이는 빛인지도 모른 채 홀리듯 배 주변으로 모여든다. 그러면 어부들은 기다렸다는 듯 오징어를 배 위로 낚아챈다. 사람도 오징어와 마찬가지로 그게 자기를 살리는 건지, 죽이는 건지 모른 채 욕망에 이끌려 무작정 그 대상을 향해 돌진할 때가 있다. 그것은 유행하는 옷이나 전자제품, 고급 승용차일 수도 있고, 남들이 우러러보는 높은 지위나 경제적 능력이 되기도 한다.

한번 현혹되면 사람들은 그것을 얻기 위해 무슨 일이든 할 기세로 뛰어든다. 게다가 자본주의 사회는 개인의 욕망을 몹시 부추긴다. 없는 것, 부족한 것을 사게 만드는 게 아니라 없던 욕구도 새로이 생겨나게 해 제품을 구매하도록 유도한다. 그래서 사람들은 빚을 내서 명품을 사고, 별다른 불편함이 없는 멀쩡한 핸드폰도 최신형으로 바꾸고, 캠핑용품이 차고 넘치는데도 무리하게 돈을 써가며 새로운 장비를 산다.

미국의 경제학자 존 케네스 갤브레이스는 자본주의가 만들어내는 욕망을 《풍요한 사회》에서 이렇게 표현했다. "사람들에게 소비하도록 가르치는 방식은 너무나 완벽하고 지적이고 고급스러운 것이어서 그에 버금가는 그 어떤 종교적, 정치적, 도덕적 활동도 찾아보기 힘들다." 세상이 우리에게 강요하는 욕망은 너무 세련돼서, 우리는 그것을 마치 원래 스스로 원했던 것처럼 생각하게 된다. 그래서 라캉은 "지금 당신이 욕망하는 것이 진정으로 당신이 욕망하는 것인가?"라고 물은 건지도 모르겠다. 우리가 가진 욕망의 대부분이 자신의 욕망이라기보다는 타자의 욕망에 가깝기 때문에.

돌이켜 보면 우리는 언제부터인가 '나'보다는 '보이는 나'로 살도록 훈련되어 왔구나. 나 자신의 욕구보다 다른 사람들의 인정과 박수 소리에 민감하게 반응하고 그에 맞춰 살아왔던 것이다. 어릴 때는 엄마의 칭찬을 받기 위해 공부를 하고, 학창 시절에는 친구들에게 인기를 얻기 위해 애를 쓴다. 좋은 대학, 좋은 직장에 들어가려는 것도 알고 보면 그렇게 해야 남들의 부러움과 선망을 받는다는 점이 큰 몫을 차지한다.

사실 타인의 인정만큼 행복한 것도 없다. 칭찬을 들을수록 더욱 그 일을 잘하고 싶어진다. 그렇게 주변 사람들의 인정과 칭찬은 인간의 행동을 구조화하기 마련이다. 그러나 문제는 내가 정말 무엇을 좋아하고 잘하는 사람인지 살펴볼 기회를 갖지 못한 채 부모와 사회가 원하는 모양대로, 보내 주는 찬사에 맞추어 '내'가 만들어져 왔을 경우다. 자신의 참모습은 탐구해 보지 못한 채 말이다.

인생의 마지막에
덜 후회하고 싶다면

—

모파상이 쓴 소설 〈목걸이〉의 주인공 마틸드는 가난한 집에서 태어났지만 수려한 외모를 지닌 여성이다. 그녀는 하급 공무원과 결혼한 탓에 여전히 가난의 굴레에서 벗어나지 못했고 그런 자신의 처지가 늘 불만스러웠다. 그러던 어느 날 남편이 장관 부부가 주최하는 무도회 초대장을 가져왔다. 마틸드는 상류층 사람들과 화려한 연회를 즐길 수 있다는 생각에 신이 났지만 입고 갈 옷과 액세서리가 마땅치 않아 고민했다. 결국 부자 친구인 잔느에게 값비싼 다이아몬드 목걸이를 빌려 파티에 갔고, 사람들의 시선을 한 몸에 받으며 황홀한 시간을 보냈다.

그런데 마틸드는 돌아오는 길에 그만 목걸이를 잃어버리고 말았다. 그러나 그녀는 차마 친구에게 사실을 털어놓지 못했고 결국은 빚을 내어 똑같은 목걸이를 사서 돌려주었다. 그 후 빚을 다 갚기까지는 꼬박 10년의 세월이 걸렸고 그동안 닥치는 대로 일할 수밖에 없었던 그녀의 삶은 남루하고 비참하기 그지없었다. 고단한 세월은 그녀의 아름다운 외모 또한 앗아가 버렸다.

그러던 어느 일요일 오후 마틸드는 샹젤리제 거리를 지나다 여전히 젊고 아름다운 옛 친구 잔느를 만나게 되었다. 마틸드는 잔느에게 목걸이에 얽힌 사연을 말하며 이제 겨우 빚을 다 갚았다고 털어놓았다. 그런데 잔느의 말이 너무도 충격이었다. "아, 불쌍한 마틸드! 내가 너한테 빌려준 목걸이는 가짜였어! 겨우 400프랑짜리였다고."

내가 만약 마틸드였다면 그 자리에서 주저앉았을 것이다. 누가 마틸드의 10년을 보상해 줄까. 나는 가짜 다이아몬드를 진짜로 착각해 10년을 허비한 그녀를 보며 문득 자신의 참모습을 모른 채 타인의 욕망에 맞춰 사는 사람들이 떠올랐다. 물론 세상이 인정하는 기준에 맞춰 살아간다는 게 무조건 나쁘지만은 않다. 그런데, 결국 그 인생이 진짜 원하는 삶이 아니어서 후회하게 된다면 그때는 어느 누구도 지나간 세월을 보상해 줄 수 없다. 마치 마틸드가 가짜 다이아몬드 값을 물어내려고 악착같이 보낸 10년을 아무도 되돌려 주지 못하는 것처럼.

한번은 가수 장기하 씨가 어느 방송에 나와 이런 말을 했다. "끼 없는 사람은 없다. 다만 자신의 끼를 가지고 사느냐, 남의 끼를 가지고 사느냐의 차이일 뿐이다." 잘 알려졌다시피 장기하 씨는 서울대 출신의 뮤지션이다. 그런데 그는 대학에 입학하자마자 인디 밴드 활동에 '올인'했다고 한다. 연봉도 높고 안정된 직장을 잡을 수도 있었을 텐데, 더군다나 고작 스무 살에 불과한데, 그가 만사 제쳐 두고 음악에 모든 걸 걸었던 이유는 뭘까? 아마 자기만의 끼와 남의 끼를 구분할 줄 알았고, 남의 끼로는 오래도록 잘살 수도, 행복할 수도 없다는 판단을 일찌감치 내렸기 때문은 아닐까.

인생의 끝에 가서 덜 후회하려면 진짜 나는 어떤 모습이고 무엇을 원하는지 탐구해 봐야 한다. 만약 다른 사람의 욕망을 자신에게 투영하는 데 익숙하다면 왜 그런지 고민도 해 봐야 한다. 간혹 이 이야기에 "그렇게 멋대로 살다가 인생 망하면 어떡해요"라고 말

딸에게 보내는 심리학 편지

하는 사람들도 더러 있다. 하지만 자기가 바라는 바를 집요하게 파고든다고 해서 경쟁에서 뒤처지는 것은 아니다. 오히려 자기가 누군지를 잘 알고, 무엇을 원하는지가 분명할수록 삶에 대한 전체적인 만족도는 올라간다. 그래서 누구보다 자기 신념을 철저히 따랐던 스티브 잡스가 대학을 갓 졸업하는 학생들에게 이렇게 말했는지도 모른다.

"다른 사람의 삶을 사느라고 시간을 허비하지 마십시오. 다른 사람들이 생각한 결과에 맞춰 사는 함정에 빠지지 마십시오. 다른 사람의 견해가 여러분 자신의 목소리를 가리는 소음이 되게 하지 마십시오. 그리고 가장 중요한 것은, 당신의 마음과 직관을 따라가는 용기를 가지라는 것입니다."

옛날 어른들 말씀 중에 "눈 감으면 코 베어 가는 세상"이라는 표현이 있었다. 정신 똑바로 차려서 내 것을 지키라는 뜻이었다. 그런데 이제는 눈을 뜨고 있어도 코를 베어 가는 세상이 되었다. 자칫하면 세상이 바라는 바를 자기가 원하는 것으로 착각하기 십상이다. 그럴수록 '나'에 대한 고민을 놓지 말아야 한다. 그 무엇보다 내 마음, 내 생각, 내 목소리에 관심을 기울여야 한다. 아무리 바람이 불어도 흔들리지 않고 자기 길을 가는 사람들, 그들은 내면의 목소리를 따라가는 사람들이다.

딸아, 너무 주위 사람들의 기대에 맞춰 사느라 소중한 삶을 낭

비하지 않았으면 좋겠다. 물론 지금 당장은 주위 사람들로부터 원
망 어린 말을 들을 수도 있겠지. 그러나 그들이 너의 삶을 대신 살
아 주지는 않는다. 그러니 그냥 너는 너의 목소리를 따라가거라.

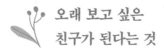 오래 보고 싶은
친구가 된다는 것

네가 고등학교 다닐 때 어느 날 학교로부터 전화를 받았다. 상의드릴 게 있단다. 학교에서 보자고 연락이 오면 부모는 당연히 무슨 일인가 하고 겁을 내기 마련이지. 아이에게 무슨 문제가 생겼다는 뜻일 테니까. 아니나 다를까. 네가 방과 후 레슨 시간에 아무런 말도 없이 땡땡이를 쳤다고 하더구나. 이유를 물으니 네가 그랬다지. 날씨가 너무 좋은데 어떻게 교실에 있을 수 있냐고. 그래서 친구들과 한강 고수부지에 가서 배 타고 놀다 왔다고. 웃음이 났다. 그래, 공부하기엔 너무 아까운 기가 막힌 날씨가 있지. 선생님께는 죄송하다고 말하고, 앞으로는 이런 일 없도록 단단히 타이르겠다고 했지만 솔직히 그럴 생각이 없었다. 혼자 그런 사고를 쳤으면 걱정했겠지만 친구와 잊지 못할 추억을 만들었으니 그것으로 된 것이다. 외동딸로 커서 친구를 잘 사귈 수 있을까 싶었는데 사고(?)를 같이 칠 만한 친구가 네 옆에 있다는 사실이 오히려 기뻤다. 학창 시절에 만난 친구는 나중에 인생의 대소사를 겪을 때마다 달려와 기쁨과 슬픔을 함께 나눠 줄 소중한 사람이기 때문이다.

어떤 관계인지에 따라 필요한 '거리'도 다르다

—

딸아, 너에게는 친구가 어떤 의미니? 사람들에게 힘들 때 옆에 있어 주는 사람이 누구인지를 물으면 친구라는 대답이 많이 나온다. 그러면서도 슬픔은 누구나 나눌 수 있지만 기쁨도 나눌 수 있는 친구는 드물다는 말을 하기도 하는구나. 그만큼 진정한 친구를 사귀기는 어려운 일이다. 친구는 또 나의 비밀을 털어놓을 수 있는 몇 안 되는 존재이기도 하다. 특히 여자들은 이런 말을 자주 하지. "우리 사이에 못 할 얘기가 뭐가 있어? 그럼 친구도 아니지!"

남자들의 우정과 달리 여자들의 우정에서 빠질 수 없는 게 있다면 바로 수다다. 친한 여자 친구들은 개인적인 일상사뿐 아니라 집안의 대소사, 요즘 트렌드, 사회적 이슈까지 말로 할 수 있는 모든 걸 공유한다. 여자들의 뇌를 들여다보면 언어 중추가 특별히 더 크다. 그래서 대화를 나누다 보면 옥시토신과 도파민이 분비되면서 약물 중독자의 헤로인에 버금가는 쾌락을 경험한다고 한다. 여자들이 끊임없이 대화를 통해 친밀성을 추구하고 결속력을 다지려는 이유다. 그러다 보니 친하다고 여겼던 친구가 뭔가 숨기려고 하는 것 같을 땐 서운한 마음이 든다. 갑자기 거리감을 느끼게 되는 것이다. 그런데 서로에게 아무런 비밀이 없어야 진정한 우정인 걸까? 단짝 친구라면 얼마나 가까워야 하는 걸까?

민경 씨는 입사 동료인 경화 씨와 3년째 친구로 지내고 있다. 동갑인 데다 취향도 비슷해서 서로 말이 잘 통했다. 그들은 소소한 일상뿐만 아니라 남자 친구 이야기, 가족 이야기, 남들에게 쉽게 하지 못하는 비밀 이야기까지 털어놓는 사이가 된 지 오래다. 그런데 어느 날 경화 씨가 다른 회사로 옮기게 되었다며 말문을 열었다. 이미 결심을 굳혔고, 팀장에게도 그만두고 싶다고 말했다며 퇴사 날짜를 기다리고 있다고 했다. 민경 씨는 어안이 벙벙했다. '어떻게 이런 중대한 일을 이제야 말하는 거지? 다른 사람도 아니고 나한테는 먼저 말했어야 하는 거 아닌가?' 지금껏 그녀는 경화 씨를 몇 손가락 안에 들 정도로 가까운 친구라고 생각했었기에 서운함이 컸고 배신감마저 느꼈다. 경화 씨가 자신을 중요한 사람이라고 생각했다면 이럴 수는 없는 거였다.

그러나 사랑이든 우정이든 관계에서 서로 느끼는 거리감은 매우 개인적이고 주관적이다. 민경 씨는 경화 씨를 '베스트 프렌드'로 느꼈을지 몰라도, 경화 씨는 민경 씨를 '회사 동료'로만 여겼을지 모른다. 비록 성격이 잘 맞고 대화가 잘 통하고 좋아하는 사람일지라도 회사에서 맺은 관계이기 때문에 어느 정도 거리를 두는 게 옳다고 생각했을 수도 있다.

문화인류학자 에드워드 홀의 연구에 따르면 사람들은 친밀도에 따라 허락하는 물리적인 거리가 다르다고 한다. 낯선 사람이 갑자기 가까이 다가온다고 해 보자. 그러면 우리는 본능적으로 두려움을 느끼면서 움찔 놀라 한 발자국 뒤로 물러난다. 그러나 친한 친구가 다가오면 오히려 더 가까이 다가간다. 에드워드 홀은 그런 심리적 거리를 네 개의 영역으로 나누어 설명하고 있는데 우선 친밀한 거리가 있다. 0~45센티미터의 거리인데 이 안에 들어올 수 있는 사람들은 부모와 배우자, 연인, 형제, 절친한 친구 등이다. 둘째는 사적인 거리로 46~120센티미터다. 동아리, 동호회, 파티에서처럼 친밀하지만 조금은 제한적인 관계의 사람들에게 허락하는 거리다. 셋째는 사회적 거리로 120~360센티미터 정도다. 우리는 서로 알지 못하는 낯선 사람들과 최소한 120센티미터 이상 유지하려고 한다. 넷째는 공적인 거리로 360센티미터 그 이상이다. 청중들을 대상으로 강연을 하거나 가수가 노래할 때는 360센티미터 이상 거리를 둔다.

우리 마음이 친한 정도에 따라 허락하는 관계의 거리가 다른 것은 맞다. 그러나 그것이 에드워드 홀이 제시한 것처럼 분명하게 떨어지지는 않는다. 사람마다 허용하는 관계의 거리, 관계의 두께,

딸에게 보내는 심리학 편지

관계의 속도가 모두 다르기 때문이다. 어떤 사람들은 가족, 연인, 아주 가까운 친구 외에는 쉽사리 마음을 열지 않는다. 대신 한번 마음을 준 사람은 마치 자기의 일부라도 되는 양 아끼고 끝까지 관계에 최선을 다한다. 반대로 어떤 사람들은 비교적 쉽게 사람들에게 마음을 열고 새롭게 만난 사람과도 곧바로 친구가 된다.

이처럼 각자 규정하는 관계의 거리가 다르다 보니 의도치 않게 다른 사람에게 상처를 주는 경우도 종종 생긴다. 이를테면 내가 생각할 때는 최소한 120센티미터 밖에 있어야 할 사람이 불쑥 친밀한 거리인 45센티미터 안으로 들어온다고 해 보자. 그러면 나도 모르게 부담스러운 마음에 피하고 싶어진다. 그런데 상대방은 나를 45센티미터 안에 있는 사람이라고 여기고 있었기에 기분이 상하게 된다. 상처를 입게 되는 것이다.

따라서 사람마다 다른 관계의 거리를 인정해야 한다. 그래야 인간관계에서 오해가 없다. 내가 먼저 마음을 열고 다가갔는데 상대가 그만큼 다가오지 않는다고 해서 나를 싫어하는 게 아니다. 다만 그 사람은 자기 속도와 거리에 맞게 관계를 만들어 나가고 있을 뿐이다. 또 반대로 너무 빨리 다가온다고 해서 무조건 피하려고 들지도 말자. 만남의 시간과 횟수를 조절하면서 충분히 자기 속도에 맞게 관계를 만들어 갈 수 있다. 그처럼 자기가 가지고 있는 관계의 거리를 상대에게 강요하지 않고 서로 존중할 때 비로소 우리는 편안하게 관계를 지속해 나갈 수 있게 된다.

그런데 어떤 이들은 단짝 친구라면 모든 걸 공유하는 게 당연하다고 생각한다. 그래서 늘 붙어 다니며 아주 사소한 것까지도 서로 이야기한다. 숨기고 싶은 비밀이 하나라도 있으면 안 된다. 즉 서로의 거리를 좁히다 못해 0센티미터로 만들어 둘이 하나가 된 것 같은 느낌이 들어야 그것이 진정한 우정이라고 규정하는 것이다.

하지만 거리감이라는 것은 어떤 관계에서든 존재한다. 그걸 없앨 수 있다고 하는 기대감 자체가 비현실적이고 신경증적이다. 거리감이 없는 관계란 허구이고, 둘이 하나가 되기를 꿈꾸는 소망은 흔히 퇴행적이고 방어적인 갈등의 결과물인 경우가 많다. 모든 관계에는 건강한 거리가 필수적이다. 아무리 친한 사이라도 각자 독립적인 심리적 공간이 확보되어야 한다는 뜻이다. 그렇지 않은 관계는 겉으로는 끈끈하지만 속으로는 서로를 해치는 독이 되기도 한다.

얼마 전 30대 초반인 한 여성으로부터 친구 이야기를 들은 적이 있다. 그녀는 진정한 친구라고 해서 모든 걸 털어놓는 대상이라고 생각하지는 않는다며 이렇게 말했다. "친한 만큼 서로에 대한 정보를 많이 알고 있어요. 그래서 오히려 서로 터치해서는 안 되는 부분을 존중하고 지켜 주려고 노력하죠. 예를 들어 저는 친구가 어떤 말에 무너지는지 잘 알고 있어요. 그래서 아무리 화가 나도 딱 그 선은 지켜요. 그 친구가 나중에 깨달을 거라 생각하고 믿고 넘어가는 거죠."

그들이 오랫동안 서로를 곁에 둘 수 있었던 비결은 둘 사이에 넘을 수 없는 경계를 존중했다는 데 있다. 이렇듯 아무리 친한 사이라 할지라도 사람 사이에는 숨 쉴 수 있는 적절한 거리가 필요하다. 그래야 자신의 세계를 가꾸면서도 함께할 수 있다. 나무 의사 우종영 씨는 《나는 나무처럼 살고 싶다》라는 책에서 이렇게 말했다. "구속하듯 구속하지 않는 것, 그것을 위해 서로 그리울 정도의 간격을 유지하는 일은 사랑하는 사이일수록 꼭 필요하다. 너무 가까이 다가가서 상처 주지 않는, 그러면서도 서로의 존재를 늘 느끼고 바라볼 수 있는 그 정도의 간격을 유지하는 지혜가 필요한 것이다."

친구는 세상살이가 안갯속처럼 어둡고 앞이 보이지 않을 때 길을 알려 주기도 하고, 지치고 좌절했을 때 그저 묵묵히 내 곁을 지켜 주기도 한다. 그리고 무엇보다 나를 참 잘 알고 있으면서도 여전히 나를 좋아해 준다. 혼자서는 살아가기 힘든 세상에서 친구는 나를 지탱해 주는 든든한 버팀목이다. 그래서 친구란 인생에서 더없이 힘이 되는 존재다. 그러니 '나는 가깝다고 여기는데 왜 너는 멀게만 느끼는 걸까?'라는 물음이 든다면 친구를 원망하기 전에 적절한 거리에 대해 생각해 보길 바란다. 경계를 무너뜨리고 너무 가까이 다가가서 서로에게 상처 주고 있지는 않은지 돌아보란 말이다. 그리고 기다려라. 우정이 주는 편안한 기쁨은 기다림 속에서 찾아오는 것이니까. 괜한 오해로 친구를 잃어버린다면 그것보다 안타까운 일이 어디 있으랴.

딸아, 30대에는 사느라 바쁘다는 핑계로 친구들을 소홀히 하게 된다. 게다가 미국에 있는 너는 친구들과 연락하며 지내는 것도 쉽지 않을 테지. 그러나 아무리 바쁘고 멀리 있다 해도 친구를 챙기며 살아가렴. 살다 보면 오래 사귄 친구가 있는 것만큼 든든한 게 또 없으니까 말이다.

딸에게 보내는 심리학 편지

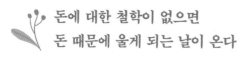

돈에 대한 철학이 없으면
돈 때문에 울게 되는 날이 온다

셰익스피어가 쓴 〈아테네의 티몬〉 중에는 이런 구절이 있다. "이만큼만 있으면, 검은 것을 희게, 추한 것을 아름답게 만든다네. 나쁜 것을 좋게, 늙은 것을 젊게, 비천한 것을 고귀하게 만든다네.(…) 이것은 문둥병을 사랑스러워 보이게 하고, 도둑을 영광스런 자리에 앉힌다네." 딸아, 너는 이게 과연 무엇일 거 같니? 온갖 안 좋은 것을 순식간에 눈부신 것으로 바꿀 수 있다면 누구나 가지고 싶어서 안달할 텐데 말이다. 셰익스피어는 그것을 황금이라고 했다. 황금만 있으면 세상만사 못 이룰 일이 없어 보이기에 사람들은 자진해서 황금의 노예가 되고 만다는 것이다. 그리고 보면 예나 지금이나 돈의 위력은 참 대단하지 않니.

철이 들어야 돈을 아는 게 아니라,
돈을 벌어 밥값을 해 봐야 철이 든다
—

돈은 먹고사는 생존의 문제를 해결해 주는 동시에 원하는 것을 할 수 있는 자유를 선사한다. 뿐만 아니라 우리는 돈을 지금보다 더 많이 갖고 있다면 미래도 덜 불안하고, 꿈도 수월히 이룰 수 있고, 관계도 더 좋아지며, 더 자신감이 넘칠 거라고 생각한다. 그래서 생존의 문제에 맞닥뜨린 사람이나 돈이 많은 사람이나 모두 돈 걱정을 하는구나. 영국의 심리학자 로저 헨더슨은 사람들이 당장 돈이 없는 것이 아님에도 돈이 없다고 생각하며 불안해하는 증상을 '돈 걱정 증후군money sickness syndrome'이라고 불렀다.

돈에 대한 불필요한 걱정은 물론 좋지 않다. 그러나 누가 뭐래도 돈은 중요한 문제다. 자본주의사회에서 돈은 경제적 독립을 위한 필수 요소이고, 돈 문제야말로 독립적인 어른이 되기 위해 가장 먼저 스스로 해결해야 할 부분이다. 심리적 독립이 안 된 사람은 성인이 되어도 '어른 아이'로 남는 것처럼, 경제적으로 자립하지 못한 어른도 마찬가지다. 누군가의 경제력에 의존한다는 건 상대방의 영향력 아래로 들어간다는 뜻이다. 대상이 부모든 배우자이든 경제적으로 의존하면 그만큼 상대방은 의존하는 이를 조종하고 싶어 한다. 그것은 그 사람이 나빠서가 아니라 어쩔 수 없는 반대급부적인 귀결이다.

연암 박지원이 쓴 《허생전》의 주인공 선비 허생은 오막살이집에 살며 몹시 가난하게 생활하면서도 아침부터 밤까지 책만 읽었다. 아내는 삯바느질로 살림을 꾸려 갔는데 하루는 굶주리다 못해 과거도 보지 않으면서 책만 읽고 있는 남편을 타박했다. "장인바치나 장사치가 되어 돈을 벌 수 없다면 차라리 도적이라도 될 수 없겠습니까?" 결국 허생은 집을 나가 그동안 쌓은 지식으로 큰돈을 벌긴 하지만 그의 아내는 그간 살림을 혼자 감당하느라 무척이나 힘들었을 것이다. 누군가에게 경제적으로 의존한다는 건 그만큼 큰 짐을 떠안기는 셈이다. 오죽하면 남편에게 도둑질을 권할까.

'철이 없다'는 말에서 '철'은 계절의 변화를 말한다. 결국 철이 없다는 건 수확의 시기를 놓쳐 생계를 이어 나가지 못함을 뜻한다. 경제적으로 독립을 이루지 못한 성인은 철부지나 다름없다. 철이 들어야 경제관념이 생기고 돈을 아는 게 아니라, 자기 밥값을 할 수 있을 때 철이 든다. 밥값을 한다는 건 돈의 절박함을 온몸으로 느끼고, 밥벌이의 지겨움도 고스란히 경험한다는 뜻이다. 그래서 스스로 번 돈은 아무리 적어도 누군가로부터 받은 돈과는 다르다. 자기 노력과 땀이 들어간 돈은 온몸으로 느낄 수 있으며, 그런 돈에는 자부심과 가치가 담겨 있다.

우리는 일을 해서 돈을 벌고, 그 돈으로 필요한 물건들을 산다. 돈은 우리의 노동력을 필요한 물질로 바꾸게 하는 교환 도구다. 구두 수선공은 구두를 고쳐 돈을 벌고, 교사는 학생을 가르쳐 돈을 벌고, 나 같은 의사는 환자를 돌보고 그 대가로 돈을 받는다. 그러므로 돈을 버는 일은 누군가가 나를 필요로 하고 있다는 뜻이다. 내가 이 사회에서 꼭 필요한 활동을 하고 있다는 증거다. 사회 구성원으로 제 역할을 다함을 의미한다. 그래서 나는 돈을 모르는 사람은 사회를 모르는 거라고 생각한다.

뿐만 아니라 돈은 자유를 선사한다. 사고 싶은 것을 사고, 먹고 싶은 것을 먹고, 가고 싶은 곳에 마음대로 갈 수 있는 자유, 가능한 범위 내에서 하고 싶은 것을 마음대로 할 수 있는 자유 말이다. 그래서 영국의 작가 버지니아 울프는 여성들에게 자유를 위한 돈의 필요성을 역설했다. "무슨 수를 써서라도 여행하고 빈둥거리며, 세계의 미래와 과거를 성찰하고 책을 읽고 공상에 잠기며, 길거리를 배회하고, 사고의 낚싯줄을 강 속에 깊이 담글 수 있기에 충분한 돈을 여러분 스스로 소유하게 되기를 바랍니다."

돈에 휘둘리지 않으려면 어떻게 해야 할까?

—

돈은 생존과 존엄과 자유를 지키는 데 필요한 최소한의 안전망이다. 그런데 물가가 너무 비싸다 보니 생활비가 많이 들고, 내 집 마련에 자녀 교육비로 들어가는 돈도 만만치 않다. 노후 대비는 엄두도 못 낸다. 그렇다면 먹고 사는 데 지장이 없을 만큼 충분한 돈이 있으면 걱정이 없을까? 그런데 돈이 충분해도 돈 때문에 불안해하는 이들이 참 많다.

돈이 이렇게 중요해진 데에는 현대사회의 익명성이 한몫을 한다. 옛날에는 이웃집에 숟가락이 몇 개 있는지도 다 알 만큼 작은 단위의 공동체 속에서 살았다. 그래서 돈이 없어도 신뢰를 바탕으로 교환과 협업이 이루어졌다. 그러나 수많은 사람들이 모여 사는 익명적 환경에서는 모든 교환이 돈을 매개로 이루어진다. 사람들은 모두 돈으로 얽혀 있다. 게다가 너무 빨리 변하는 현대사회에서는 대학을 나오고 좋은 직장에 들어가도 언제 어떻게 될지 아무도 모른다. 그나마 나를 단단히 지탱해 줄 수 있는 건 돈밖에 없는 것이다.

그러나 돈에 대한 과도한 집착은 오히려 돈이 제공해 준 자유를 몽땅 잃어버리게 만들기도 한다. 최고의 구두쇠 캐릭터인 스크루지를 떠올려 보면 된다. 그는 돈을 모으는 데 혈안이 되어 친척도 친구도 돌보지 않고, 크리스마스에도 일을 하며, 석탄을 아끼려고 한겨울에 직원이 손을 덜덜 떨며 일하도록 내버려 둔다. 그는 돈이 많을지 몰라도 사람과 사람 사이의 따뜻함, 배려, 나누는 기쁨은 모른 채 불행한 인생을 살아간다. 스크루지를 소설에나 등장할 법한 인물이라고 생각할지 모르겠지만 우리 주변에는 그저 돈을 버는 데만 급급한 사람들이 의외로 많다. 아이에게 학원 다섯 개를 보내고 60평짜리 집을 사기 위해 돈을 벌면서도 정작 가족과 시간을 보내지 못하는 가장, 비싼 차를 사기 위해 무리하게 대출을 받는 사람, 불법 외국인 노동자들의 처지를 이용해 말도 안 되는 월급을 지급하는 사장 등을 떠올리면 금방 이해가 갈 것이다.

철학자 니체는 "정당한 소유는 인간을 자유롭게 하지만 지나친 소유는 소유가 주인이 되어 소유자를 노예로 만든다"며 돈에 대한 집착을 경계했다. 그렇다면 돈에 집착하지 않기 위해 필요한 것은 뭘까? 우리는 돈을 너무 추상적으로 생각하는 경향이 있다. 적어도 30억이 있어야 노후에 행복하다느니, 50억은 있어야 부자라느니 하는데 사실 젊은 나이일수록 30억이 얼마이고 50억이 얼마인지 정확히 모른다. 무엇이든 모르면 그것에 쉽게 휘둘리게 된다. 돈도 마찬가지다. 돈에 대해 구체적으로 알지 못할수록, 돈에 대해 막연하게 생각할수록 돈에 휘둘리기 쉽다. 돈에 휘둘리지 않으려면 구체적으로 얼마를 벌고 싶은지, 내가 가진 돈 안에서 어떻게 구체적인 행복을 구할 것인지 생각해야 한다. 남들이 높은 연봉을 받고 비싼 외제차를 몰고 다니는 건 그들의 돈일 뿐이다. 내 행복에 정말 그만한 돈이 필요한지, 그것을 벌기 위해 얼마나 많은 시간과 체력을 희생해야 하는지는 다른 문제다.

맬번 비즈니스 스쿨의 교수인 존 암스트롱은 돈과의 관계에서 가장 이상적인 모델로 독일의 대문호 괴테를 꼽았다. 그는 돈에 대해 무관심하지도 않았지만, 그렇다고 지나치게 걱정하지도 않았다. 괴테는 부유한 집 출신이었지만 독립을 원했다. 그래서 독립에 필요한 돈을 벌기 위해 직업을 법조인에서 정부 고문관으로 바꿨다. 그는 일에도 만전을 기했고 모든 수입과 지출을 꼼꼼히 기록했다. 그렇게 획득한 자유와 안정감을 바탕으로 아름다운 글을 썼다. 그는 돈을 버는 일과 자신이 정말 중요하게 여기는 글쓰기 사이에서 균형을 잃지 않았다.

돈 때문에 울지 않으려면 돈에 대해 알아야 한다. 돈에 대해 어떠한 철학을 가지고 있느냐에 따라 4000만 원 연봉에 감사할 수도, 1억의 연봉이 불만일 수도 있다. 그러므로 딸아, 이제라도 돈에 대해 구체적으로 생각해 봤으면 좋겠다. 돈에 대한 분명한 철학을 가졌으면 좋겠다. 그래야 연봉을 많이 주는 직장으로 옮기느냐 마느냐, 집을 사느냐 마느냐 하는 구체적인 돈 문제에서도 후회 없는 선택을 할 수 있다.

철학자 베이컨의 말처럼 돈은 최상의 종이고, 최악의 주인이다. 돈이 수단이 아닌 삶의 목적이 될 때 인생은 무미건조하고 불행해진다. 사람은 돈에 대해 주도권을 쥐고 있어야 한다. 돈에 끌려다닐 게 아니라 돈을 종처럼 부릴 줄 알아야 한다. 살아 보니 돈은 나 자신을 지키고, 하고 싶은 일을 하게 해 주며, 나아가 사회에 조금이라도 기여할 수 있게 만들어 주면 그것으로 제 역할을 한 게 아닌가 싶다.

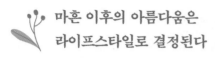

마흔 이후의 아름다움은
라이프스타일로 결정된다

요즘 스포츠 브랜드 광고에는 여성이 주인공으로 자주 등장한다. 그런데 예전처럼 늘씬하고 예쁜 모델이 아니다. 다부진 근육에 권투를 하거나 땀을 뻘뻘 흘리며 러닝에 열중인 모습이다. 보이기 위한 존재가 아닌 나와 내 몸을 사랑하는 건강한 여성들의 등장, 그걸 보니 마음이 뿌듯했다.

사실 몇 년 전까지만 해도 지하철을 타면 성형 광고가 빽빽했다. 성형 전후를 나란히 비교하는 사진을 보면서 저 여인이 수술하는 동안 얼마나 고통스러웠을까 싶어 마음이 무거웠고, 그 과정은 쏙 뺀 채 결과만 보여 주는 광고에 화가 나기도 했다. 외모를 가꾸지 않는 여자들에게 뭘 믿고 그러느냐고 다그치듯 쉽게 얘기하던

딸에게 보내는 심리학 편지

시절이 있었는데, 이제 조금씩 외모에 대한 주체성을 갖는 여성들이 늘어나고 있다. 그러니 그들이 엄마 눈엔 고맙고 예쁠 수밖에.

명품을 사고 성형을 하는 또 다른 이유
—

분위기가 많이 바뀌었다지만, 그래도 병원엔 여전히 성형 중독, 명품 중독이라며 찾아오는 이들이 있다. 한 여성은 그런 말을 했다. "20대에는 루이비통, 30대라면 샤넬 정도는 갖고 있어야 기를 펼 수 있어요." 그들은 좀 더 자신 있고 당당한 모습으로 살아가기 위해 기꺼이 시간과 돈을 투자한다. 그런데 그 선택이 틀린 것만은 아니다. 외모는 현대사회에서 중요한 경쟁력 가운데 하나가 되었다. 영국의 사회학자 캐서린 하킴은 아름다운 외모, 건강하고 섹시한 몸, 능수능란한 사교술과 유머, 뛰어난 패션 감각 등 사람을 매력적인 존재로 만드는 이 모든 자원을 '매력 자본'이라고 불렀다. 그리고 매력 자본을 경제 자본, 문화 자본, 사회 자본에 이어 제4의 자산이라고 명명했다.

하킴에 따르면 평균적으로 사람들이 100만 원을 벌 때 비만인 사람들은 86만 원을 버는 데 그친다. 또 매력적인 사람은 그렇지 않은 사람보다 남성의 경우 14~28퍼센트, 여성의 경우 12~20퍼센트를 더 번다고 한다. 그리고 취업률도 매력적인 사람들이 10퍼센트나 더 높다. 그러니 이제 외모에 대한 투자를 사치나 허영으로만 볼 게 아니다. 외모 가꾸기는 요즘 취업과 승진을 앞둔 20~30대에게 중요한 자기 계발 중 하나로 꼽힌다. 그러고 보니 없는 돈을 모으고 모아 유명 브랜드의 옷과 가방을 마련하려는 청춘들의 마음이 이해가 되었다.

네가 직접 겪은 이야기라며 내게 들려준 적 있었는데, 기억하는지 모르겠구나. 친구들이 여럿 모인 자리에서 누군가 "너무 힘들다. 난 왜 이렇게 열심히 일해야 하는 거지?"라고 하자 그중 한 명이 그랬다지. "네가 김태희가 아니고 전지현이 아니잖아." 예쁘지 않으니까 열심히 일해야 한다는 논리인데 그 자리에 있던 사람들이 모두 고개를 끄덕였다는 말에 더 놀랐던 기억이 있다.

그런데 명품을 사거나 성형을 하는 데에는 또 다른 이유도 숨어 있다. 주변 사람들도 다 하기 때문이다. 이렇듯 또래 계층에게 받는 사회적 압력을 '피어 프레셔peer pressure'라고 한다. 또래 여성들이 갖는 가방을 나도 가짐으로써 남들에게 뒤처지지 않았음을 확인하고, 그들과 같은 울타리 안에 안착했다는 느낌을 받는다. 그래서 명품 가방이란 마치 또래 이름표와 같다.

《파리를 떠난 마카롱》의 저자 기욤 에르네는 사회학자 보드리야르의 말을 인용해 우리가 명품 가방을 사는 이유를 설명했다. "우리는 사물 자체를 소비하지 않는다. 이상적인 기준으로 삼는 집단에 속하기 위해, 사물을 차이의 기호로 조작한다." 쉽게 말해,

딸에게 보내는 심리학 편지

명품 가방을 살 때 우리는 가방 자체가 아닌 브랜드를 소비한다. 그 브랜드를 매고 있는 자신도 명품이라는 메시지를 사람들에게 주고 싶은 것이다.

결국 우리가 갖고 싶은 것은 특정한 대상이나 제품이 아닌 그 안에 든 가치다. 이를 '자존심 고양의 효과self-esteem enhancing effect'라고 한다. 주변에 유명하고 똑똑하고 힘 있는 사람이 많으면 내 자존심 역시 올라간다고 여기는 것처럼, 명품이라는 가치를 곁에 둠으로써 자신의 가치가 높아진다고 생각하는 심리다. '~처럼 되고 싶다'는 심리적인 욕망을 구체적인 상품으로 환원하는 것이다.

명품은 말 그대로 가치가 있는 물건이고, 그것을 갖고 싶어 하는 것은 자연스러운 현상이다. 그런데 명품을 걸쳐야만 아름답고 남들도 아름답게 봐 줄 거라고 생각한다면 그것은 열등감에서 비롯된 과시적 행위가 아닌지 스스로 들여다볼 필요가 있다. 그 열등감은 절대로 명품이나 성형으로 채워지지 않으니까 말이다.

**스무 살 때의 얼굴은 자연의 선물이고,
쉰 살의 얼굴은 나의 공적이다**

—

영화 〈쇼퍼홀릭〉을 보면 "쇼핑을 끊으니 시간적 여유가 많아졌고 신용카드와 결별하니 날 사랑해 주는 사람을 만나게 됐다"는 주인공의 대사가 나온다. 참 멋진 말이지 않니. 영화의 초반부에서 주인공은 초록색 스카프를 사느라 면접에 늦을 만큼 쇼핑광으로 나온다. 그런데 신문사에 취직해 진짜 하고 싶은 일을 하고 진정한 사랑을 시작하자 굳이 쇼핑을 해야 할 이유가 사라졌다. 남들이 자신을 어떻게 바라보는지에 휘둘리지 않을 만큼 자신감이 생겼던 것이다.

딸아, 마흔이 넘으면 아름다움의 기준이 달라진다. 마흔 전까지는 예쁜 얼굴, 균형 잡힌 몸매, 매끈한 피부, 유행에 걸맞는 패션처럼 세상에 통용되는 아름다움이 미의 기준이 된다. 그런데 마흔이 지나면 각자 쌓아 온 인생의 결이 다른 만큼 서로 다른 스타일과 아름다움을 뽐낼 수 있게 된다. 그리고 그 스타일은 얼마나 내 삶을 열심히 살았는가로 판가름 난다.

몇십 년 만에 고등학교 동창회를 나가 보면, 학창 시절 미모로 주위 사람들의 시샘과 부러움을 한 몸에 받던 친구의 얼굴이 이상하게 변해 '세월 앞엔 장사가 없구나' 하며 실망하게 되는 경우가 많다. 그런가 하면 학생 때는 평범해서 눈에도 띄지 않던 친구들이 곱고 아름다운 모습으로 등장해 보는 이를 놀라게 만들기도 한다. 그 차이는 과연 뭘까?

얼마 전 나는 아름다운 그림 한 점을 구입했다. 나이 쉰이 넘어 첫 전시회를 준비하는 여성 화가의 그림이었다. 작은 목소리로 작품을 소개하는 그녀의 모습은 수줍은 소녀처럼 보였다. 이미 얼굴엔 굵은 주름이 잡히고 눈가는 처졌지만 작품을 설명하는 그녀의 눈빛엔 생기와 젊음이 가득했다. 코코 샤넬이 "스무 살 때의 얼굴은 자연의 선물이고, 쉰 살의 얼굴은 당신의 공적이다"라는 말을 남겼는데, 그때 나는 처음으로 그 말뜻을 깨달았다.

여러 해 전 우리나라를 방문한 침팬지 연구가 제인 구달을 봤을 때, 나는 그분의 백발이 참으로 아름답다는 생각을 했다. 염색하지 않은 머리에 수수한 옷을 걸쳤을 뿐인데도 그분의 삶 전체가 반영된 얼굴과 태도는 그 자체가 하나의 '패션'이 되어 깊은 향기를 뿜어 내고 있었다. 그녀는 26세에 홀로 아프리카 탄자니아의 열대 우림 곰지 지역으로 들어가 야생 침팬지 연구를 시작했는데, 그 세월이 무려 50년이나 되었다고 한다. 이제 그녀는 80대 중반의 나이가 되었지만 여전히 세계 곳곳에서 멸종 위기 동물들을 연구하는 동물학자 겸 환경 운동가로 활약하고 있다.

흔히들 아무리 꾸며도 아름다움은 한때라고 한다. 나이가 들기 시작하면 나잇살에 주름살까지 생겨서 아무 소용없다고 한다. 그러나 제인 구달처럼 자기만의 스타일을 가진 사람은 세월마저 비켜 가는 매력이 있다. 오히려 나이 들수록 아름다운 여자는 세월의 도움을 받아 고유한 아름다움을 뿜낸다. 열심히 자신의 삶을 가꾼 여자만이 가질 수 있는 아름다움 말이다. 그것은 젊어지기 위해 성형을 하고 명품 옷을 걸치며 외모만 가꾼 사람은 결코 가질 수 없는 것이다.

영국의 사회 운동가 마리 스톱스는 이렇게 말했다. "당신은 16세 때의 아름다움을 당신이 만든 것이라고 주장할 수 없다. 그러나 당신이 63세 때에도 아름답다면 그것은 당신의 영혼이 만들어 낸 아름다움일 것이다." 그래서 엄마는 마흔이 넘어, 쉰이 넘어, 예순이 넘어서 더 아름다워지는 너를 보고 싶다.

딸에게 보내는 심리학 편지

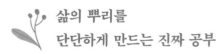

삶의 뿌리를
단단하게 만드는 진짜 공부

"왜 자살을 생각하게 되었어요?"

"살아야 할 이유가 없으니까요."

서른 살인 그녀는 얼굴도 예쁘고 유학까지 다녀온 부잣집 딸이었다. 그리고 견디기 힘든 고통이 있는 것도 아니고, 사랑 때문에 깊은 상처를 입은 것도 아니고, 집안에 큰 문제가 있는 것도 아니었다. 단지 '왜 살아야 하는가?'에 대한 이유를 찾지 못해서 차에다 연탄불을 피워 놓은 채 자살을 시도했다. 그녀는 시종일관 무표정하고 공허한 얼굴이었다. 기쁨도 슬픔도 분노도 그 어떤 감정도 느끼지 못하는 사람처럼 보였다. 그녀처럼 어느 순간 모든 것을 멈춰 버리는 사람들이 있다. 치료자 입장에서 보자면 그런 사람들을 대하는 게 가장 어렵다. 차라리 분노라도 하면 낫다. 분노의 내용을 알고 그 방향을 잘 틀어 주면 되기 때문이다. 나는 계속해서 살 이유가 없다는 그녀에게 말했다. "아무리 부정하고 싶어도 당신은 지금 살고 싶은 겁니다. 어떠한 이유로든 여기 와서 앉아 있다는 사실이 그걸 증명하고 있어요. 만약 정말 죽고 싶었다면 당신은 지금 여기에 있지 않겠지요." 그녀는 아무 말도 하지 않았지만 그 후로도 계속 치료를 받으러 왔다.

소크라테스가 죽기 직전에
음악 공부를 한 까닭

—

언젠가 〈공부하는 인간〉이란 다큐멘터리를 보았는데, 거기에 매일 아침 어려운 수학 문제를 풀며 하루를 시작하는 미국의 어느 노부부가 나왔다. 89세의 남편 켄 모 씨와 86세의 아내 밀드레드 모 씨는 젊은 시절 과학을 전공한 과학도였다. 그들은 젊어서도 풀기 어려웠던 난제들을 매일 아침 하나씩 풀며, 함께 공부하고 토론하고 생각했다. 게다가 아내는 최근 불어 공부도 시작했다. 불어에 능통한 남편을 선생님으로 두고, 단어를 하나씩 외우는 모습이 영락없이 호기심에 가득 찬 사춘기 소녀의 눈망울이었다.

밀드레드는 왜 그 나이에도 공부를 하느냐는 질문에 이렇게 답했다. "세상일을 지켜보는 게 너무도 흥미롭습니다. 과거로부터 배우고 적극적으로 삶을 살아갈 때 세상의 일부가 될 수 있어요. 그렇게 세상과 관계를 맺을 때 우리는 더 이상 '은퇴'한 것이 아니죠." 이들 부부에게 살아 있다는 건 공부한다는 것이고, 공부한다는 건 계속 성장한다는 뜻이었다.

사람이라면 누구나 배움에 대한 근본적인 욕망을 지니고 있다. 미국에서는 은퇴한 베이비부머들을 위해 대학에서 개설한 과정이 매우 인기라고 한다. 철학, 역사, 문학, 예술 등을 총망라하는 커리큘럼은 결코 쉽지 않은 내용이지만 신청자들이 줄을 잇는다. 우리나라 대학의 평생교육원이나 문화센터에도 새롭게 공부를 시작하려는 사람들의 발길이 끊이지 않는다. 평생 인문학 공부를 한 번도 배워 본 적이 없는 아저씨와 아줌마들이 늦은 나이에도 어려운 고전 강독이나 미술 비평 수업을 들으며 열정을 불태운다. 그것은 누구에게나 먹고사는 문제와 관계없이 자신과 타인과 세상에 대해 더 알고 싶은 순수한 지적 열망이 있다는 증거다.

미국의 심리학자 에이브러햄 매슬로는 사람의 욕구란 가장 기본적인 욕구에서 시작해, 보다 고차원의 욕구로 진행된다는 욕구의 위계 이론을 발표했다. 그에 따르면 가장 밑바닥에 생리적 욕구가 있고, 그 다음 단계에는 안전에의 욕구와 소속감에의 욕구가 있다. 이것들이 충분히 채워지면 사람은 자아 존중에 대한 욕구를 추구하고, 그 다음으로 자아실현의 욕구를 갖게 된다. 인간이 가지는 앎에 대한 갈망은 자아실현의 욕구에 속한다. 배움을 통해 자신의 잠재력을 실현하고 동시에 의미 있는 존재가 되려는 것이다.

그래서 사람은 평생 공부한다. 이와 관련해 유명한 소크라테스의 일화가 하나 있다. 사형을 선고받은 소크라테스는 독약이 준비되는 동안 피리로 음악 한 소절을 연습하고 있었다. "대체 지금 그게 무슨 소용이오?" 누군가 이렇게 묻자 소크라테스는 이렇게 답했다. "그래도 죽기 전에 음악 한 소절은 배우지 않겠는가."

**딸아, 은퇴하는 순간은
곧 내가 죽는 날일 것이다**

—

그런데 우리는 취직할 때까지 하고 싶은 공부를 마음껏 하기 어려운 환경에서 자란다. 학창 시절에는 입시를 위한 공부를, 대학에 와서는 학점과 각종 자격증, 영어 등 취업에 필요한 공부를 하느라 다른 데 눈 돌릴 겨를이 없다. 젊은 시절의 공부는 입시와 취업에 집중되어 외줄 타기 하듯 한 방향으로 몰려 있다. 그러다 취직을 하고 사회인으로서 첫발을 내디디면 마음 어디선가 올라오는 울림을 알아챈다. 인생을 공부하고 싶다는 갈망, 시험 공부가 아닌 나 자신을 살찌우고 싶은 갈망이다. 물이 오래 머물면 썩기 마련이듯, 사람은 언제나 앞으로 나아가려는 욕망이 있다. 어느 순간 비어 있는 구석을 채우려는 욕구, 그것은 바로 성장에의 욕구다.

내가 미국 샌디에이고에서 연수를 하고 있을 때의 일이다. 세계적으로 유명한 정신분석가에게 정신분석을 받을 기회를 어렵게 마련했다. 본격적인 분석에 들어가기 전 그녀가 나에게 물었다. "당신은 왜 굳이 이 나이에 먼 나라까지 와서 분석을 하려 하는 겁니까?" 나는 잠시 생각하다가 말했다. "좀 더 성장하고 싶어서입니다." 알고 보면 내가 여기까지 올 수 있었던 것도 모두 성장에의 욕구 덕분이었다. 너를 낳고 병원을 그만두지 않았던 것도, 미국으로 연수를 간 것도, 50세에 안정된 직장을 버리고 개인 클리닉을 열게 된 것도 모두 멈추지 않고 계속 성장하기 위한 노력이었다.

내가 죽기 직전 밀드레드처럼 수학 문제를 풀지, 소크라테스처럼 음악 공부를 할지 그건 잘 모르겠다. 하지만 딸아, 영화감독 우디 앨런이 말했듯이 "은퇴하는 순간은 곧 내가 죽는 날"이 될 것 같구나. 살아 있는 한 마지막 날까지 어떤 형태로든 세상과 관계를 맺으며 매일 조금씩이나마 성장해 가는 나를 보고 싶기 때문이다. 그러기 위해 나는 앞으로도 많은 공부를 해야 하고 또 하고 싶다.

서른, 네가 시작해야 할
진짜 공부
—

나이 든 엄마가 계속 공부를 희망하듯 이제 30대 중반에 이른 너도 진짜 공부를 계속해야 할 때다. 네가 자라는 동안 해 온 공부는 생각하는 힘보다는 문제 풀이 방법을, 지혜보다는 지식을 배우는 일이었을 것이다. 하지만 그런 책상머리 공부만으로는 이 험난한 세상을 헤쳐 나갈 수 없단다. 업무에 시달리고 인간관계에 치이면서 사람이란 무엇인지, 옳고 그름이란 무엇인지, 어떻게 살아야 하는지 해답을 얻고 싶다면 책상에서 일어나 주위를 둘러보아야 한다.

공부란 꼭 펜을 들고 하는 것이 아니다. 아이들은 꽃과 풀에서도 지식을 얻고, 청춘은 우정과 연애를 경험하며 깨달음을 얻는다. 좌절과 실패는 직접 겪어 봐야만 배울 수 있는 최고의 공부다. 살아 있는 경험이 사상과 이론을 만나면 지혜로 깊어진다. 운전하는 법이 지식이라면 지혜는 자동차가 어디로 가는지 아는 것이다. 지식만 있는 사람은 작은 일에도 흔들리지만 지혜로운 사람은 쉽게 흔들리지 않는다. 진짜 공부란 지혜를 얻는 일이요, 내 삶의 뿌리를 단단하게 만드는 것이다.

인생을 알고 싶으면 고전을 읽으라는 말이 있다. 한 인간이 평생 경험할 수 있는 사건은 한정적인 데 반해 고전은 오랜 세월에 걸쳐 많은 사람에게 널리 읽히며 검증받은 책으로, 그 안에는 살아가는 데 필요한 모든 것이 녹아 있기 때문이다.

《희망의 인문학》의 저자 얼 쇼리스는 1995년부터 노숙인, 빈민, 죄수들에게 인문학을 가르쳤다. 먹고살기도 힘든 그들에게 직업 교육이 아닌 인문학을 가르친 이유가 뭘까? 그들에게 진짜 필요한 것은 존재의 의미와 가치를 통찰할 수 있는 정신적 자산인데, 그

동안 그런 것을 배울 기회가 없었기 때문이다. 그러다 보니 그들은 너나없이 삶을 즉흥적이고 충동적으로 살고 있었다. 아무 의미 없이 삶을 낭비하고 있었던 것이다. 그래서 얼 쇼리스는 그들에게 스스로 성찰하고 탐색할 수 있는 학습의 장을 마련해 주었다. 너에게 고전을 권하는 이유도 마찬가지다. 하루가 다르게 급변하는 현대 사회에서 진정으로 필요한 것은 나와 세상을 통찰할 수 있는 능력이다. 그래야 길을 잃지 않는다.

앞서 얘기한 켄과 밀드레드 모 부부의 말처럼 살아 있다는 건 공부한다는 것이고, 공부를 하는 한 인간은 성장한다. 그러므로 평생 공부를 놓지 말기를 바란다. 그리고 그렇게 공부해서 얻는 지식과 지혜는 다른 이들과 나누며 살아가렴. 네가 가진 게 얼마든 그것을 좀 더 나은 세상을 만드는 데 투자하라는 말이다. 모든 사람은 연결되어 있어서 서로가 서로에게 영향을 미치기 때문에 타인이 행복하지 않으면 결국 나도 행복할 수 없다. 그리고 사람은 누구나 의미 있는 존재가 되고자 하는 욕구를 가지고 있다. 그러므로 네가 세상의 일원으로서 이 세상을 조금이라도 나아지게 하는 데 기여한다면, 그것이야말로 가장 의미 있는 활동이 아닐까 싶다. 기부를 해도 좋고, 관심 있는 사회 활동을 SNS로 전파해도 좋다. 작은 일이라도 누군가를 위한 진심 어린 행동은 무엇과도 바꿀 수 없는 소중한 가치이기 때문이다.

딸에게 보내는 심리학 편지

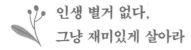

인생 별거 없다, 그냥 재미있게 살아라

〈노트 온 스캔들〉이라는 영화를 기억하니? 주디 덴치가 열연한 50대의 외로운 올드미스 바버라 코벳이 주인공인 영화였는데, 지금도 기억에 남는 장면이 하나 있다. 바버라가 동료 교사에게 이렇게 고백했지. "어렸을 때 난 나에 대한 환상이 있었어. 이 세상에서 중요한 사람이 될 거라고 꿈꿨지. 하지만 언젠가는 주제를 알게 되는 법. 내 인생을 혼자서 끝내게 될까 봐 두려워." 남들에게 외로움을 들키기는커녕 워낙 깐깐하고 지독하게 행동했던 주인공이 던진 대사여서 그런지, 그 말이 마음에 콕 박혔다. 내 인생이 끝나는 날, 나는 과연 무엇을 후회하고 무엇을 아쉬워할까. 순간 어머니가 떠올랐다. 지금은 내 곁에 없는 어머니가 말이다.

너도 알다시피 내 어머니는 6·25 전쟁을 겪었고, 남편을 먼저 떠나보내고 30여 년 동안 홀로 외로이 사셨다. 젊어서는 여섯 명의 아이를 키워 내느라 새벽부터 잠들 때까지 아이들 뒤치다꺼리에 한시도 쉴 틈이 없었지. 하지만 어머니는 힘든 내색 한 번을 하지 않으셨다. 그래서인지 내게 남아 있는 어머니에 대한 기억은 질경이처럼 끈질기고 강인한 생활력, 지칠 줄 모르는 생명력 같은 것들이다.

나는 외모도 그렇도 성격도 그렇고, 어머니보다는 아버지를 더 닮았다고 생각했더랬다. 하지만 평소 심장이 안 좋으셨던 어머니가 몇 해 전 병치레 끝에 조용히 숨을 거두시고 난 후 남편이 내게 말했다. 당신은 장모님을 참 많이 닮았다고, 힘들다 하면서도 계속 뭔가를 하고 있고, 또 새로운 무엇인가를 시도하려는 모습이 어머니로부터 물려받은 게 아니냐고.

그러고 보니 나도 모르게 어느샌가 어머니를 닮아 있었다. 어릴 때는 늘 자식들을 위해 희생한다고만 생각했던, 그래서 나는 다르게 살리라 여겼던 어머니의 삶이 다시금 새롭게 다가왔다. 생각해 보면 어머니도 그런 삶을 꿈꾸지는 않았을 것이다. 하지만 전쟁과 가난 속에서 남편을 먼저 보내고 홀로 자식들 뒷바라지를 하느라 강해질 수밖에 없었을 것이다. 그럼에도 어머니는 불평이나 하소연을 하지 않으셨고 늘 삶을 긍정적으로 바라보셨다. 네가 어릴 때 너를 키워 주기도 했던 내 어머니는 내가 힘들다고 투덜댈 때마다 그렇게 말씀하였다. "인생 별거 없다. 재미있게 살아라." 어쩌면 어머니는 살수록 어려운 게 인생이지만 그럴수록 삶의 재미를 놓치지 말아야 한다고 강조하셨던 게 아닐까.

무슨 일이 있어도
삶에 대한 호기심을 잃지 마라
—

채 열 살이 안 되었는데도 삶에 흥미를 잃어버린 아이들이 있다. 그들의 부모는 말한다. "우리 애가 아이큐는 125인데 공부는 40명 중에 35등 하고 있고, 꿈도 없대요." 그래서 아이를 치료해 달라고 병원에 데려오는데, 그 아이는 정작 시큰둥하다. 좋아하는 것도 없고, 하고 싶은 것도 없고, 되고 싶은 것도 없기에 학교에 가서도 시큰둥, 집에 가도 시큰둥이다. 삶의 재미를 잃어버리면 하루하루가 그저 견디는 날일 수밖에 없다. 엄마 아빠가 잔소리하니까 움직이고, 선생님이 뭐라고 하니까 움직이는 로봇에 지나지 않게 된다.

모든 인간은 엄청난 호기심과 삶을 향한 에너지를 안고 이 세상에 태어난다. 그래서 아이는 무엇이든 궁금해하고, 잠시도 쉬지 않고 세상을 탐험하려 한다. 뭐든 만져 보려 하고, 깨물어 보려 하고, 맛보려 하는 것이다. 그렇게 아이는 무한한 호기심으로 세상을 배워 나간다. 그런데 무리한 교육과 선행 학습, 지나친 경쟁의식은 아이로 하여금 삶에 아무런 재미를 느끼지 못하게 만든다. 지친 사람은 어른이나 아이나 할 것 없이 쉬고 싶어 한다. 아무것도 하고 싶지 않은 것이다. 그 상황에서 새로운 것을 하고 싶다는 의욕이 생길 리 만무하다.

내가 가장 좋아하는 《논어》의 한 구절이 있다. "아는 것은 좋아하는 것만 못하고, 좋아하는 것은 즐기는 것만 못하다." 그만큼 즐기면서 하는 사람은 그 누구도 당해 낼 수 없다. 그 에너지야말로 삶을 이끌어 가는 강한 원동력이 되기 때문이다.

나이가 들수록 책임져야 할 것들과 해야 할 일들이 늘어난다. 빠르게 변하는 시대를 따라가기 위해 배워야 할 것들도 점점 많아진다. 그러면 누구나 삶의 무게에 지치게 되고, 새롭게 배우는 것 또한 스트레스가 되고 만다. 그럴수록 삶에 대한 호기심을 놓지 않고 재미있게 살기 위해 애써야 한다. 무엇이든 기꺼이 즐겁게 행하기 위한 방법을 마련해야 한다. 그래서 어머니도 나에게 재미있게 살라는 말씀을 하신 게 아닐까 싶다.

딸아, 나는 너에게 나중에 어떤 엄마로 기억될까? 바라건대 나는 너에게, 멈춰 있지 않고 계속해서 성장하려 했으며, 순간순간 재미있게, 생동감을 지니려고 애썼던 사람으로 기억되었으면 좋겠다. 인생에서 한 번 지나간 순간은 두 번 다시 오지 않는다. 그래서 그 소중한 시간을 불평이나 한탄으로 날려 버리는 것만큼 미련한 짓은 없다. 그리고 남들을 이기거나 남들에게 지려고 태어난 것이 아니기에 내 몫만큼 행복하게 살면 그만이다. 그러니 딸아, 할머니 말씀처럼 삶 속에서 재미를 놓치지 말아라. 생각지도 못한 고난이 찾아와 너를 시험할 때, 누군가 옆에 있어도 외로움을 떨칠 수 없을 때, 사는 게 죽기보다 힘이 들 때 그 말을 떠올리면 분명 큰 힘이 될 것이다.